梁啓超 著

飲冰室合集

文集 第七册

中華書局

飲冰室文集之十九

申論種族革命與政治革命之得失

吾於所著開明專制論第八章曾極言種族革命與政治革命之非同物亦幾詳且盡矣乃今覆誦陳君天華遺書益有所感觸而不能已於言者用更述所懷以質諸我國民

吾與陳君相識不過一年晤談不過兩次然當時已敬其爲人非於其今之既死而始借其言以爲重也但君既以一死欲易天下則後死者益崇拜之而思竟其志亦義所宜然吾以爲當世諸君子中或有多數焉其交陳君也視吾久且稔而其知陳君也不若吾眞且深吾請言吾所欲言可乎

陳君曰『鄙人以救國爲前提苟可以達其目的其行事不必與鄙人合也』（此文所謂行事必非徒指自湛一事殆指一般行事而言）則君之意苟與彼同目的者正不必與彼同手段其言甚明若雖與彼同手段而不與彼同目的者其必非君之所許此意又在言外也然則君之手段安在其言曰『革命之中有置重於民族主義者有置重於政治問題者鄙人所主張固重政治而輕民族』是其於政治革命與種族革命兩義之中認政治革命爲可以達救國目的之手段而不認種族革命爲可以達救國目的之手段章章明甚雖謂政治革命爲君唯一之手段焉可也雖然君又言曰『鄙人之排滿也非如倡復仇論者所云云仍爲政治問題也』是其既認政治革命爲可以達救國目的之手段而復認種族革命爲可以達政治革命目的之手段於是吾得命政治革命爲君之本來手段亦曰第一

手段。亦曰直接手段。得命種族革命為君之補助手段。亦曰第二手段。亦曰間接手段。然則君有兩手段乎。曰、否否。其手段仍唯一也。蓋君認種族革命為可以補助政治革命而間接以達救國之目的故取之。然則苟有他道焉可以補助政治革命而間接以達救國之目的者。則君亦必取之無可疑也。又使君一旦幡然而悟種族革命不足以補助政治革命。甚或與救國之目的不相容。則亦必幡然棄之無可疑也。蓋君之意以為此目的萬不許犧牲。若夫手段則聽各人自由焉選擇其適此目的者。而犧牲其不適此目的者。故苟別有他道焉足以救國。則君雖並其政治革命之本來手段而犧牲之亦所不辭。而種族革命之補助手段更無論也。故曰『苟可以達其目的者。其行事不必與鄙人合也。』

是故當知苟以復仇為前提者。是先與君之目的相戾。萬不許其引君之言以為重。故復仇論可置勿道。

既以救國為目的而別擇所當用之手段。然則君所採之手段適耶不適耶。吾得斷言曰適也。蓋君以政治革命為唯一之手段。而以將來大勢推之。苟能有政治革命則實足以救今後之中國。苟非有政治革命則不能救今後之中國。故曰適也。試以論理法演之。則先定一大前提。而以兩小前提生出兩斷案。其式如下。

大前提	小前提	斷案
凡可以達救國之目的者皆吾輩所當以為手段者也	(一)而政治革命實可以達救國之目的者也	(一)故政治革命吾輩所當以為手段者也
	(二)而非政治革命更無道焉可以達救國之目的者也	(二)故舍政治革命以外吾輩無可以為手段者也

此兩論式皆如銅牆鐵壁。顛撲不破。無論何人不能相難者也。今易其小前提而云「種族革命實可以達救國之目的者也。」隨生出斷案云「故種族革命吾輩所當以為手段者也。」或為第二之小前提云「非種族革

命更無道焉可以達救國之目的者也」隨生出斷案云「故舍種族革命以外吾輩無可以爲手段者也」如此則兩小前提皆不正確而兩斷案亦隨而不正確何以故設有難者曰種族革命而得如秦始皇隋煬帝者以執政或得如齊東昏陳後主者以執政遂可以達救國之目的乎必不能也則第一之小前提遂破也又有難者曰即微種族革命而今之滿洲政府忽以至誠行立憲以更新爲度其可以達救國之目的乎必能也則第二之小前提亦破也準是以談苟以復仇爲前提則無可言者苟以救國爲前提則無論從何方而觀之而種族革命總不能爲本來手段爲直接手段苟不含有政治的觀念則直謂之無意識之革命焉可也而政治革命則不爾爾故吾以爲政治革命不徒當以爲手段而且當以爲第二之目的蓋政治革命之一觀念與救國之一觀念既連屬爲一體而不可分也

吾所云種族革命不能爲本來手段直接手段在陳君則明已承認也即凡持種族革命論者當亦不可不承認何也苟不承認必須將吾前所舉兩設難下正當之答辯苟不能得正當之答辯遂終歸於承認也既承認矣則次所當研究者在種族革命能否爲補助手段間接手段之一問題申言之則以政治革命爲前提而問種族革命能否爲政治革命之手段是也此問題則陳君之所見與鄙人之所見大有異同今推陳君之意復以論理法演之則如下

大前提
凡可以達政治革命之目的者吾輩所當以爲手段者也

小前提
（一）而種族革命實可以達政治革命之目的者也……
（二）而舍種族革命以外更無他道焉可以達政治革命之目的者也……

斷案
（一）故種族革命吾輩所當以爲手段者也
（二）故舍種族革命以外吾輩無當以爲手段者也

欲知此兩斷案之正確與否則當先審兩小前提之正確與否今請細覈之

第一　種族革命實可以達政治革命之目的者也

欲知此小前提正確與否不可不先取政治革命與種族革命之兩概念而確定之

(一)政治革命者革專制而成立憲之謂也無論爲君主立憲爲共和立憲皆謂之政治革命苟不能得立憲無論其朝廷及政府之基礎生若何變動而或因仍君主專制或變爲共和專制皆不得謂之政治革命

(二)種族革命者民間以武力而顚覆異族的中央政府之謂也蓋苟非訴於武力而欲得種族上之政權嬗代則必其現掌政權者三揖三讓以致諸我然後可然此必無之事也（陳君之意似冀其有此此俟下方別辨之）故非用武力不能得種族革命明也而其武力苟未足以顚覆中央政府則不成其爲革命又無待言

此兩概念者又無論何人不得不承認者也既承認矣則「人民以武力顚覆中央政府」之一概念與「變專制爲立憲」之一概念果有何種之關係是不可不以嚴密之歸納論理法說明之

立憲有兩種一曰君主立憲二曰共和立憲苟得其一皆可命曰政治革命則試先取「人民以武力顚覆中央政府」之一概念與「君主立憲」之一概念而求其因果之關係君主立憲必以先有君主爲前提而革命前之舊君主既滅則所謂君主者其必革命後之新君主也革命後以何因緣而得有新君主則吾中國二千年來歷史上之成例不可枚舉一言蔽之則陳君所謂『同時並起勢均力敵莫肯相下非羣雄盡滅一雄獨存而生民之禍終不得息以數私人之競爭而流無數國民之血若是則亡中國者革命之人也』（擷述君所著中國革命史第口章第三節中語）可謂盡抉其弊矣信如是也則立憲二字將來能至與否未可期而君主二字當下已先受其毒也信如是也

則無論彼欲爲君主之人未必誠有將來立憲之志願卽使誠有之竊恐志願未償而中國已先亡也若是乎人民以武力顚覆中央政府其與君主立憲制無一毫因果之關係此吾所敢斷言而當亦凡持種族革命論者之所同認也故此問題殊不必辨而所餘者惟共和立憲制之一途

人民以武力顚覆中央政府其與共和立憲制有無正當之因果關係此其現象甚複雜非可以一言決也吾於所著之開明專制論第八章剖析既略盡今更補其所未及

欲決此論又不可不先取共和立憲之概念而確定之吾示有界說二

(一)共和立憲制其根本精神不可不採盧梭之國民總意說蓋一切立法行政苟非原本於國民總意不足爲純粹的共和也

(二)共和立憲制其統治形式不可不採孟德斯鳩之三權分立論蓋非三權分立遂不免於一機關之專制也

以上二端精神形式結合爲一遂成一共和立憲之概念此槪念諒爲言共和立憲者所能承認也既承認矣則吾將論此槪念之能實現與否及其能行於種族革命後之中國與否

第一　盧梭之國民總意說

此說萬不能實現者也夫所謂國民總意者當由何術而求得之乎用代議制度耶決不可今世各國行代議制度者非謂以被選舉人代表選舉人之意見也故代議士之意見與選舉代議士之人之意見常未必相同然則以代議士之意卽爲國民總意不可也故欲求總意則舉凡立法行政皆不可不付諸直接投票盧梭亦以爲必

如瑞士乃可謂之眞共和亦以此也。雖然瑞士蕞爾國也。而內部復析爲聯邦之本位者二十二。夫是以能行直接投票。顧猶不能常行。若在他稍大之國。能行之乎。必不能矣。故國民總意之難實現者一也。復次卽行直接投票。又必須極公平而自由。萬一於有形無形間有威逼之者。有愚弄之者。使其不得爲本意之投票。則所謂總意者。繆以千里矣。故國民總意之難實現者二也。復次卽直接爲公平自由之投票矣。遂能眞得總意乎。「總」之云者。論理學上之全稱命題也。必舉國中無一人不同此意。然後可。苟有一人焉。仍不得冒「總」之名也。而試問橫盡虛空豎盡來劫。曾有一國焉。其國民悉同一意見。而無一人之或歧者乎。必不能也。不能則所謂「總」者。仍不過多數與少數之比例。多數而命之曰「總」。論理學上所決不許也。故國民總意之終不能實現者三也。於是乎所謂國民總意說。不得不棄甲曳兵。設遁詞焉。而變爲國民多數說。

則又詰之曰。所貴乎國民多數者何爲乎。彼必曰。多數之所在。卽國利民福之所在也。雖然此前提果正確乎。吾以爲多數之所在。時或爲國利民福之所在。而決不能謂必爲國利民福之所在。集一小學校數百學童而詢之曰。若好弄乎。若好學乎。而使之以自由意志投票。吾知其好弄者必占大多數也。而以多數之故。謂好弄卽爲學校之利學童之福焉。決不得也。蓋國家自身別有一偉大目的焉。高立於各人民零碎目的之上。而斷不能取此零碎目的捆爲一團。卽與此偉大目的同物。尤不能謂零碎目的之多數。卽與此偉大目的同物也。故國民總意。微論其不能實現。卽實現矣。而未必遂可爲政治之鵠。若夫國民多數。固可以實現。然遂以爲政治之鵠。則其於理論上基礎。屬於抽象的觀念。而多數果足爲政治之鵠與否。更當就其國民自身之程度以求之。非可漫然下簡單的斷案也。

然而共和政治舍多數說外固無復可以立足之餘地則吾請讓一步姑承認焉曰多數者恆近於國利民福者也雖然吾於此不得不補一前提焉曰所謂多數者必以自由意志之多數爲斷苟非自由意志之多數非眞多數也此前提當亦爲讀者所同認也則試詗諸歷史見夫國民多數之意志有時方在此點乃不移時而忽轉其方向盡趨於正反對之彼點者則兩者皆其自由意志乎抑皆非其自由意志乎抑一自由而一不自由乎以例證之如法國大革命時馬拉丹頓羅拔士比宣告國王死刑乃至最初提倡革命實行革命之狄郎的士黨取而盡屠之而得巴黎市民大多數之同意未幾馬拉被刺丹頓及羅拔士比駢首就戮而亦得巴黎市民大多數之同意其果前後出於自由意志乎何變化之速也此無他焉蓋有從有形無形間喪其自由者也所謂有形間喪其自由者何也一黨派之勢太鴟張而其人復獪猂中立者憚焉不得不屈其本意以從之也所謂無形間喪其自由者何也外界波譎雲詭之現象刺激其感情而本心熱狂突奔隨之以放乎中流而不復能自制也夫自由意志云者謂吾本心固有之靈明足以燭照事理而不爲其所眩吾本心固有之能力足以宰制感覺而不爲其所奪卽吾先聖所謂良知良能者是也眩焉奪焉是旣喪其自由也內心爲外感之奴隸也於彼時也吾所謂意志者已不能謂爲吾之意志及移時而外界之刺激淡焉而吾本心始恢復其自由故前此之意志與後此之意志截然若不相蒙也然又必外界之刺激淡而自由乃始得恢復耳若外界之刺激轉方向而生反動則吾本心又可隨之而生反動而復放乎中流脫甲方面之奴籍復入乙方面之奴籍而所謂眞自由者不知何時而始得恢復故波侖哈克氏謂以革命求共和者恆累反動以反動亦爲此而已此實人類心理學上必至之符也由此觀之則欲求得自由意志之眞多數其難也如此而當人心騷動甚囂塵上之時愈無術以得之章章然也彼持

共和立憲論者。苟承認國民多數以爲前提也。則當種族革命後。果有何道以得自由意志之眞多數。吾願聞之。猶有疑此理者乎。則去年東京學界罷學之現象。最足以相證明。（彼事件早已過去吾非欲再提之以翹人之短但其事件之性質絕相類以小例大最可以爲吾人前車之鑒能懲前毖後則此事件其亦於前途有影響也）則試以留學生總會館比政府。以留學生全體比國民。甚相肖也。其所爭者爲文部省令問題。若以例國家。則政治上一問題也。總會上書公使。爭論第九第十條之利益範圍。卽法國革命前之改革也。而所爭者不能滿多數留學生之意。於是有聯合會起。猶法人不滿於政府之改革而起革命也。初時脅執行部幹事。使爲取消之決議。猶法人脅國王承認其憲法也。未幾總幹事及其他執行部之人多逃焉。猶法王之遜荒也。聯合會遂取總會館而據之。以決意見發布告。則革命大功告成。而立法行政權皆歸革命黨掌握也。而糾察員則新共和政府之警察。敢死隊則新共和政府之軍隊及司法官也。於彼時也。幸而所謂總幹事者。能藏身遠害。未嘗爲此巴黎市民所弋獲。然固已偵騎四出矣。若一不幸而各路易十六之遯英未出境。被國民遮留而返之。則遂變爲斷頭臺上之路易十六。亦意中事也。蓋彼時之國民。其計較是非利害之心。早置度外也。又幸而此新共和政府無執行刑罰之權也。使其有之。則浹旬之間。八千人不屠其半。亦屠其三之一也。聞者疑吾言爲過乎。苟親當其境者。必能知其時之國民心理實如是。已幸其無此權。故不生大反動。使其有之。則反動必起。而所屠餘之半或三之二。又將起而屠昔之屠人者。法人所以赤巴黎全市。而棼亂亙十餘年不定。蓋以此也。在當時新共和政府之黨人（卽聯合會）固自以爲國民總意也（卽留學生全體總意）夫總意固決非爾。若其爲多數。則較然不能掩也。吾聞諸當時學界中人曰。實非多數。仍少數耳。然彼云停課。則竟全體停課。云退學。則竟幾於全體退學。云歸國。則兩旬之間。歸國者遽逾二千。而其時組織維持會與之相抗者。會員乃僅得二十七人。就形式上論之。謂其非大多數焉不得也。夫彼其本無大多數之實。吾亦信之。顧何以竟能有大多數之形。則其原因甚複雜。由是以細察焉。實最有益之研究也。彼其發表公意之機關。未嘗嚴肅整備。今日甲校集議。曰全體退學。明日乙校集議。曰全體退學。今日甲省集議。曰全體歸國。明日乙省集議。曰全體歸國。究之所謂全體云者。不過由主動者若干人强名之。並未經正式之投票。其果爲全體之自由意志與否勿問也。其所以能得多數者一也。又其發表公意之方法。未嘗公平自由。有欲爲反對的演說者。則羣起而譁之。有欲爲反對的投票者。則示威而脅之。於是有怯懦焉而不敢與競者。有顧全大局而不屑與較者。則自屈其本來之自由意志而姑從彼。其所以能得多數者二也。此皆所謂有形的干涉也。然猶不止此。其勢力之最可怖者。則一般之人爲感情所刺戟。其良知不復能判斷眞理。其良能不復能裁制外感。冥冥之中。全失其意志之自由。隨波逐流。而入於洄渟之深淵。不自知其非。不自知其害也。夫不自知其非。不自知其害。猶可言也。乃感情刺激之既極。則至有明知其非明知其害。而猶徇感情而不恤其他者。比比然矣。故其爲說曰「一錯便錯到底」曰「一錯便大家錯」蓋至是而不惜以感情枉眞理焉矣。此其所以能得多數者三也。迨乎浪去波平。疇昔主動者既不復能占勢力。以爲有形的壓制。而感情刺戟之相壓於無形者。亦既消滅。夫如是而後層層之束縛解脫。而自由意志始再見天日焉。試在今日任舉一當時最激烈之留學生。叩以前事。度未有不爽然自悔。啞然失笑者。是可知後此之意志爲自由。而證前此之意志非自由矣。然幸而無反動耳。倘有反動。則他方面之層層束縛。其所以相壓者亦一如其前。而所謂眞自由者。未知何時而始得平和克復也。以上吾解釋東京學界罷學時代之物界心界兩現象如此。聞者其肯承認否耶。若不承認。吾願別聞其解釋。苟承認也。則當思國民自由意志之眞多數誠不易覯。純粹的共和政治。誠不易行。而當國家根本破壞搖動人心騷擾甚囂塵上之時。愈益無道以得之。章章明甚也。夫學界事件。則其小焉者也。然學界中人。又一國中文明程度最高者也。而猶若此。其他則更何如矣。

若我國民能以武力顚覆現在之中央政府。而思建一共和新政府乎。則其現象當何如。吾欲得正當的解釋。又不能不先立一前提。前提維何。曰、最初舉動占優勢之人。不過屬於國民之一小部分。而其餘大部分之人。不能與彼同意見是也。譬如將全國民意見。區爲甲乙丙丁等諸部分。其主動者最多不過能占甲部分耳。其餘乙丙丁等諸部分雖乙部分意見。未必與丙丁同。丙部分意見。未必與乙丁同。要之其對於甲部分之意見。亦各各不與彼相同。此自然之勢也。於斯時也。甲部分之人既得政。則不能無所建設無所更革。苟不爾。則不能謂之政治革命。而與共和之初意相悖也。既有施設有更革。則與之異意見之人。必交起而與之相抗。又不可避之數也。吾所立前提之界說如此。若有不承認此前提者乎。其說必曰「以我之意見如此。其高尚美妙。豈有他人而不同我。」雖然此幻想也。去年學界之主動者。曷嘗不自以其意見爲高尚美妙。而眞爲高尚美。妙與否。局中者寧能自知之。且卽使眞高尚美妙矣。而各人有各人之主觀的判斷。萬不能以我所判斷而强人也。卽如近者自號革命黨首領某氏。持土地國有主義。在鄙人固承認此主義爲將來世界最高尚美妙之主義。然試問今之中國能行否乎。卽吾信其能行。而謂他人皆能如吾所信乎。此與去年學界主張歸國辦學。吾安能不承認其爲高尚美妙之主義。然能行與否。及能使人人同此主張與否。則終不能不聽諸外界之裁擇。非可以一部分之意見。例其他也。況乎尋常人之表同情於一主義也。恆非問其主義之是否高尚美妙。而先問其主義是否與我之利害相衝突。故凡一主義。苟有與某部分之人利害相衝突者。則某部分之人。必起而反抗。此萬不能逃避者也。而當夫初革政體建新政體時，其政策必與舊社會一大部分之人利害相衝突，此亦萬不能逃避者也。信如是也，則吾所立前提，既極正確，無論何人，殆不能不承認。

既承認矣，則新共和政府對於反抗者將以何道處之，最不可不深長思也。其在君主立憲國，固不能無衝突無反抗，然當其未立憲以前，已經過若干年之開明專制時代，於其間既能緩融此衝突，而減低其程度，由開明專制以移於立憲，拾級而升，又不敢助長此衝突而驟高其程度，其所以處之者既稍易矣，而使其立憲而如德國日本，仍含有變相的開明專制之精神，政府不必定得國民多數之同意，乃能行其職權，則其所以處之者益更易。若種族革命後之共和立憲則大不然，昨日猶專制，而今日已共和，如兩船相接觸，而絕無一楔子介於其間，則其衝突之程度必極猛烈，顯然已見。然既已名爲共和，則不可不以國民總意爲前提，否亦以國民多數爲前提，苟蔑視多數焉，則已不能命之曰共和矣。而新政府之意見，又不過爲國民一小部分之意見，而其他大部分皆與之反對，其必不能得多數，無待言也。於是新政府不能不運全力以求多數，蓋非得多數，則持意見萬不能實行，而政府且一日不能成立，蓋共和立憲之性質然也。如彼去年學界必欲得所謂全體歸國多數歸國者，然後可以拱衞其所主張，亦性質然也。然則何術而能得多數耶，則必或用直接間接手段以干涉其發言權投票權，或從種種方面弄小小伎倆以刺戟其感情，使益漲於高度，迷其故常，而飲新政府之狂泉，於是乎漸得多數。夫用直接間接手段以干涉，既已惹起一般之不平，而爲新政府之隱患，弄小伎倆以刺戟其感情，始焉未嘗不見小效，而感情既奔於極度，則又非復新政府所能裁抑，如跅弛之馬，既已奔逸，寧復銜勒之所得馭，是又爲新政府之隱患。而況乎所謂漸得多數者，亦不過多數云爾，無論如何，總不能得全體，必仍有最小之部分焉有強毅之意志，而抵死不肯屈從，而其人又必爲舊社會中之有力者也。如去年聯合會勢力披靡全學界之時，而猶有維持會之二十七人，此亦自然必至之符也。於彼時也，新政府之人若不能降伏此小部分之强毅者，則其地位終不能安，故不得不濫用其運手段所得之多數威力，而壓彼反對者以不堪。此非好爲之，而騎虎之形固不得不爾也。壓之既極，而反動起焉。彼新政府既伏有種種之隱患，故强毅之反抗者乘之，而遂蹶。無論遲早，終必有蹶之一日也。其既蹶也，則前此强毅之反抗者代之。代之者既蓄怨積怒，而加以前此一般被干涉者之不平，又加以刺戟於感情者既爲失其故常之熱度，則其所以還施於前政府者，往往視前政府而尤甚，亦必至之勢也。於是反動復反動，皆循此軌以行，速則數歲，遲則數十年，而未能寧息。於彼時也，甲乙丙丁諸部分之人，競政權於中央，而他事皆不遑及。有武人擁兵於外，如該撒拿破侖其人者，則俟狺狺羣犬兩斃俱傷之時，起而收漁人之利，以行共和專制。若無其人，則各地方當騷擾彫瘵之後，秩序已破，而復乘中央政府之無暇干涉，則羣盜滿山，磨牙吮血，舉國中無一人能聊其生。若無外國乘之，則俟數年或數十年後，有劉邦朱元璋起，復爲君主專制。若有外國，則不俟該撒拿破侖劉邦朱元璋之興，已入而宰割之矣。於是乎其國遂亡。嗚呼，言念及此，安得不股慄也。嗚呼，讀者試平心靜氣以察之，鄙人所言，其果合於論理否耶？如其不合也，願讀者有以教之；如其合也，則請公等於種族革命後建設共和立憲制之論，稍審愼焉，乃可以出諸口也。

問者曰：然則主動者，或具極高尙之人格，屆時自審不能得多數也，則奉身而退，讓諸他之多數者，其可以免此患乎？應之曰：不然。其事固不能行，即行矣，而其患亦不能免。所謂其事不能行者何也？夫所謂最初主動占優勢之人，質言之，即革命黨首領其人也。既排萬險歷萬難，以顚覆中央政府，其本心豈非以舊政府可憤可嫉，故爲民請命而顛覆之也。當其初成功也。舊政府之氣焰。尚未遽絕。蓋猶有餘燼焉。故當時除革命軍占最優勢外。其占次優勢者。仍舊政府黨人。而此外未有第三之勢力焉能與之敵者。革命黨若曰吾既覆舊政府。而吾之責任畢矣。急流勇退。一切善後。聽諸國民。則起而代之者。必占次優勢之舊政府黨人也。其必釋憾於革命黨。而黨員生命供其犧牲焉。固意中事。不寧惟是。革命事業一切隨而犧牲。然則前此之擾擾焉奚爲也哉。故新政府初建。革命黨中人必不能不出死力以自壅植其權力勢則然也。今讓一步。而曰主動人奉身以退。而國權或仍可以不落舊政府之手。然吾猶謂其患終不能免者何也。蓋讓政權於他部分之人。而其不能得多數亦與我同也。如甲部分讓諸乙部分。而乙部分復有甲丙丁三部分與之立於反對之地位。讓諸丙丁部分亦然。故無論何部分。皆不惟不能得總意。並不能得多數。勢使然也。吾聞諸粹於政學者之言曰。凡非在歷史上有久發達而極强固之兩大政黨者。其國萬不能有多數政治。夫政黨而必限以兩者何也。必全國中政治之原動力。僅劃然中分爲兩中心點。然後有多數少數之可言。蓋非甲多於乙。則乙多於甲。甲多於乙。則甲爲政。乙多於甲。則乙爲政。而非若黨派分歧之國。甲爲政而乙丙丁從而撓之。乙爲政而甲丙丁等從而撓之。故現在全世界中以多數少數而進退執政之國。惟英美兩國能行之。而蒙其利。其他則皆利不足以償害。（德國日本非以多少數進退執政者）皆此之由。夫一國政治動力。集於兩大政黨。此決非可望諸未有政治思想未有政治能力之國民。而秩序新破時。更愈不能望也。然則最初主動占優勢之黨派。雖復高蹈善讓。而終不免此危亡。此無他。共和立憲制。實不適於此等國家。與此等時代。而非關於在位之人之賢不肖何如也。

然則在歷史上久困君主專制之國。一旦以武力顛覆中央政府。於彼時也。惟仍以專制行之。且視前此之專制。

更加倍蓰焉。則國本其庶可定。所謂刑亂國用重典是也。而我國三千年間之歷史。大率當鼎革之初。靡不嚴刑峻法以杜反側。越再三傳。人心已定。而始以仁政噢咻之。其理由皆坐是也。於彼時也。而欲慕共和之美名。行所謂國民總意的政治。國民多數的政治。則雖有仲尼墨翟之聖。而卒無以善其後也。夫既不能不仍用專制。且不能不用倍蓰之專制。則其去政治革命以救國之目的。不亦遠乎。

第二　孟德斯鳩之三權分立說

此說亦萬不能實現者也。此其理近世學者固多言之。吾於所著開明專制論第七章。亦嘗述之。然尋常學者之言其流弊也。不過謂機關軋轢。而缺調和。謂施政牽制。而欠圓活。夫此猶爲民政基礎已定之國言之耳。若新造時。則其弊猶不止此。蓋危險有不可思議者焉。請言其故。凡一國家。必有其最高主權。最高主權者。唯一而不可分者也。今之權既分矣。所謂最高主權者。三機關靡一焉得占之。然則竟無最高主權乎。曰仍在國民之自身。而已。於是不得不復返於國民總意之說。所謂國民總意。卽最高主權也。總意既不能得。則國民多數。卽最高主權也。於是多數之國民。對於立法行政司法之三機關。而皆可以行其總攬之權。何也。彼諸機關。皆吾所命耳。一旦拂吾意焉。吾卽可以易置之。蓋其根本精神。應如是也。論者或責備去年東京學界中人謂總會館之幹事也。評議員也。皆吾等以自由意志用多數投票而公舉者也。既舉之矣。而不肯服從其意見。何也。吾以爲此所謂責其不當責者也。夫謂吾既舉之。而卽當服從之者。霍布士之說也。最高主權。移於他方也。若盧梭說。則最高主權。無論何時。而皆保存於國民之自身也。夫既已三權分立矣。則最高主權。非在國民自身。而何在也。故吾昨日可以自由意志選舉者。明日卽可以自由意志而取消也。故如瑞士之制。隨時得以國民五萬人之同意。遂行全國普通投票得多數取決。卽可取國法根本法而變更之。蓋共和制之眞精神。實在是也。然此惟如瑞士者能行之耳。若夫在不慣民政而黨派分歧階級分歧省界分歧種種方面而利害互相衝突之國。則惟有日以此最高主權爲投地之骨。羣犬狺狺焉競之。而彼三機關者廢置如弈棋。無一日焉得以自安已耳。蓋隨時拈一問題。可以爲競爭之鵠。而國民無復判斷眞是眞非利害之能力。野心家利用而播弄之。略施小伎倆。卽可以刺戟其感情。而舉國若狂。故所謂多數者。一月之間。恆三盈而三虛。彼恃多數之後援以執政權者。時時皆有朝不保暮之心。人人皆懷五日京兆之想。其復何國利民福之能務也。夫去年東京留學生總會館之舊政府。其初意豈料以區區文部省令之問題。而遂致顛覆也。而竟以顚覆也。蓋千金之堤。潰於蟻穴。非人力之所能慮及也。夫留學生總會館之政府。惟有義務而無權利。故人無所歆焉爾。若夫一國之政權。無論文明國野蠻國之人皆所同欲也。而況在教育未興民德未淳之國。人人率皆先其私利而後國家之公益。今也傾軋他人而自代之也。既如此其易。夫安有不生心者乎。更隱括言之。則三權分立之政治。卽最高主權在國民之政治也。而最高主權在國民之政治。決非久困專制驟獲自由之民所能運用而無弊也。準是以談。則雖當革命後新建共和政府之時。幸免於循環反動以取滅亡。而此政體終無術以持久。斷斷然矣。不持久奈何。其終必復返於專制。（或返於共和專制或返於君主專制）然則其去政治革命以救國之目的。不亦遠乎。

彼極端激烈派之不喜聞吾言者。必曰子曷爲頻舉法國之前事以相嚇。彼美國非革命乎。而何以能行共和而晏然也。嗚呼。夫美國非我中國所能學也。彼其人民積數百年之自治習慣。遠非我比。吾既已屢言之。然此猶或未足以使激烈派死心塌地。彼將曰吾自軍興伊始。卽畀權與民。兵權漲一度。民權亦漲一度。迨中央政府覆而吾民之能自治，遂如美國也。縱吾曰不能，而彼曰能之。此程度問題，各憑其人之主觀判斷，吾安從難焉。雖然，卽讓一步，而謂革命功成時，吾民之程度已如美國，抑猶當知吾中國之建設事業，非可如美國云也。論者曾讀美國憲法乎。彼其中央之權限，不過募發軍隊、接派外交官、定關稅、借國債、鑄貨幣、管郵政、保護版權及專賣權、定入籍法、破產法、管理海上裁判權，及甲省與乙省之訴訟等區區數端而已。其他一切政治，爲憲法明文所未規定者，如教育、警察、農工商務，乃至各省普通立法等諸大政，皆屬各省政府之權，未嘗緣革命而有所變置也。其變置者少，故其衝突也不甚。然猶各懷其私，莫能統一。蓋自一七八三年軍事定，直至一七八九年始布憲法，舉華盛頓爲大統領，此六年間，各省暴動屢起，華盛頓爲之端居竊嘆，而懼前勞之無良果。此稍讀美國史者所當能知也。於彼時也，幸而彼各省故有政府，故有議會耳。不然，夫安見美之不爲法也。而彼後此憲法，亦惟節縮中央政府權限，除犖犖數端外，一無所更革。其他政治，一如未革命以前，故大體無衝突，而廑乃相安，使其事事而干涉焉，夫又安見美之不爲法也。論者如謂我中國革命後之中央政府，可以無須偉大之集權，而一切政治，皆悉聽人民之自由，而無勞干涉也，則援美國爲前例焉，猶之可也。然試問若此者能爲治乎。如其不能，則請毋望新大陸之梅以消我渴也。

至是而人民以武力顛覆中央政府，其與共和立憲制無一毫因果之關係，吾敢斷言矣。夫其與君主立憲制無關係也既若彼，其與共和立憲制無關係也復若此，故吾得反其小前提曰：

種族革命，實不可以達政治革命之目的者也。

隨而反其斷案曰：

故種族革命。吾輩所不當以爲手段者也。若是乎苟不以救國爲前提。而以復仇爲前提。置政治現象於不論不議之列。惟曰國可亡仇不可不復者、則種族革命誠正當之手段也。若猶如陳君之教。以救國爲前提乎。則種族革命者不惟不可以爲本來手段直接手段。而並不可以爲補助手段間接手段。蓋眞一刀兩斷。而屏除之於一切手段之外者也。世有眞愛國之君子。其肯聽吾言否也。

〔附言〕吾所論種族革命之不可。及共和立憲之不可。皆就政治方面以立言。不及其他。蓋此問題不能解釋。則其他問題雖盡解釋。而論者之壁壘猶不能自完也。頃見某報有「論支那立憲必先以革命」一文。駁反對革命論者之說。而舉其兩端。一曰怵殺人流血之慘。二曰懼列强之干預。而於革命後政治現象未論及焉。夫吾之此論。雖至今日而大暢厥旨。然前此固已略言之。屢見於新民叢報中。論者宜未必熟視無睹。而竟不一及。何也。得無兵法所謂避堅攻瑕耶。然一堅之不破。雖摧百瑕。亦無益也。而況其所謂瑕者。亦未見其能破也。彼文本無可受駁難之價值。吾姑寬假之。榮幸之。而與一言可乎。其言殺人流血之不足怵也。曰「彼夫英吉利之三島。與叢爾彈丸之日本。世人豔之。謂爲無血之革命。乃試一繙兩國之立憲史。其殺人流血之數。殆不減於中國列朝一姓之鼎革。特其恐怖時期爲稍短促耳。」嗚呼。論者豈謂舉國人皆無目耶。不然。何敢於爲此欺人之言也。彼所謂英國之殺人流血。殆指克林威爾一役。夫克林威爾之役。豈能謂於英之立憲無大關影響。而斷不可謂英之憲法由此役發生。由此役成立也。蓋英爲不文憲法之國。其立憲之起於何代。成於何代。無有能確言之者。彼其頒布大憲章在一二一五年。當克林威爾前四百年也若其完全成立則有謂其實在一八三二年之議院法改正選舉法改正者（美人巴士所著政治學及比較憲法論謂英國實當一八三二年後始有憲法）則當克林威爾後百五六十年也然則純以彼一役為英國立憲之原因其足以服讀史者之心乎且即以彼一役論曷嘗有極大之殺人流血彼役之最慘酷者則對於愛爾蘭及舊教徒之虐殺也然與立憲無關也若日本則西鄉隆盛以軍東指勝安房以城迎降東臺一戰死傷者不過數百其後西南之役又與立憲無關也而論者乃謂其數不減於我列朝一姓之鼎革夫我列朝之鼎革其屠戮之數若何今雖無確實之統計而一役動逾數百千萬史上之陳迹尚可略考而推算也今論者為此言苟其非自無目而於英國日本史及中國史未嘗一讀必其欺舉國人無目而謂其於英日史及中國史無一人能讀者也陳君之言曰『中國今日而革命也革命之範圍必力求其小革命之期日必力促其短否則亡中國者革命之人也』此誠仁人君子之言而謂殺人流血之不可以不恤也而試問今日若行種族革命其範圍有術能求其小其期日有術能促其短乎若其不能則亦如陳君所云亡中國而已吾聞諸論者之言曰「軍既興定一縣則開一縣之議會以次定十八省則全開十八省之議會」信如是也是其範圍極廣也又曰「自軍興以迄成功則全國民自治習慣已養成焉」信如是也是其期日極長也使陳君之言而無絲毫價值也則論者之政策其或可行使陳君之言而有價值也則論者之政策不外陳君所謂亡中國之政策而已夫彼所以敢於立一「殺人流血不宜恤」之斷案者殆有兩前提焉其一則曰非殺人流血不能立憲也其二則曰殺人流血於中國前途無傷也然其第一前提不衷於歷史也既若彼其第二前提不應於事實也復若此亦適成為脆而易破之論理而已其言列强干涉之不足懼也亦有兩前提焉其一則謂列强

持均勢主義。莫敢先發難。其言曰。「一起而攫之。一必走而撓之。無寧兩坐守之而尚可以少息也。」其二則謂我實行革命。列強將畏我而不敢干涉。其言曰「列強之所以環瞰者。吾之不動如死。有以啓之。一旦張耳目振手足。雖不必行動若壯夫。而彼覬覦之心固已少息。歐族雖恃其威力。然未有不撓折於如荼如潮之民氣者。」此兩前提又果正確乎。則試先檢其第二前提。其第二前提。童騃之言也。未嘗一自審吾之力如何。又未一審人之力如何。惟喊殺之聲連天。遂謂人之必將聞喊聲而震懾也。夫威力而果撓於民氣乎。義和團之民氣曷嘗不如荼如潮。而列國聯軍之威力曾撓折焉否也。論者必將曰彼野蠻而我文明也。問彼野蠻而我何以能文明。必將曰彼由下等社會主動。我由學界或其他中等社會之人主動也。則試問抵制美約。學界人主動矣。美國曾撓折焉否也。上海鬧審罷市。學界人主動矣。英國曾撓折焉否也。東京罷學。學界人主動矣。日本曾撓折焉否也。夫吾非謂民氣之必不可用也。而用之必與力相待。無力之氣。雖時或偶收奇效。而萬不可狃焉以自安也。力者何。強大之陸海軍是已。苟有是物。則天下萬國可以惟余馬首是瞻。若其無之。雖氣可蓋世。而遂不免於最後之滅亡。中國而欲絕人覬覦也。必其行動確然爲一壯夫焉斯可也。僅若壯夫。猶不足以威敵。而壯者乃謂不必若壯夫。惟張耳目振手足。而人已憚矣。其毋乃言之太易乎。將來之事未可知。而以最近電報。則美國人固派二萬五千之陸軍。以防我暴動。且彼明言所防者不僅在排外。而尤在排滿矣。彼反對革命者。謂列強必干涉。而主張革命者。謂列強必不干涉。其果誰之言驗而誰之言不驗耶。夫民氣猶火也。善用之可以克敵。不善用之亦可以自焚。暴動之起。主動者無論若何文明。而必不能謂各地方無鬧教案殺西人之舉。此事勢之至易見者。而謂人之能無干涉乎。且就令無鬧教之舉。而以暴動之故。全國商業界大生影響。而謂人之能無干涉乎。必不然矣。嗚呼。我國人虛憍之態。殆其天性矣。前者爲頑固的虛憍。今也爲浮動的虛憍。外形不同。而精神實乃一貫。日本人所笑爲一知半解的國權論。其言雖刻薄。而固不得不謂之切中也。今日欲救中國。惟忍辱負重。厚蓄其力。以求逞於將來。而論者乃於毫無實力之國民。惟獎其虛憍之氣。以揚其沸。是得爲善醫國矣乎。是其第二說之不能自完也。則請復檢其第一前提。其第一前提。所謂知其一而未知其二者也。夫自今以往。列強中無一國焉能獨占利益於中國。無待言矣。如英如日如美。皆不願中國之瓜分。亦無待言也。雖然。列強固未嘗不持機會均等主義。日眈眈焉瞯一機會之至。而各伸其權力於一步。若中國民間而有暴動。是卽予彼等以最良之機會也。則試爲懸揣將來革命之趨勢。（此段單言革命者卽指種族革命非指政治革命也弗誤）爲中央革命乎。爲地方革命乎。中央革命者。如法國然。僅起於巴黎。取舊王室舊政府而顚覆之。不必以革命軍糜爛四方也。然此恐非中國所能望。如是則必地方革命。地方革命。如其乍起旋滅。僅以現政府之力能削平之。則不必論。然此又必非言革命者之所望也。吾於是如其願。設革命軍之力足以蔓延數省。而現政府不能制之。於彼時也。則外國之態度如何。現政府之態度又如何。外國必頻促現政府削平之。否則干涉。現政府初時必不許。及自審其不能制。則轉而求外國之協助。外國則或俟現政府之請求。然後干涉焉。或不俟其請求而先干涉焉。皆意中之事也。於彼時也。又當視革命軍之舉動。如何革命軍必求列強承認其爲國際法上之內亂團體。固也。然無論何國。斷無有孟浪焉以承認者也。其中必多有絕對不承認者。亦或有徘徊焉。觀其將來之趨勢。而始確定其承認或不承認者。但得一二國徘徊焉。已非有極才之外交家不能矣。然卽有極才之外交家。亦僅能得其徘徊。不能得其承認。欲得其承認。必須有二種實力。(一)革命軍之地位。確已視舊政府占優勝。(二)革命軍確能保障其領土之平和使外人生命財產得十分安全。有再起暴動者革命軍頃刻即能鎮壓之。然此兩種實力固非易言也。苟彼此之地位優劣久難決。則相持久而影響於商業者甚大。外國必欲其一仆而一存。此自然之理也。然欲仆革命軍以存舊政府者。必多於欲仆舊政府以存革命軍者。彼誠非有所偏愛偏憎。然扶舊政府以仆革命軍。則其可以得利益之機會必甚多。彼自為計。寧出於此也。然猶必革命軍於其領土內能確有保障平和之實力。乃久徘徊耳。若以有革命軍之故。而致彼之生命財產蒙危險的影響。則其絕對的不承認。或始雖徘徊而隨即轉方針為不承認。此一定之趨勢也。而排滿之心理恆與排外之心理相連屬。在最初革命主動者。固已難保其不含此性質。即曰吾能節制之。而影響所波動。必喚起各地方之排外熱。此實不可逃之現象也。於彼時也。革命軍以威力鎮壓之乎。恐遂以此失人心而生內訌。苟放任之。則此等現象將續續起。而欲求外國承認之希望遂絕。夫不承認則必干涉矣。又讓一步而謂革命軍以極機敏之行動。能於外國未及干涉之前。以迅雷不掩耳之勢。遽仆中央政府或中央革命與地方革命同時並行。如是則革命軍既取舊中央政府而代之矣。則於斯時也。舉全國十八省中無論何處有暴動而危及外國人之生命財產者。革命軍皆不可不任其責。何也。使革命軍與舊政府對立。則革命軍所負責者惟在其已略得之領土耳。此外則舊政府任之。若舊政府既亡。則革命軍任責之範圍逾廣。蓋權利與義務之關係應如是也。而以倉猝新造之政府。能保各省之無騷動乎。有騷動而其力遂足以徧鎮壓之乎。必不能矣。不能而欲各國認我為國際上一主格。此必不可得之數也。藉曰無騷動矣。有騷動而能鎮壓之矣。猶當視其新政府之基礎如何。能無於政權攘奪之間。生衝突乎。苟如我前者所言建共和政體而不能成立也。則不必問各地方之現象如何。卽以中央政府之蜩唐沸羹。亦足以召干涉。干涉則奈何。夫論者所謂「一起而攖之一必走而撓之」此義固吾所已承認者也。然則干涉之結果究奈何。曰使革命軍久未能覆舊政府。則彼與舊政府提攜。以聯軍代戡定之。而於事後取機會均等主義。各獲莫大之報酬於舊政府云爾。使革命軍而遽覆舊政府。而或不能鎮壓地方之騷擾。或不能調和中央之衝突。則彼亦將以聯軍入而再覆此新建之政府。於彼時也。新舊政府既皆滅絕。而舉國中無一人有歷史上之根柢可以承襲王統者。其間必有舊王統之親支或遠派遁逃於外以求庇。於是聯軍乃擁戴之以作傀儡。此路易第十八之所以能再王法國也。而此傀儡之廢置。自茲以往。一惟外國人之意。而中國遂永成埃及矣。信如是也。則革命軍初意本欲革滿洲之王統。而滿洲卒未得革。不過以固有之王統易爲傀儡之王統而已。則試問於中國前途。果爲利爲害。而言革命者。亦何樂乎此也。夫論者所謂「一起而攖之一必走而撓之」以此證列國中無能用單獨運動以行干涉者。則其說完矣。然須知列國尙有以共同利害關係之故。用共同運動以行干涉。此實將來不可逃避之現象也。故吾謂彼知其一未知其二也。要之兵法曰毋恃敵不來恃我有以待之。今日不言革命則已耳。苟言革命。萬不能曰外國殆不干涉。而掩耳盜鈴以自慰也。（俗語所謂一心情願）必其自始焉曰。吾固預備外國干涉。彼從某方面干涉。吾之力可以從某方面拒之。彼用某手段干涉。吾之力得用某手段以勝之。不觀法蘭西乎。其大革命時。外國聯軍所以干涉之者何如。法人之力能戰聯軍而退之。僅足自支耳。不然。則不待拿破侖之興而已爲波蘭。未可知也。（美國獨立時其情形又稍不同。彼僻在新大陸。與歐洲列國關係甚淺。當時有勢力於新陸者惟英法兩國。英其敵國也而法則以妒英之故反爲美援也故彼無干涉之患而我中國今日情形實同於法而不同於美至易見也故又未可援美以自慰也而所謂某方面某手段者又必須有確實證據將彼我之實力統計而比較之而確見其爲如是萬不能以空談及模糊影響之言以自欺也今持革命論者亦曾計及此而確有所自信乎若有之請語我來若其未也則不懼外國干涉之言愼勿輕出諸口也

以上所駁吾欲求著者之答辯若不能答辯則請取消前說可也但即能答辯此節而於革命後不能建設共和立憲制之論不能答辯焉則種族革命說即已從根柢處被破壞而不許存立也

又頃見種族革命黨在東京所設之機關報大標六大主義一曰顚覆現今之惡劣政府二曰建設共和政體三曰維持世界眞正之平和四曰土地國有五曰主張中國日本兩國之國民的連合六曰要求世界列國贊成中國之革新事業吾見之而瞀惑不知其所謂其第一條顚覆現今惡劣政府此含有政治革命的意味雖用語不甚的確猶可言也其第二條建設共和政體則吾此文及開明專制論第八章已令彼之此主義無復立錐地其第三條維持世界眞正之平和言之太早請公等先維持我國之平和待我國既自立他國有疑我懷侵略世界之野心者其時自表白焉猶未爲晚其第四條土地國有則公等若生於烏託邦請實行之若猶未能脫離現今地球上各國土則請言之以自娛可也其第五條主張中日兩國國民的連合可謂大奇所謂連合者屬於交際者耶則何國不當連合豈惟日本言日本則日本以外各國豈皆排斥乎屬於法律的耶既命之曰兩國國民則何從連合合日本於中國乎是又諺所謂一心情願也合中國於日本乎公等雖欲賣國與日本日本恐四萬萬人未必許公等也其第六條要求列國贊成中國革新事業亦大

奇。中國革新事業。中國之主權也。豈問人之贊成不贊成。夫要求云者。未可必得之辭也。如彼言外之意。萬一列國不贊成。我遂不能革新乎。然則中國不已失獨立之資格乎。噫嘻。吾知之矣。彼其意殆云要求列國承認我共和新政府也。其第五條則因偶結識日本之浮浪子數輩。沾沾自喜。恃以爲奧援。此終不離乎媚外之劣根性也。而以此爲政綱以號於天下。是明示人以舉黨中無一有常識之人耳。以吾讀該報。除陳君天華之文以外。可直謂無一語非夢囈。不能多駁之以費筆墨。僅舉其政綱與一國有識者共評之。

第二　舍種族革命之外更無他道焉可以達政治革命之目的也

此小前提正確與否。即吾之政論正確與否之所攸判也。夫種族革命不可以達政治革命之目的。既爲絕對的而無所容疑。而使更無他道可以達之。是亦束手待亡而已。蓋陳君於種族革命之能否間接以救國。亦未嘗無疑焉。而覺舍此以外無一而可。故不得不姑倡之以爲嘗試也。其言曰『我退則彼進。豈能望彼消釋嫌疑而甘心與我共事乎』是其義也。某報之言亦曰『今乃以種族不同血系不屬文化殊絕之二族。而强混淆之。使之爲一同等之事業。其聲氣之隔膜已不待言。而況乎此二族者其階級懸殊。又復若雲泥之迥判。相猜相忌已非一日。於此而欲求一推誠布公之改革。豈可得乎』此其論亦含一面的眞理。而駁解之頗不易易者也。吾所以駁解者則如下。

試請讀者暫將復仇一念。置諸度外。平心以觀察現今之政局。其所以不能改革者。其原因專在種族上乎。抑種族以外尚有他原因乎。抑原因全在他而與種族上毫無關係乎。就此以立三前提。其第一前提曰。徒以種族不同。故不能改革也。其第二前提曰。既以種族不同。復以他種障礙。故不能改革也。其第三前提曰。徒以他種障礙。

故不能改革也若第一前提正確則僅爲種族革命而即可以改革若第二前提正確則一面既爲種族革命一面復取他障礙而排除之而後可以改革若第三前提正確則僅排除他障礙即不必爲種族革命而亦可以改革此三前提孰爲正確非以嚴密的歸納研究法不能得之然此歸納研究法正未易施也

欲從事研究則不可不取改革之定義而先確定之所謂改革者（即論者所謂開誠佈公之改革）吾欲以立憲當之次則開明專制亦可以當之此諒爲論者所肯承認也即不承認開明專制亦必承認立憲故吾今就立憲以立言

凡治論理學者其所用歸納研究法有四而最適用者曰類同法(Method of Agreement)曰差異法(Method of Difference)今試以類同法求不能立憲之原因類同法者甲現象之顯而必有乙現象起於其前或乙現象之顯而必有甲現象隨乎其後因知乙現象必爲甲現象之原因也如「甲乙丙」之後恆有「呷吃呐」「甲乙丁」之後恆有「呷吃叮」甲丙丁之後恆有「呷呐叮」由是知「甲」必爲「呷」之原因「呷」必爲「甲」之結果也今請以「甲」代「種族不同」以「呷」代「不能立憲」而求諸百餘年來各國之歷史法國當一七九一年以前非「甲」也而竟爲「呷」乃至葡萄牙當一八二六年以前西班牙當一八〇九年以前奧大利當一八四九年以前皆非「甲」也而竟爲「呷」凡此皆無「甲」而能生「呷」然則「甲」必非「呷」之原因「呷」必非「甲」之結果明矣申言之則「種族不同」必非「不能立憲」之原因「不能立憲」必非「種族不同」之結果明矣於是向他方面以求之則見夫各國之不能立憲者或其君主誤解立憲以爲有損於己或其人民大多數未知立憲之利而不肯要求此兩者皆其普通共有之現象也故

以類同法求之則知此兩現象實爲不能立憲之原因也吾今以「己」代前者以「戊」代後者得斷言曰「己」與「戊」卽「呷」之原因也然君主之誤解實由於一己之利害問題若人民要求迫切則君主必知不立憲而折損更甚比較焉而誤解自銷故人民要求又爲消釋君主誤解之原因故不肯要求實爲不能立憲之最高原因以代字表之則「戊」卽「呷」之最高原因也

問者曰「甲」不能爲「呷」之單獨原因吾固承認矣雖然英國之在印度以「甲」故生「呷」法國之在越南以「甲」故生「呷」日本之在臺灣以「甲」故生「呷」今滿洲之在中國亦以「甲」故生「呷」然則安知「呷」之非有諸種原因而「甲」卽爲其一種乎若是乎則非除「甲」而「呷」終不能除也欲答此難則當以差異法明之差異法者凡一現象恆合數部分之小現象成若其現象本有乙部分忽將其除去而續起之現象卽不見有甲部分或其現象本無乙部分忽將其增入而續起之現象[illegible]見有甲部分因知乙必爲甲之原因也如本爲「甲乙丙」故生「呷吃呐」及將甲除去變爲「乙丙」則其續生者僅「吃呐」而無復有「呷」或本爲「乙丙」故生「吃呐」及將「甲」增入變爲「甲乙丙」則其續生者遂爲「呷吃呐」而竟有「呷」若是則可以斷「甲」必爲「呷」之原因卽不爾亦爲其原因之一部分也今試除之以求其差異乎我中國當元代其本來現象爲「甲乙丙」其相屬之現象爲「呷吃呐」至明則將「甲」除去所餘之現象爲「乙丙」而其相屬之現象仍爲「呷吃呐」不聞其以無「甲」之故而遂無「呷」也又試增之以求其差異乎南非洲杜蘭斯哇爾及阿蘭治兩國其本來之現象爲「乙丙」其相屬之現象爲「吃呐」及敗於英變爲「甲乙丙」而其相屬之現象仍爲「吃呐」（兩國今皆已有完全之憲法）不聞其以有「甲」之故而遂有

「呷」也由此觀之則可知「甲」必非「呷」之原因且並非其原因之一部分也反而求之則見夫吾中國之明代以有戊之故故雖無「甲」而猶有「呷」南非兩國以無「戊」之故故雖有「甲」而能無「呷」然則「戊」爲「甲」之原因益明

問者曰元明之交之中國則未有「戊」者也南非二國則本無「戊」者也若夫本有「戊」而並有「甲」之國則僅除「戊」而不除其「甲」而「呷」之現象遂可除乎質而言之則如今者之印度安南臺灣乃至吾中國若其人民大多數能要求立憲則雖異族之君主不易位而立憲可致乎吾應之曰可也於何證之於匈牙利證之匈牙利之有「甲」而並有「戊」蓋數百年也一旦將其「戊」除去則雖「甲」未除而「呷」已滅其所得結果與本來無「甲」之國毫無所異也故苟使印度安南之民智民力民德而能如匈牙利乎而人民大多數要求憲法則英法終不能不以匈牙利待之而況乎今日中國與滿洲之關係又絕非如印度與英安南與法之關係也且又不僅如匈牙利與奧大利之關係也

由此言之立憲之幾恆不在君主而在人民但使其人民有立憲之智識有立憲之能力而發表其立憲之志願則無論爲如何之君主而遂必歸於立憲若如論者所謂開誠佈公之改革乎此豈惟難得諸異族君主卽欲得諸同族者夫亦豈易易也不然試觀古今中外歷史其絕無他動力而自發心以行開明專制者曾有幾何人而不由人民要求而欽定憲法者曾有幾何國也故曰此別有他故焉而非異族爲政使之然也

夫君主之所以不肯立憲者大率由誤解焉以爲立憲大不利於己也若有人焉爲之委婉陳說使知立憲於彼不惟無不利而且有大利則彼必將欣然焉以積極的觀念而欲立憲於是乎立憲之幾動又使於國外有種種

的勢力之壓迫於國內有種種的勢力之澎漲人民有所挾而求焉使知不立憲於彼不惟無所利而且有大害則彼必將悚然焉以消極的觀念而不得不立憲於是立憲之局成此無論何國皆然而絕非以種族之異不異生差別者也故謂立憲之原因則君主之肯與不肯固占一部分然其肯與不肯仍在人民之求與不求故人民之求立憲實能立憲之最高原因也

亦間有君主雖肯而仍不能立憲者則貴族實厄之如某報論我國二百六十年來實爲貴族政治推其意則曰縱使滿洲之君主肯立憲而滿洲之貴族亦不肯又奈之何也吾以爲貴族政治有二大要素而今之滿洲人皆不具之二大要素者何一曰貴族必有廣大之「土地所有權」世襲相續二曰貴族之意見常能壓倒君主之意見否亦左右君主之意見試觀古今中外歷史有不具此二要素而史家名之爲貴族政治者乎而滿洲人於事實上無此二者故指爲貴族政治其斷案實不正確也（滿洲人無廣大之「土地所有權」盡人能知無待設證若滿洲多數人之意見果能壓倒君主之意見乎論者或引一二事爲證謂戊戌庚子之役西后隨諸滿洲諸頑固黨爲轉移是實被壓倒也吾以爲此證不正確也若使西后之意見與滿洲多數人意見相反而衝突之結果卒爲滿洲多數人所勝斯可謂被壓倒矣而事實上確不然也彼等苟非得西后之同意萬不能行其政策事至易見也）且論者所指摘多順康雍間事久爲陳迹至今屢變而非復其舊以今日論之號稱第二政府之天津坐鎮其間者漢人耶滿人耶而北京政府諸人不幾於皆爲其傀儡耶兩江兩湖兩廣之重鎮主之者漢人耶滿人耶乃至滿洲之本土東三省今撫而治之者漢人耶滿人耶（漢軍固不得謂之滿人）平心論之謂今之政權在滿人掌握而漢人不得與聞決非衷於事實者也夫謂彼漢人者不過媚滿洲之一人乃得有此斯衷於事實矣然卽此可證權力之淵源實在一人之君主而非在多數之貴族矣夫吾之所以語此現象者凡以證明中國今日實爲君主專制政治而非貴族專制政治云爾吾之所以必爲此證明者以見中國今日苟君

主不欲立憲則已耳。君主誠欲之。則斷非滿洲人所能阻也。夫阻之者。固非無人矣。然其人豈必爲滿洲人。吾見夫今日漢人之阻立憲者。且多於滿人。而其阻力亦大於滿人也。由此觀之。謂君主以其爲君主之地位而認立憲爲不利於其身及其子孫。而因以不肯立憲焉。則深文之言。非篤論也。卽君主以外、而有阻立憲之人。亦不過其人各爲其私人之地位。恐緣立憲而損其權力。是以阻之。而決非由種族之意見梗其間也。使其出於種族之意見也。則必凡漢人盡贊焉。凡滿人盡梗焉。然後可然。今者漢人中或贊或梗。滿人中亦或贊或梗。吾是以知其贊也梗也。皆於種族上毫無關係者也。

〔附言〕吾前文以類同法差異法研究不能立憲之原因。而解釋此問題。謂不問君主之爲異族爲同族。而專問人民之能要求不能要求。其最後之結論。則謂人民果能要求。則雖異族之君主。而猶必可立憲也。然此特如論者之意。認滿洲與我確溝然爲兩民族。始紆曲而得此結論耳。但以嚴格論之。滿洲與我確不能謂爲純粹的異民族。此吾所主張也。頃見某報復有一文。題曰「民族的國民」。其言若甚辯。但以吾觀之。則彼所列舉之諸前提。皆足以證我斷案之正確。而不足以證彼斷案之正確。今撮述其說而疏通證明之。彼云『民族者同氣類者也。（節其定義之要點）所云氣類。條件有六。一同血系。二同語言文字。三同住所。四同習慣。五同宗教。六同精神體質。此六者皆民族之要素也。』此前提根據於近世學者之說。吾樂承認之。惟據此前提以觀察漢人與滿人相互之關係。其第二項同語言文字。則滿洲雖有其本來之語言文字。然今殆久廢不用。成爲一種之殭石。凡滿人皆誦漢文操漢語。其能滿文滿語者。百不得一。謂其非與我同語言文字不得也。夫凡異族之相滅。恆蹂躪其國語。如俄滅波蘭。則禁波人用波語。奥大利之於匈牙利。初則官署及議會皆不得用匈語直至去年匈人所求於奧者仍爲軍隊上用匈語之一問題也故如匈之與奧斯可謂之異族何也其語言文字劃然不同而匈人凡屬政治方面其國語皆受壓迫也若滿洲則何有焉其固有之語言文字已不適用於其本族而政治各方面我國文國語立於絕對的優勝之地位更無論也其第三項同住所則滿洲之本土漢人入居者十而八九而滿人亦散居於北京及內地十八省至今不能爲絕對的區別確指某地爲滿人所居也其第四項同習慣則一二小節雖或未盡同而語其大端則滿人大率皆同化於北省之人其雜居外省者亦大略同化於其省事實之不可誣者也（若舉其小節之不同則我國南省與北省亦有不同者矣吾以爲滿人習慣之異於我者亦不過我南省與北省異之類耳）其第五項同宗教則現在漢人中大多數迷信「似而非的佛教」滿人亦然現在漢人中少數利用「似而非的孔教」滿人亦然是其極相脗合更不待煩言若夫其第六項同精神體質則滿漢二者果同果異此屬於人種學者專門的硏究吾與論者皆不應奮下武斷但以外形論之則滿洲與我實不見其有極相異之點卽有之亦其細已甚以之與日本人與我之異點相比較其多寡之比例較然可見而歐美更無論矣然則卽云異族亦極近系之異族而同化之甚易易者也其第一項同血系則二者之果同果異又屬於歷史學者專門的硏究吾與論者又皆不能奮下武斷愛新覺羅氏一家其自有史以來與我族殆無血系之相屬吾亦承認之若其最初果有關係與否則今未得證明不能確斷（彼自述其神話時代之譜系如天女鳥卵等諸說此不過襲吾國前此讖緯之唾餘謂帝者無父感天而生如「天命玄鳥」「履帝武敏歆」等之成說耳凡中國歷朝之君主莫不然卽各國神話亦莫不然未可據爲信史也）就令此一家者自始與我無絲毫之血系相屬然亦限於彼一家耳不能以概論滿洲全族其他之滿洲人則自春秋時齊燕與山戎之交涉秦時王莽時三國時人民避難徙居遼瀋者其數至夥歷史上班班

可考。今限於本文之問題不能備舉以增支蔓若有欲索吾之證者吾可舉歷史以應之然則謂凡一切滿洲人。皆與我毫無血統之關係。吾斷不能爲絕對的承認也。一切之滿洲人。既與我或有血統之關係。則愛新覺羅氏或有或無。是終在未定之數也。

就以上所辨。則論者謂民族之六大要素。滿洲人之純然同化於我者。既有四焉。其他之二。則彼此皆不能奮下武斷。而以吾說較諸彼說。則吾說之正確的程度。比較的固優於彼說也。故以吾所主張。則謂依社會學者所下民族之定義以衡之。彼滿洲人實已同化於漢人。而有構成一混同民族之資格者也。

復次彼論文復揭所謂同化公例者凡四。第一例。以勢力同等之諸民族融化而成一新民族。第二例。多數征服者而吸收少數被征服者而使之同化。第三例。以少數征服者以非常勢力吸收多數被征服者而使之同化。第四例。少數征服者爲多數被征服者所同化。此四公例者。亦吾所樂承認也。而吾則以爲滿洲在中國。實如彼所舉第四例之位置。故疇昔雖不能認爲同族。而今後則實已有構成一混同民族之資格也。而論者必強指其爲第三公例之位置。是不免枉事實而就臆見也。彼其舉證據分二種。每種復分二類。其第一種曰「欲不爲我民族所同化」。就中第一類曰「保守其習慣」。雜引順康雍乾間各上諭以爲證。第二類曰「發皇其所長」。則謂二百年來兵權悉萃於彼族。而我族無與焉。亦舉順康雍乾間故實以爲證。凡其所舉者。亦吾所承認者也。雖然。此不過百餘年前之事耳。若近百年來。則何如彼所云保守其習慣者。雖三令五申而誨諄諄而聽藐藐。今則並其固有之語言文字。莫或能解。而他更無論矣。若夫兵權則自洪楊一役以後。全移於湘淮人之手。而近今則一切實權皆在第二政府之天津。又事實上之予人以共見者也。至其所舉第三種。謂滿洲欲迫我民族同化於彼者。其最重要莫如薙髮一事。此亦吾所承認也。然此事抉去之甚易。易且輓近其機已大動。一旦倣西風倡斷髮。則一紙之勞耳。故此事雖爲我同化於彼之徽識。而亦決不能久也。夫滿洲自二百餘年前。不能認之爲與我同族。此公言也。其血系及精神體質相同與否不能斷言而語言文字住居習慣宗教皆不相同故不得認爲同族也　其順康雍乾間諸雄主。不欲彼族之同化於我。亦其本心也。無奈循社會現象之公例。彼受同化作用之刺戟淘汰。遂終不得不被同化於我。日本小野塚博士謂凡兩民族相遇其性格相近而優劣之差少者其同化作用速其性格相異而優劣之差少者其同化作用遲其優劣之差遠者其同化作用速論者引之而謂滿族與我文野相殊適合於第三例此語亦吾所承認者也故吾謂今日滿洲之位置適如彼所舉同化公例之第四種蓋亦謂此而論者必謂其屬於第三種而引彼大會所以思障其流者以爲證會亦思此同化作用之大力決非一二大會所能障乎故至今日而小野塚之言既畢驗矣　雖彼不欲之。而固無如何。而事實之章明較著者。則今既若是矣。然則就今日論。而必謂彼欲化我之可畏。必謂我欲化彼之不能。請論者平心思之。其果爲適於事實。衷於論理矣乎。必不然矣。

夫論者固亦自知其說之不完。故於其下方又曰。『其昔之所汲汲自保不欲同化於我者。已無復存。』又曰。『凡此皆與嘉道以前成一反比例。』是論者亦認滿洲爲已同化於漢族。如彼所云同化公例之第四項矣。乃旋復支離其詞。謂立憲說若行。則我民族遂永沉於同化之第三例。此眞所謂强詞奪理不可以不痛辯也。今復取而糾之。論者謂『民族不同而同爲國民者。其所爭者莫大於政治上之勢力。政治上之勢力優者。則其民族之勢力亦獨優。』此其前提亦吾所承認也。然此又適足以證吾說之正確。而不足以證彼說之正確也。彼之言曰。『今者滿洲欲鞏固其民族。仍不外乎鞏固其政治上之勢力。由是而有立憲之說。』又曰。『吾今試想像一至美至善之憲法。曰此憲法能使滿漢平等相睦。自由之分配適均。同棲息於一國法之下。耦俱無猜。如是當亦一般志士所喜出望外也。雖然。吾敢下斷語曰。從此滿族遂永立於征服者之地位。而同化之第三例。乃爲我民族特設之位置也云云。』吾讀至此。方急欲盡聞其言。聽其有何等之說明。乃不料讀至下方則滿紙仍復仇之說。而政治上之趨勢。乃不復論及也。推彼所以致誤之由。不外誤認皇位與政治上勢力同爲一物。夫在非立憲之國。則皇位確與政治上勢力同爲一物。固也。若在立憲之國。則二者決非同物。如彼英國。其皇位全超然於政治勢力以外。不必論矣。卽如日本普魯士等國。其皇位雖亦爲政治上一部分勢力所從出。而決不能謂舍皇位以外。更無他之政治上勢力。蓋立憲與非立憲之區別。實在是也。皇位以外之勢力何在。亦曰在國民之自身而已。國民立於指揮主動之地位者。其勢固極大。卽國民立於監督補助之地位者。其勢力抑亦不小。此凡立憲國之先例所明示也。夫卽在非立憲之國。其君主固非能舉一切政務而悉躬親之。其政治上大部分之勢力。實仍在臣下之手。但國家機關之行動。無一定規律。而臣下之進退。又悉出於君主之任意。故一切政務。悉働於君主意志之下。而非働於國家根本法之下。故雖謂皇位與政治上勢力同爲一物。亦無不可。若夫在立憲國。卽其行大權政治如日本者。固不得不依於憲法條規以行統治權。一切法律皆須經議會協贊。卽緊急勅令獨立命令。亦有一定之限制。然則此等國家。其一切政務。皆働於國法之下。而非働於君主意志之下。明甚。若其用人權。則國務大臣。雖非純由議會所得進退。然固不能甚拂輿論。（議院政治之立憲國其內閣失議院多數者必不得不退而進而組內閣者惟限於議院多數黨之首領大權政治之立憲國不得議院多數者不必定卽退矣而亦不必限以多數黨代之故常有所謂「不黨內閣」者之出現此其所以爲異然內閣太不滿輿論則君主亦不得不退之矣以最近事證之如日本於日俄和議後之桂內閣其例之著明者也）若國務大臣以外之一切官吏。則任用懲戒。皆循一定之法規以行。非特長官不能上下其手。卽君主亦不能以喜怒爲黜陟明也。而司法權獨立。而君主不得任意蹂躪。益無待言矣。故吾謂苟不名爲立憲則已既名為立憲國則皇位以外必更有政治上勢力存焉而此勢力之所存則國民自身是也吾之此前提諒論者雖有巧辯而必不能不承認也既承認矣則吾將復進於第二前提曰、既為立憲國國民同棲息於四民平等的法律之下則無論何種方面之勢力皆得行正當之「自由競爭」（自由競爭者非謂競其自由也謂其競爭之力能行於自由而不受他力之干涉束縛壓抑也）而政治上勢力亦其一端也此前提諒又論者所不能不承認也既承認矣則吾將復進於第三前提曰、既行正當之「自由競爭」則其能力獨優者其勢力亦獨優故苟於立憲制度之下以異民族而同為一國民者其政治能力高度之民族則所占政治上勢力必能優於能力低度之民族者也此前提諒又論者所不能不承認者也既承認矣而猶曰立憲之說不外為滿洲民族鞏固其政治上勢力然則必須當有第四前提焉乃能達此斷案其第四前提云何必當曰滿族所固有之政治能力實優於漢族而兩族行正當之自由競爭滿必優勝漢必劣敗也而此第四前提果正確乎論者若承認之則本意欲自尊漢族者其毋乃反蔑漢族乎若不承認之則其斷案已屬謬妄而絕對的不能成立也夫吾所主張固認滿洲為已同化於我民族間有一二未同化者而必終歸於同化故一旦立憲而行自由競爭則惟有國民個人之競爭而決無復兩民族之競爭論者所謂某族占優勢者其實不足以成問題也若此問題依然存在乎則兩族之政治能力孰優孰劣較然易見而兩族之政治勢力孰優孰劣亦較然易見矣論者如謂必不能得滿漢平等之憲法則其事又當別論若如彼所言謂自由之分配適均權利義務悉平等同棲息於一國法之下矣而猶謂我民族將來之位置必永同於彼之第三公例吾誠不知彼所據論理為何等也夫彼言『滿洲自入關以來一切程度悉劣於我萬倍而能久榮者以獨占政治上勢力之故』此語亦吾所大略承認者也。然誠能得正當之立憲政治。則已足救此弊而有餘。何也。以正當之立憲政治。其政治上勢力未有能以一人或一機關獨占之者也。故吾輩今日所當研究者。(一)現今君主肯立憲與否之問題。(二)所立憲法爲何等憲法之問題。(三)吾輩當由何道能使彼立憲且得善良憲法之問題。若夫既肯立憲且得善良憲法矣。而在此善良憲法之下。漢滿兩族孰占優勢。此則不成問題。卽成矣而亦無研究之價值。何也。此因可以直覺的知識一言而決也。

右吾所述。卽論者寧不知之。知矣而復强爲之辭。則不過爲復仇之一感情所蔽。否則欲以此煽動一般人之復仇感情已耳。論者齗齗自辯。謂彼之排滿非狹隘的民族復仇主義。以吾觀之。彼實始終未嘗能脫此範圍。故吾請彼還倡其復仇主義。無爲牽入政治問題。作繭自縛也。

復次。右吾所述。是辯滿洲於我是否同化於我及能否同化於我之一問題也。吾所主張。則謂滿洲於我。不能謂爲純粹的異民族也。論者若不能反駁吾說。則不得不承認吾所主張。若承認吾所主張。則論者所說。無論從何方面觀之。皆不復能持之有故言之成理。卽能反駁矣。不承認吾所主張矣。如是則確認滿洲爲異民族。然卽戴異族之君主。猶未嘗不可以立憲。此則吾本論正文所主張。苟不能反駁焉。是猶不足以難我立憲說也。

夫既有梗焉者。其梗焉者又或爲有力焉者。則甚足以熒君主之聽。而立憲之希望。終不易達也。斯固然也。然此實各國普通之現象。不論其爲異族政府同族政府。而皆有之。是不得緣附種族論。而謂以兩族相猜相忌之故。故不能得立憲也明矣。既將種族論剔出。則其所以對付此阻力者。亦採各國普通之手段焉可耳。夫使梗焉者出於貴族。則其對付之也頗難。蓋貴族莫不有其特權。與其階級相附麗。一旦立憲。則必取法律上四民平等之主義。於彼確大不利。故其反抗力甚强。而其意見既足以壓倒君主。或左右君主。故其反抗强。而抗其反抗固不易也。若我中國今日情勢。則全與彼異。舉國人民。其在法律上固已平等。無別享特權者。卽如某報所舉滿洲人於公權私權上間有與漢人異者。然其細已甚。且屢經變遷。而非復其舊。況其由特權所得之利益。或不足以償損害。彼中稍有識者。必不出死力以爭此特權。可斷言也。卽讓一步。謂彼必爭。然彼之力曾不足以左右君主。君主苟欲之。彼雖爭無益也。然則今而後於君主以外。猶有爲憲法梗者乎。必其人自顧現在之權力地位。懼緣立憲而失之耳。若此輩者。苟有人焉爲之陳說。謂欲立憲。必經過若干年之開明專制時代。在此時代中則立憲之影響。不波及於公之權力地位。及夫憲法實施之時。而公且就木矣。何苦爭其所不必爭者。以叢國民之怨也。又或雖至其時。而公猶健在。公今日能提倡立憲。則他日公之地位及公之名譽。或更高於今日。而公必棄而不取。甚無謂也。如此則彼將或有悟。而幡然以改。是消阻力之一法也。又或彼終冥頑不靈。則吾所以待之者。尙有最後之相當的刑罰在。則虛無黨之前例是也。夫彼之爲梗者。上焉者爲權力。下焉者爲富貴耳。然若失其生命。則一切權力富貴皆無所麗。故此最後之手段。實足以寒作梗者之膽而有餘也。

問者曰。吾子屢言憲法。萬一彼所頒憲法。虛應故事。或更予吾漢人以不利。則奈之何。或頒矣而不實行。又奈之何。曰、是亦在吾要求而已。要求固未有不提出條件者。夫條件則豈不由我耶。不承諾諸條件。吾要求不撤回。既承諸條件而不實行。則次度之要求。固亦可以繼起耳。

故夫吾之言立憲。非猶流俗人之言立憲也。流俗人之言立憲。則欲其動機發自君主。而國民爲受動者。吾之言立憲。則欲其動機發自國民。而君主爲受動者。流俗人之言立憲。雖不妨爲欽定憲法。而發布之時。萬不能如日本之單純的欽定之形式。（此事吾別有論）若其立憲之內容若何。則在所必爭也。故流俗人之言立憲。見夫朝廷派大臣出洋考察政治。則欣然色喜。謂中國立憲。將在此役。吾之言立憲。則認此等舉動與立憲前途殆無關係。即有之而殊不足以充吾輩之希望。或且反於吾輩之望希。而所謂眞正之立憲政治。非俟吾言之要求不能得之。故流俗人之言立憲。欲今日言之。明日行焉。吾之言立憲。則以立憲爲究竟目的。而此目的之達。期諸十年二十年以後。質而言之。則如流俗人所言。立憲不立憲之權付諸人。我惟禱祝以求而已。如吾所言。則立憲不立憲之權操諸我。我苟抱定此目的。終可操券而獲也。

〔附言〕如近日派大臣出洋考察政治等事。吾固認其與立憲前途殆無關係。然如流俗人之見。則謂其小有關係。亦未始不可。蓋君主之欲立憲。雖非能立憲之最高原因。然不得不謂其原因之一部分也。然則此等舉動之與立憲有關係與否。亦視其果出於君主欲立憲之意與否而已。若其非出於此意。則可謂爲絕無關係。若其果出於此意。則可謂爲小有關係。然終不能謂大有關係。何也。苟非由人民要求。則此種關係。或不足充吾輩希望。或且反於吾輩希望也。（或不由要求竟能充吾輩希望亦未可知雖然其權不由我即能得之亦偶得而已非必得也）若以人民要求爲前提。則此種關係。及今已有之。固可喜也。即今尚無之。吾固可以隨時喚起此關係。且令其關係更深切。故現在此等舉動。其性質若何。吾以爲毫不足輕重也。復次。若以人民要求爲前提。則今日此等舉動。或其不足充吾希望。吾可要求使或充。其或反於吾希望。吾可要求使毋反。吾懸一水平線以爲衡。吾所知者。求適合此水平線而已。在彼水平線以下。無論何種現象。吾視之則五十步與百步耳。能知此義者。可與言立憲問題．不知此義者．未足與言立憲問題．

然則吾國今日所最要者在使一國中大多數人知立憲希望立憲．且相率以要求立憲．若果能爾爾乎．則彼英人在昔常有「權利請願」之舉．有「不出代議士不納租稅」之格言．眞可謂唯一正當之手段．唯一正當之武器也．而俄人虛無黨故事抑亦濟變之手段最後之武器也．我國民誠能並用之乎．吾敢信政治革命之目的．終必有能達之一日也．

〔附言〕人民要求苟得其法．則必能使政府降心相從．徵諸各國前例．殆成鐵案．卽以吾國近數年事實證之．其趨勢亦甚顯著．如最近粵紳與粵督爭路權一事．其最爲明效大驗者也．彼事件於種族問題絲毫無涉．而徒以正當的要求．雖當道以炙手可熱之勢．遂不能不出其交讓之精神．以圖解結．此雖僅屬小節．不涉全體．然舉一反三．亦可知不必爲種族革命．而可以得政治革命．明矣．其他如枝枝節節之利權收回．斷斷續續之內治改革．彼政府當道固未嘗不以輿論爲蝦．而自爲其水母．凡此之類．不可枚舉．此皆數年來之事實．較然不能掩也．蓋今日之政府當道．其大部分皆脆薄之人．其小部分則欲治事而不知何塗之從而可也．故苟民間有正當之輿論．而盾以實力之要求者．吾信其最後之勝利．必有屬矣．而人民不能自改良其輿論．不能自扶植其勢力．徒懟政府詬當道．寧有濟耶．嗚呼．

雖然．尚有附加之三義焉．一曰其所要求者．必須提出條件．苟無條件．徵論彼不知所以應．卽應矣．仍恐其不正確也．二曰其提出之條件．必須爲彼所能行．若爲彼所必不可行．則是宣戰而非要求．以云要求．則等諸無效也．三曰其濟變之手段．最後之武器．不可濫用．用之必在要求而不見應之後．且所施者限於反抗此要求之人．不然則刑罰不中既使彼迷惑而有罪者反不知其罪也此則吾於所著開明專制論第八章既言之矣（參觀「開明專制論」及「對於陳烈士蹈海之感嘆」）抱定此手段而以此三義者整齊嚴肅之吾謂未有不能濟者也故吾又得反其小前提曰

舍種族革命以外實有他道焉可以達政治革命之目的者也

隨而反其斷案曰

故舍種族革命以外吾輩別有當以爲手段者也

吾昔於開明專制論第八章第一段之結論曾有兩語云欲行種族革命者宜主專制而勿主共和欲行政治革命者宜以要求而勿以暴動吾自以爲此兩語盛水不漏無論何人不能致難矣而吾見某報之論復有曰『改革之權操之於上而下盡輸其貲產生命以爲之陛楯上復慨與以高爵厚祿以施之報酬立憲而已』夫解釋立憲而下此概念是足以服持立憲論者之心乎凡欲辨難者必不可不衷於論理而論理必先確定其概念而不可先以其愛憎枉固有之定義試觀鄙人前後難種族革命說難共和立憲說者凡數萬言曾有一度焉曲解種族革命之定義曲解共和立憲之定義者乎苟不認此論理學上之公例是亦不足以入辨林已耳故吾略下君主立憲之概念曰『君主立憲者君主應於人民之要求而規定國家機關之行動及人民對於國家之權利義務者也』其所規定則君主與人民協定之而所以得之者則由君主應於人民之要求也故規定爲其結果而要求爲其原因也讀者謂吾所下之概念視某報所下之概念何如

然則暴動絕無影響於立憲乎曰亦有之要求不得而繼以暴動君主憚暴動而遂應其要求是也然此殆非正當之手段蓋徒耗其力也以之與虛無手段相較其不如虛無遠矣然以要求不得而暴動則其暴動之目的已

非在種族革命矣。然則種族革命的暴動。絕無影響於政治革命乎。曰、亦有之。君主憚種族革命之屢興。而厲行政治革命以銷其燄是也。信如是也。則種族革命適以助政治革命之成功也。質言之。則排滿者適所以助立憲者（狹義的立憲）之成功也。使排滿者如有甘犧牲其功業名譽以助與己反對之立憲黨使成功之心。而出於暴動。則其可敬孰甚焉。信如是也。則其種族革命共和立憲之主義。不得不中道拋棄矣。然此恐非言排滿者所樂聞也。其所樂聞者。則投滿人於荒服之外。而組織一盧梭的國家也。若此者。苟不能將吾之說一一答辯。則箝而口焉可也。不然。我四萬萬人當以故殺祖國之罪科之。

抑陳君又言曰『鄙人之於革命。必出之以極迂拙之手段。（中略）夫以鄙人之迂拙如此。或至無實行之期。亦不可知。然而舉中國皆漢人也。使漢人皆認革命爲必要。則或如瑞典那威之分離。以一紙書通過。而無須流血焉可也。故今日惟有使中等社會皆知革命主義。漸普及下等社會。斯時也。一夫發難。萬衆響應。其於事何難焉。若多數猶未明此義。而卽實行。恐未足以救中國。而轉以亂中國也。』蓋君之言。深知現在革命之不可。而欲期諸極遠之將來。其用心可謂良苦。然欲使社會之大多數皆認排滿爲必要。而實行之。此誠至難之事。何則。聞人言排滿而樂聽之者。比比皆是。若使其實行。則樂聽者千人而不得一人也。其所舉以刺激其感情而最有力者。無過順康雍間事。然久已過去。成爲陳迹。非復切膚之痛。復九世仇。豈能人人皆有此志。此猶不如政治論之尤易動人也。故君自慮其無實行之期。良有由也。然又如君言。舉中國皆漢人。故此手段雖絕迂拙。猶非絕對的不可得達。雖然君未計及實行之後。其效果何如也。蓋君亦迷信共和論者之一人。而中國萬不能行共和立憲制之理由。君所見尚未審也。夫寧知乎雖多數明此義而復實行。而猶不足以救中國。轉以亂中國乎。嗚呼。安得起君於九原。而一上下其議論也。

若取君之語而略點竄之。曰、今日惟有使中等社會。皆知政治革命主義。漸普及於下等社會。則其言斯無弊矣。夫使今日中國之多數人皆知政治革命主義。而循吾所謂正當手段以進行也。其現今在政界地位已高者。陳利害於君主。其次高者。陳利害於上憲及其僚。及其未入官途者。或其父兄。或其朋友。苟有可以爲陳利害者。悉陳之。以浸潤移其迷見。其效卽可以極速。何也。今之在政界者。其毫無心肝之人固多數。然亦非無欲有所爲而茫然不知所從事者。無人焉從而曉之。而徒責其誤國。是未免近於不教而誅也。故此層工夫萬不可少。而非徒以此而足也。聯多數焉發表其政治的意見。提出條件爲正當之要求。如英人之權利請願然。不應則以租稅或類於租稅者爲武器。不應則以虛無爲武器。行之十年。而謂其無效可睹。吾不信也。其視專鼓吹種族革命。如陳君所謂或終無實行之期者。其相去不亦遠乎。

今之少年。歆排滿共和之狂泉而失其本性。惡夫持君主立憲論者之與己異也。而並仇之。於是革命二字。與立憲成爲對待之名詞。此眞天下所未聞也。有與言現今政治得失宜興宜革者。彼輒掉頭曰「吾誓不爲滿洲政府上條陳」。叩以公欲何爲。則曰「待吾放逐滿人後。吾自能爲之。今豈屑與彼喋喋也」。嗚呼此言誤矣。公之放逐滿洲。未有其期。而今之握政權者。日以公之權利畀諸外人。權利之斷送也。如水赴壑。權利之回復也。如戈返日。恐未及公放逐之期。而公之權利已盡矣。且卽使公能放逐彼。而於放逐之前。使彼代公做一二分預備工夫。亦於公何損焉。而必矜此氣節。誓不與言何也。況乎公卽能放逐彼。而建設此不適我國之共和政府。則所謂實行公之政策者。又終無期也。然則公毋乃坐視中國之亡而已。

嗚呼。輿論之所以可貴。貴其能監督政府而已。今也不然。輿論曰吾惟絕對的不認此政府。若此政府尚在。吾不屑監督之。然吾所謂絕對的不認者。在彼曾不感絲毫之痛癢。而以吾不屑監督之故。彼反得放焉自恣。惟所欲爲。問所得效果維何。曰不過爲政府寬其責任而已。嗚呼。國中而有此等輿論。爲國之福乎。抑爲國之禍乎。願世之君子平心察之。

他社會勿論。卽以東京學界及國內各省學界。其人數殊不尠。而虛聲頗爲政府所憚。以之建言。甚有力也。而數年以來。惟於鐵路礦務及其他與外人交涉之事。有所抗爭。而內治之根本。無一敢言矣。夫內治根本不立。徒爲枝葉之排外。終無所濟。明也。謂學界諸君而不知此義耶。其不知者容或有人。而知之者總居多數。惟雖知矣。而不敢言。其不敢言者。畏政府耶。畏輿論耶。吾今請直抉其隱。蓋欲言及內治根本者。則輿論羣起議之。曰是立憲黨也。是爲滿洲政府上條陳也。是欲做官之奴隸也。以故更無人敢提此議。卽提矣而亦莫之應。故惟於交涉事件。補苴罅漏。寧舍本而圖其末也。學界諸君一讀之。謂鄙人此言。果能寫出諸君之心理否耶。果能道盡現今之輿論否耶。而此等心理。此等輿論。其必不爲國家之福。吾敢斷言矣。

質而言之。則要求必能達政治革命之目的。且非要求萬不能達政治革命之目的。是要求者實政治革命惟一之手段也。而政治革命旣爲救國之惟一手段。以積疊的論理說推之。則可逕曰。政治上正當之要求。實救國之唯一手段也。然則中國之能救與否。惟視人民之能爲要求肯爲要求與否以爲斷。夫彼毫無政治智識毫無政治能力者。不知要求爲何物。不知當要求者爲何事。固無冀焉矣。若其稍有政治智識者。又不務自養其政治能力。且間接以養成一般國民之政治能力。而惟醉夢於必不可致之事業。奔馳於有損無益之感情語及正當之要求反避之若浼焉。夫是以能要求肯要求者。舉國中竟無其人也。夫彼絕無智識絕無能力者。不足責焉。若夫稍有智識者。且可以有能力者。而亦如是。則亡國之惡因。非此輩造之而誰造也。嗚呼。果無有眞愛國者乎。其忍以方針之誤。而甘爲亡國之主動人也。

夫鄙人之爲此言。誠非有所愛於滿洲人也。若就感情方面論之。鄙人雖無似。抑亦一多血多淚之人也。每讀揚州十日記嘉定屠城紀略。未嘗不熱血溢湧。故數年前主張排滿論。雖師友督責日至。曾不肯卽自變其說。至今日而此種思想。蟠結胸中。每當酒酣耳熱。猶時或間發而不能自制。苟使有道焉可以救國。而並可以復仇者。鄙人雖木石。寧能無歆焉。其奈此二者決不能相容。復仇則必出於暴動革命。暴動革命。則必繼以不完全之共和。不完全的共和。則必至亡國。故兩者比較。吾寧含垢忍痛。而必不願爲亡祖國之罪人也。吾又見夫不必持復仇主義。而國民最高之目的。固非不能達也。吾又見夫苟持復仇主義。充之至於盡。則應仇者不止一滿洲也。故吾謂復仇主義。其可以已。而眞愛國者。允宜節制感情。共向一最高之目的以進行也。諸君苟毋任感情。毋挾黨見。平心以一聽吾言。則眞理其庶可出。而正當之手段。其庶可見也。

夫使諸君所執排滿共和之手段。而果足以救國。則諸君堅持之宜矣。然於他人之以他手段而欲以救國者。猶當以其目的之相同。而勿與爲敵。然今者諸君之手段。萬不能實行。卽實行而不爲國之福。反爲國之禍。既若是矣。而猶戀而不舍焉。是終耗其力於無用之地也。不惟不舍於己。於人之執他手段而欲救國者。反從而排之。兩相排而其力兩相消。卒並歸於無有而已。所耗者所消者非他。一國中有熱血有智識之人之實力也。一國中有熱血有智識者。能得幾人。其人之實力。卽一國之元氣。而國所賴以不亡者也。今徒以此而消焉耗焉。夫安得不爲國家前途慟哭也。

嗚呼吾書至此而吾淚承睫。而泗横頤。吾幾不復能終吾言矣。嗚呼我中國有熱血有智識之人。其肯垂聽耶。其終不肯垂聽耶。夫吾非欲以辯服人而自以爲快也。吾實見夫吾國之存亡絕續。在此數年。而所以救之者。惟有一途而不容有二。故不惜曉音瘏口以冀多數之垂聽也。夫舍己從人。人情所難。在素持排滿共和論之諸君。讀鄙人之此兩文。而必有數日之不快。殆意中事也。則請諸君抒其宏議用嚴正之答辯以賜答辯。夫鄙人豈敢竟自以爲是。苟答辯而使鄙人心折者。鄙人必爲最後之降伏。毋爲各趨一途而使力之互相消也。若猶以鄙人之言爲有一節可取也。則請諸君棄其前說。而共趨於此一途。夫棄其前說者。非服從鄙人之謂也。服從公理而已。服從諸君之良知而已。先哲不云乎。詢於芻蕘。又曰狂夫之言。聖人擇焉。擇之權在我。而豈問言者之狂不狂也。凡人類之心理。其驟接一理也。初念時所見最眞。蓋卽此所謂良知也。及一轉念時。私欲蔽之。往往得反對之判斷。以後轉念復轉念。皆此兩念交戰。萬起萬落。如循環焉。而逮於究竟能依其初念而行者。則爲光明磊落之夫。卒依轉念而行者。則爲齷齪卑劣之子。諸君讀鄙人此文。若其竟以爲非也。則誨之可也。若覺其是焉。而復自虞度。曰吾曩昔所持論如彼。而今忽反之。懼人笑我。毋寧護前說焉。則吾願諸君之萬不可如是也。孔子曰。小人之過也必文。孟子曰。古之君子。過則改之。今之君子。過則順之。豈徒順之。又從爲之辭。吾不自承認爲過。則亦已耳。既承認矣。而文之而爲之辭。是何其太不以君子自處也。鄙人性無他長。惟能不自護前。短一言一行之過。其不安於吾心者。必改之而後卽安。而學識淺陋。道力微薄。尤悔叢脞。如埽落葉。故言論行事。往往不移時而反乎其前。師友所戒爲流質。時論所誚爲騎牆。皆謂是也。雖然鄙人不能欺吾良知。是以及此。子王子曰。吾今日良知所見在此。則依吾今日良知以行。明日良知又有開悟。則依吾明日良知以行。鄙人知服膺此義而已。即如排滿共和論。以諸君平心察之若謂倡此論者爲有功也。則鄙人不能謂無微勞。若謂倡此論者爲有罪也。則鄙人不得不負重戾。蓋鄙人於數年前實此派中之一人。且其關係甚不薄也。鄙人寧不欲護其前說。其奈今所研究確見其與救國之義不相容。吾將愛吾國耶。吾將愛吾前說耶。吾良知於兩者之間。必知所擇矣。故決然舍旃而無復留戀也。夫諸君之取舍何如。亦質諸諸君之良知焉可耳。嗚呼陳君天華而不死也。吾信其將聞吾言而契之也。吾之論於是終。吾更綴數言。吾此文固甚望當世有識者之誨之也。蓋眞理以辨而始明。況吾之淺識。豈敢謂所言之必當也。有賜教者。苟依正當之論理。則鄙人深願更相攻錯。而或於其根本大端。不能箴膏肓起廢疾。而惟撫拾一二詞句間之訛繆以相詆諆。則考據家之碎義逃難耳。甚或爲嬉笑怒駡之言。深文周納以相責。則村嫗之角口耳。酷吏之舞文耳。凡此皆無相與攻錯之價值。則恕其不報焉可也。

現政府與革命黨

漢唐宋明之主。餌丹藥以祈不死。死於丹藥者項背相望也。而踵而餌之者亦項背相望也。夫天下有共知爲鴆而偏飲焉而甘焉者。昔吾不信。今乃見之。現政府是已。

革命黨者。以撲滅現政府爲目的者也。而現政府者。製造革命黨之一大工場也。始焉猶以消極的手段間接而製造之。繼焉遂以積極的手段直接而製造之。舉中外上下大小官僚以萬數計。夙暮孳孳。他無所事。而惟以製造革命黨爲事。製造之之原料。搜羅焉惟恐其不備。製造之之機器。擴張焉惟恐其不足。製造之之技術。講求焉惟恐其不良工場日恢出品亦日富吾誠不知現政府果何愛於革命黨而厚之有加無已若此也夫天下有注其心思材力之全部以製造撲滅己之黨者昔吾不信今乃見之現政府是已

革命黨何以生生於政治腐敗政治腐敗者實製造革命黨原料之主品也政治不從人民之所欲惡不能爲人民捍患而開利則人民於權利上得起而革之且於義務上不可不起而革之此吾中國聖賢之教其微言大義存於經傳者不知凡幾不俟覼述先民之循此教義以行其事實之現於史乘者亦既屢見不一見初無待泰西之學說始能爲之鼓吹也而今之革命論其旗幟視昔若益鮮明其壁壘視昔若益森嚴其光芒視昔若益旁薄者何也則以人民於政治上之認識有以進於前也人民於政治上之認識有緣觀察之精確而進於前者有緣關係之痛切而進於前者有緣識想之普及而進於前者所謂緣觀察之精確而進於前者何也同一政治也有在昔不以爲腐敗而在今以爲腐敗者非不腐敗於昔而腐敗於今也本腐敗而未之知焉如黴菌之病自醫術未進步以前已存於人身而莫或知也及近世學說昌明人民漸知爲政府者當負若何若何之責任其不盡此責任者卽腐敗者也又飫聞他國之政治內返而與之比較人之政府所有事者若何我之政府所有事者視人若何恍然曰是固腐敗於彼什伯也此其認識之進焉者也所謂緣關係之痛切而進於前者何也疇昔政治腐敗之結果潰於內耳潰於內則猶有戡定恢復之期楚弓楚得於全體之利害不至生異動今則舉其國出而立於世界物競之衝我退則彼進而彼既進卽無復我駢進之地我敗則彼勝而彼既勝卽無復容我再勝之時於經濟上之權力有然於政治上之權力亦有然人民之所以資生者日削寸焉月削尺焉憔悴困頓剝於肌膚行愁坐嘆莫識所由還觀夫外人之與我接者則挹之若不竭乃知彼蓋紾我臂而奪之食也而土地之日蹙百里

與夫同胞父兄子弟之見係累而爲奴虜者。又歲觸於耳目也。雖其中智。亦能略措思而察其所由曰政府宜爲我捍患者也。今若此。誰之罪也。此其認識之進焉者又一也。所謂緣識想之普及而進於前者何也。前此政府腐敗之實狀。非必其能自掩覆也。而人民之注意以詗之者少。卽有一二。曾不足以自張其軍。及夫交通漸開。智識交換。有所聞見。奔走相告。地極之山陬海澨。下至屠豎販夫。靡不曰有所知。傳諸十口。而政府腐敗之迹。雖欲揜覆而末由。此其認識之進焉者又一也。坐此三因。故人民之不信任政府。且怨毒政府也。其程度日積而日深。其範圍則日煽而日廣。既已習聞先聖昔賢誅民賊仇獨夫之大義。又熟睹歐美近世史奮鬬決勝之成效。故革命思想。不期而隱湧於多數人之腦際。有導之者。則橫決而出焉。而其最大之起因。固無一不自政治腐敗來也。次於政治現象而起者。曰種族問題。滿漢之同棲而分彼我。實製造革命黨原料之從品也。夫在遠識者觀之。此固不能成問題。而人類之腦識簡單者多。而緻密者少。感情衝動之能力。視他種力劇什百焉。且種人社會之思想。根於千百年來之遺傳。雖隨進化之運以淘汰。而汰之迄未能淨盡。今既有兩種之名詞存於國內。而君位又爲少數之家族所尸。以中國之舊理想舊制度。則君主與政府實一體而不可分。疇昔政治腐敗之實況。不甚劇怵於人民之心目。故種族感情。亦閟久而漸忘。及怨毒政府者日深。緣政府與君主之關係。一聯想間而種族感情隨之而起。政治上之利害。非盡人所易明。故就政治而言革命者。其受動之人也少。一旦因聯想以及於種族。則於腦識簡單之人。不煩理解。小煽卽動。於是懷不平於政治上者。利用此爲一手段。而其餤益以滔天。此雖曰從因。而其力之所披靡。視主因猶或過之。

然則吾謂現政府始焉以消極的手段間接而製造革命黨者何也。夫種族上之惡感。非自現政府始也。其因實種諸數百年以前。卽政治腐敗之醜態。亦有所襲受。謂前此並不腐敗。至現政府而始腐敗。此刻深之論。吾不爲也。雖然世界大勢。既推移以至今日。腐敗之政治非刷新之斷不足以措國家於安全。而種人社會之理想。已屬過去之殭石。非磨洗淨盡。亦不足以繫國家於不潰。爲今之政府者。必認定此方針。以積極的行動赴之。乃可以應時勢之要求。而慰天下之望。蓋此兩種舊現象實爲製造革命黨固有之原料。政府而無所愛於革命黨也則宜急取此固有原料而消滅之。顧不出此。維持其舊現象而不改。保存其固有原料。若惟恐損耗恢恢之業。而以冥冥墮之。刑法家言稱有以不應爲而爲之故而犯罪者。謂之作爲犯。有以應爲而不爲之故而犯罪者。謂之不作爲犯。政府昔日之舉動。則對於中國之「不作爲犯」也。所謂消極的製造革命黨此也。

謂其以積極的手段直接而製造革命黨者何也。則吾言之有餘痛有餘憤焉。蓋今日之政府與一年前之政府則有異。昔爲「不作爲犯」。而今則變成「作爲犯」也。就政治現象論之。號稱預備立憲改革官制。一若發憤以刷新前此之腐敗。夷考其實。無一如其所言。而徒爲權位之爭奪。勢力之傾軋。藉權限之說以爲擠排異己之具。借新缺之立以爲位置私人之途。賄賂公行。朋黨各樹。而庶政不舉。對外之不競。視前此且更甚焉。前此之腐敗。爲天然固有之腐敗。今茲之腐敗。爲人力增加之腐敗。就種族感情論之。前此本不成問題也。今政府若特造此問題。以勞解決於國民。滿籍官吏中之一二人。稍得權力。則援引姻親。布滿朝列。致使新官制改革之結果。滿人盡據要津。致社會上有排漢政策之新名詞出現。夫漢人則豈可排者。又豈更滿人之所能排者。卽彼滿籍一二權要。舍其個人利益問題外。亦豈嘗有一毫餘力以及於國家種族等問題者。而偏爲此等舉動。一若深慮革命黨原料之缺乏。而新闢一途徑以供給之。循此不變。則昔之不成問題者。而今後或將成問題。未可知也。夫使此問題而果至於成問題。則相排之結果。滿亦何能終與漢敵。惟有滿族先斃。而滿漢同棲之國家。隨之而亡耳。彼滿籍一二權要而有此心也。天下之至愚也。其無此心而徒以個人權利之故爲此嫌疑。則愚之又愚也。要之。一切舉動。無論從何方面觀之。而無不以供給革命黨材料爲務。是現政府特有之伎倆也。

政府一面以製造革命黨爲事。一面又以捕殺革命黨爲事。此亦其積極製造之一端也。夫革命黨所持之主義。吾所極不表同情也。謂其主義之可以亡中國也。雖然。吾未嘗不哀其志。彼其迷信革命之人。固一國中多血多淚之男子。先國家之憂樂而後其身者也。多血多淚先國家之憂樂而後其身之人。斯亦國家之元氣。而國之所以立於天地也。其曷爲迷信此可以亡國之主義。有激而逼之者也。激而逼之者誰。政府也。以如是之政府。非底於亡國不止。等是亡也。不如自亡之而希冀萬一於不亡。此彼等之理想也。其愚可憫。其遇可悲也。使彼等而誠有罪也。則現政府當科首罪。而彼等僅當科從罪。何也。非有現政府則無有彼等。政府實彼等之敎唆人也。乃政府全不自省。而惟以淫殺爲事。甚且借此爲貢媚宦達之捷徑。舞文羅織。作瓜蔓鈔。捉影捕風。緹騎四出。又極之於其所往。要求外國以破國際法上保護國事犯之公例。如最近長江一帶疊次之黨獄。與夫要求上海領事引渡其黨員。要求日本政府驅逐其黨首。類此之事。日有所聞。噫。是亦不可以已乎。吾以爲使其人而未必果爲革命黨也。而以嫌疑殺之。則殺之無損於革命黨之豪末。而徒授彼輩以司法不完草菅人命之口實。使其人而果爲革命黨。且爲革命黨之要人也。而殺之。則殺之益以增其黨員之憤怒。公憤之外。益以私仇。更迫而致命於政府。從種種方面觀之。未見其能爲政府利也。若夫要求外國之引渡驅逐其黨人也。以內治之事。而假手於外人。失體莫甚焉。其不我應耶。徒笑我堂堂政府。而無一知國際法之人。何恥如之。其我應耶。將以此市大惠於我。而將來遇他事件之起。要索其報酬。操豚蹄以祝篝車。只增外交之困難已耳。夫使政府不供給革命黨以材料。且能舉其固有之材料而消滅之。則豈惟將來之革命黨可以絶跡。卽現在之革命黨。且將日趨於平和。或產生秩序的人物以爲國家之用。如日本之星亨大石正己松田正久林有造前此皆自由黨中富於革命的理想之人。（大石今在憲政本黨初時本爲自由黨）二十年前。常對於政府爲激烈危險的行動。而屢次投獄者也。而其後皆嘗爲國務大臣。赫赫有聲焉。故知無論何人。非必其先橫一成見焉。專與政府爲仇。其仇之也。則政府有逼之使不得不相仇者耳。若夫政府所認爲有力之煽動家。必欲使他國政府拂而去之。殊不知人心之變。絶非此一二煽動家所能爲力。惟政府所供給之革命的原料。日充積於人人之腦際。而煽動家乃得投機而利用焉。原料消滅。煽動抑何所施。舉國人將以狂囈目之。而不然者。政府既日日助長革命黨之燄。而持煽動家也愈急。則成其名也愈驟。無論從何種方面觀之。皆其有利於彼。而無利於政府者也。天下惟不潔之人。斯生蟣蝨。亦惟不潔之人。日殺蟣蝨。方生方殺。方殺方生。早暮擾擾。而蝨無盡時。不若沐浴更衣。不授以能發生之餘地。政府與革命黨之關係。蓋正若是也。今而日務殺不已。傳曰。盡敵而反。敵可盡乎。徒使革命黨以外之人。猶不免灑一掬同情之淚於彼輩。而對於政府增惡感焉。爲淵敺魚。爲叢敺爵。而於政府果何利也。夫當蟣蝨之方生。而沐浴更衣。絶其源者。日本政府是也。當蟣蝨之既盛。而終日疲精神於捫蝨者。俄羅斯政府是也。而日俄兩國之榮辱。與其政府諸公之安危。卽由是判焉矣。我國現政府之實力。自謂視俄政府何如。俄政府行之而猶失敗者。乃欲踵其覆轍以圖成功。中智以下。信其不能。而當局者瞢然未有覺焉。吾所謂共知爲鴆而飲而甘之者此也。

要而言之。革命黨之舉動。可以亡中國者也。現政府之舉動。尤其可以亡中國者也。然所以有革命黨者。則現政

府實製造之現政府不可不爲革命黨受過故革命黨亡國之罪一而現政府亡國之罪二政府而知罪也庶幾改之政府而不改也我國民其毋坐視之

附記俄羅斯現政府與革命黨

俄羅斯自見挫於日本不得已而宣布立憲而官僚政治之事橫腐敗一如疇昔國民大失望故國中紛擾不絕國情艱險愈甚頃據日本大阪每日新聞譯述英國某報記其事實如左

俄國自一九〇五年十月一日至一九〇六年九月三十日凡十二個月間其因政治上運動與軍隊衝突負傷者二萬二千七百二十一名處死刑者千五百十三名農民問題以外因國事犯事件而受懲役者八百五十名新聞紙之被命停止發行者五百二十三件主筆之被告發者六百四十七名又屢布戒嚴令其在大地方者三十一所在小地方者四十六所

其在南部政治上之死傷最多凡四千三百六十八名波蘭及巴爾的等之西部地方俄政府最危險之地也官吏之被殺害者其在巴爾的三百五十四名其在波蘭二百八十二名而顯官之暗殺則南部爲尤多總督及其他高官之死傷者二十一名波蘭十五名巴爾的七名炸彈事件二百四十二回對於郵便局寺院及官立物之强盜事件九百四十回對於私人之强盜事件九百八十三回其强盜金額七百五十萬元此等强盜大抵白晝公行結隊爲羣內不獲犯罪人者凡一千六百九十一件農民之暴動事件千六百二十九件就中起於中央政府之管轄下者七百五十六件起於南部者五百五十三件村落及地主邸宅之放火事件二百二十八回鐵道之交通中止七十四回軍器祕密貯藏所之被搜出者一百十八處沒收之軍銃及短銃數萬

梃。爆裂彈一千十六個。彈丸三百餘萬顆。內有爲機關砲所用者。又革命書類之押收者百八十三種。坐此被逮者二萬三千七百四十一人。

論曰。就此文所列數目字觀之。則天下悲慘之境。其孰有過於今日之俄羅斯者耶。而俄羅斯人何以好亂至於若是。一射而百決拾。廿鼎鑊其如飴。而犧牲性命如兒戲。未之或悔也。夫豈其性獨異於人。實則俄之政府以數十年之力。竭心思才力以製造之。而今乃穫其所造成之果也。而一年之間。官吏之被殺者以六七百計。炸彈凡數百見。凡服官於俄政府之下者。皆戴頭顱以暫住於人間。而性命之存續。僅得以刹那刹那計耳。則斯亦天之僇民也。嗚呼。我中國今日之悲運。幸也猶未若俄之甚也。而政府諸公。乃必欲奉俄政府爲導師。詎罔吾民以陷於刑僇而已。以身殉之耶。嗚呼。政府諸公。而猶不悟也。是殆俄國一年來橫死之四十三名總督高官。其厲鬼附公等之身。而奪其魄也。夜台寂寞。而欲招公等以爲之伴也。公等之危若朝露。其知之也耶。其不知也耶。公等而甘此。則亦何能相沮。而使我全國陷於俄羅斯今日之慘狀。四萬萬人隨公等以同庋枉死城中之日月。則雖三冢磔蚩尤。千刀剸王莽。其何足以謝祖宗謝子孫也。嗚呼。是在公等。

暴動與外國干涉

某報有「駁革命可以召瓜分說」一篇。其言若甚辯。而不知實自隱其缺點。以自欺而欺人也。故更一臚其利害。與普天下愛國君子共研究之。

某報臚舉一般輿論之言革命可以召瓜分者。而區別爲兩種。甲種謂革命軍起。卽被干涉者。乙種謂革命有自取干涉之道者其所駁者於甲種獨詳而於乙種甚略其駁甲種之說雖多飾詞然間尙言之成理其駁乙種之說則無以自解於此問題而冀以囫圇瞞過者也此種情實本甚顯淺今以彼言之曉曉也故一一是正之

暴動的革命所以自取干涉者（彼報原文只云革命今冠以「暴動的」之一形容詞者如吾之政治革命論可謂之秩序的革命彼等所持者正暴動的革命也）有二一曰對外之暴亂二曰內部之衝突

對外暴亂之一問題彼亦辯解之而不能自完其說其言曰

（前略）其所指爲自取干涉之道者謂革命家固以排滿爲目的又兼有排外之目的故革命之際或蔑人國權或侮人宗教或加危險於外國人之生命財產於是乃召外人之干涉爲此言者若以施之義和拳則誠驗矣（中略）吾人所主張之革命則反乎是革命之目的排滿也非排外也（中略）革命進行之際自審交戰團體在國際法上之地位循戰時法規慣例以行我不自侮其孰能侮之謂革命軍有自取干涉之道者其太過慮也抑猶有宜深論者今日內地之暴動往往不免排外的性質此不能爲諱者也然此等暴動可謂之自然的暴動乃歷史上醞釀而成者也（中略）洎乎近日感外界之激刺與生計之困難其勢尤不可一日居此爲歷史上自然釀成無待乎鼓吹者此等自然的暴動無益於國家固亦吾人所深慮者也以中國今日決不可不革命也如此而自然的暴動之不絕也又如彼故今日之急務在就自然的暴動而加以改良使之進化道在普及民族主義國民主義以喚醒國民之責任使知負擔文明之權利義務爲吾人之天職於是定共同之目的爲秩序之革命然後救國之目的乃可以終達（下略）

其所以自辯解者略如此夫以該報記者之言革命不含有排外的性質吾亦能信之雖然詗諸吾國歷史凡一

革命軍之起。稍占勢力。則必有多數之革命軍與之響應。而諸革命軍。必非能爲一致的行動。此前事之章章不可掩者也。論者果敢斷言暴動方起時。僅爲一單獨之革命軍。而無他軍與之迭興乎。又敢斷言他軍迭興者。必無一焉含排外之性質乎。夫自然的暴動。由歷史上醞釀而成。至今日而其勢尤岌岌。此既論者所能知之。而自言之者矣。曾亦思歷史上之遺傳性。其勢力最爲偉大。而欲革之也。決非一朝一夕之效。論者謂就自然的暴動。而加以改良。使之進化。此事抑談何容易耶。所謂改良進化者。不可不取國民心理。洗滌而更新之。然欲洗滌更新國民之心理。必非口舌煽動筆墨鼓吹所能爲力。而必賴秩序之教育。故非教育機關整備而普及。則所謂改良進化者。終不能實現。而教育機關之整備普及。又必在政治革命實行以後。而革命前之煽動家。決無術以致此。至易見也。論者謂喚醒國民之責任。而豈知其所能喚醒者。僅在感情。而責任觀念。決非單簡之煽動口語所能喚醒耶。論者所希望在秩序之革命。而不知苟非法治國國民。無論何事。而必不能有秩序。況革命事業。其與秩序性質最難相容。雖以素有秩序之民行之。其騷擾混雜。猶常在意計之外。若以素無秩序之民行之。其危險寧更可思議耶。論者如欲求秩序的革命也。則其預備工夫。不可不先謀所以養成有秩序之國民。而欲養成有秩序之國民。則必先求政治狀態生一大改革。苟不注意於現在政治上之監督。而惟思煽動於下。吾敢斷言曰。雖至海枯石爛。而秩序之革命。終無自發生也。不幸而論者所執之手段。乃正若是。故彼雖自號爲秩序的革命。而吾敢斷言其結果。仍與自然的暴動無以異也。比國碩儒普蘭斯（現世刑法大家）曰。『羣衆心理學可分爲二。一曰有機的羣衆。二曰無機的羣衆。無機的羣衆者。以互不相知之人嘯聚結合者是也。此種集合體。其拓都之程度。比於其么匿尤爲劣下。當其雷同附和也。往往有非常之力。然其聚散難測。其激動爆發最易。以其有多數之故。其爲惡也較爲善爲尤勇往往以細故末節一變而爲犯罪的羣衆此等羣衆之特色尤易使入其中者驟變其秩序之性質而發揮其野蠻之本體』由此觀之突然嘯聚之團體其性質之危險也如是而暴動事業無論在何國無論在何時其必出於嘯聚必爲無機的羣衆至章章也就令革命軍主動之內部團體若干人稍爲有機的組織而其他多數之景從者固不能不出於嘯聚若夫響應於四方者更無論矣以十八省之大苟並時雲擾合此大大多數之無機的羣衆向於激動爆發以進行其混亂狀態之所極誰能測之而謂以一二人之力能左右此大衆使一絲不紊爲規律的行動此眞書生之見架空之理想也夫天下最可用者莫如感情最可畏者亦莫如感情當情感之既發動也如病狂者之驟生神力其軌道之變幻非尋常所能度其勢燄之凶猛亦非尋常人所能制不見夫法國大革命乎其最初提倡者豈嘗預爲斷頭臺上旬月斷送二十萬人之計畫而其結果竟如是者蓋已非復主動者之所能制也又勿徵諸遠卽以去年日俄和議時日本國民之暴動事件論之其最初提倡者豈不以憤政府外交之失敗欲要求條約之停止畫諸云爾其絕不含有排外之性質盡人所能知也而其影響所波蕩乃至有欲向俄法之教會及居留民加强暴者當時東京各報紙皆載其事甚或以戰禍之導線由我中國而欲遷怒於我留學生者此當時傳說云云然駿河台之清國留學生會館附近有警察注意保護則實事也幸而日本警察力完密强固而其暴動時又甚短故不生他變耳否則竟以此釀出國際問題而使日本外交增無量荆棘焉未可知也夫以日本人之久受教育漸已具備法治國國民之資格者及其一旦爲感情之奴隸猶能生出此種種不思議之惡現象而況乎我國之暴動的革命其暴動所波靡之面積百倍於彼（一）其暴動所歷之時日百倍於彼（二）其參加於暴動團體之人百倍於彼（三）而一般人民所受之教育所具之常識與夫習於法治之程度非我所能望其肩背也

（四）而革命軍初起之時。倥偬於軍事。注力於一隅。其警察機關之整備而普及非我所能望其肩背也。（五）而我國民排外之思想。受諸數千年以來之遺傳性。自平居無事時。已躍躍欲試。（六）而近來各國對於我之手段。實又使我蓄怨積怒而久思一雪。（七）而革命家所倡之民族主義國民主義。以狹義言之。雖專對於滿洲及君主。以廣義言之。則以凡外族外國爲之界線。煽動之餘。最易招無遠慮者之誤認。（八）以此諸原因。而謂當一方揭竿萬里響應之時。能定共同之目的爲秩序之革命。絕不詒外國以干涉之口實。苟非欺人。其必自欺而已。故論者無論運如何之廣長舌以自掩飾。無論構如何圓滿之理想以自慰藉。吾敢一言以指其妄。警其迷曰。其結果與自然的暴動無以異。公等既以自然的暴動爲非國家之福。而引爲深慮。則鄙人所以對於公等所執之手段。而引爲深慮者。其理由可以思矣。

緣內部衝突而自取干涉者。彼報所諱而不言也。然吾前此固已略陳其利害。參觀本報第四號第三十五六頁今請究竟其說。

吾所以認暴動主義爲足以亡中國而深怵之者。全以其破壞之後。必不能建設。吾所以斷其必不能建設者。以其所倡者爲共和政體。而共和政體。則吾絕對的認爲不可行於今日之中國者也。共和政體。爲歷史上之產物。必其人民具若干種之資格。乃能實行。而不然者。強欲效顰。徒增擾亂。此徵諸法國及中美南美諸共和國。覆轍相尋。皆歷歷可爲殷鑒者。而吾中國今日之國民程度。決無以遠優於彼等。加以我幅員之遼廓。各省之利害不相一致。故實行共和。視彼等尤爲困難。無論今代古代之共和政體其所以能發生成立者恆由小國今美國雖爲絕大的共和國。然實由四十餘小國結合而成也。夫百年前法國之慘劇。盡人所能知矣。至中美南美諸國。如彼玻利菲亞。歷代大統領十四人中。得善終者僅一人。如彼散得米哥。自一八六五年脫西班牙獨立。迄今僅四十年。而大小革命凡五十餘次。自餘諸國。大抵當選舉大統領時輒殺人盈野流血成河蓋每三年或四五年必起一度革命以爲恆凡此皆不適於共和而强行共和之所致也我國若於暴動後貿然欲建設此政體則由攘奪政權所生之慘劇必至不可思議若軍人與人民之爭也勞働者與上流社會之爭也黨與黨之爭也省與省之爭也糾紛錯雜隨時可以生出問題而以未慣法治之國民當之則訌爭之結果必訴於武力以求解決大統領爲一國最高政權所在苟大統領以四年改選者則每四年全國當起一次大革命苟以三年或五年改選者則每三年或五年當起一次大革命不寧惟是以我國幅員之遼廓我之一省足當人一國故省之總督其政權亦龐大而可爲爭奪之媒苟總督而由民選者則每當改選之時其省之起革命也亦如之又不惟於大統領及總督改選時爲然耳卽在平日任一事件之發生而皆可以促政權之更迭釀全國之騷擾搶搶攘攘國無寧時然此猶就既建設之後言之也顧所最危險者則當新破壞而未能建設之時中央舊政府既倒而新共和政府不能成立或暫成立而旋起衝突中央紛如亂麻而各省新經兵燹之後人民生計顚頓加以亂機已動人人以好亂爲第二之天性自然的暴動陸續起而政府所有有限之軍隊不能徧鎭壓此無垠之廣土於是秩序一破不可回復而外國之干涉乃起其干涉之次第奈何其始必有一二焉欲利用此機會而獨占非常之利益者他國嫉之謀所以相牽相掣之結果不得已而出於協商協商奈何則惟有擁舊王統以爲傀儡而共監督之此則吾前此固已言之矣曰新舊政府既皆絕滅而舉國中無一人有歷史上之根柢可以承襲王統者其間必有舊王統之親支或遠派遁逃於外以求庇於是聯軍乃擁戴之以作傀儡而此傀儡之廢置自茲以往一惟外國人之意而中國遂永成埃及矣信如是也則革命軍初意本欲革滿洲之王統而滿洲卒未得革不過以固有之王統易爲傀儡之王統而已則試問於中國前途果爲利爲害而

言革命者。亦何樂乎此也。（參觀第四號第三十五六頁）嗚呼。此非吾好為不祥之言以聳聽也。吾逆揣破壞後不能建設之結果。其勢殆非至此不止也。吾所謂暴動可以召干涉者。其著眼點全在此。吾一念及輒心悸焉。願普天下愛國君子熟圖之。

彼報又有云。

問者云今者外人相驚以中國人排外。遇有小警。輒調兵艦。如南昌教案法調兵艦矣。廣東因鐵路事官民交訌各國亦調兵艦矣。凡此豈非干涉之小現象乎。應之曰此非干涉。乃防衛也。（中略）蓋國家於領域之內。不能自保。而使外人蒙其損害。則對之可以為匡正。（中略）然使蒙急遽之危害。有緩不及事之虞。則可以用防衛之手段。用强力於他國領域內。此國際法所承認者也。然而使內地有變。而危險及於外人之生命財產。則外國派兵保護。以扞禦災難。不得謂之非理。然此與干涉不同也。

此就法理上立言。誠若無以為難。然各國政策。往往有利用法理曲解法理以為護符者。此又不可不察也。試舉最近事實證之。俄國當拳亂以後。駐兵滿洲。此非論者所認為國際法上正當之防衛者耶。而何以撤兵之期遷延復遷延。直以滿洲為彼領土。必待日俄大戰爭告終以後。而此問題乃解決也。吾今試為一假定之說。當革命軍之起也。主動者雖自宣言能守戰時法規慣例。不至危及外國人之生命財產。恐外國人未能遽信也。於是競藉口於國際法上正當之防衛。各調兵於其所自認之勢力範圍內。如日俄之於滿洲也。俄之於蒙古也。德之於山東也。法之於廣西雲南也。其他甲國之於某省也。乙國之於某省也。莫不皆然。於斯時也。革命軍不得而責之。何也。彼有法理以為之楯也。而當此舊政府既破壞未建設之時。（或建設而未鞏固之時。）地方狀態必極混雜．彼乃藉口於此而布軍政焉．甚或布民政焉．卽至舊政府既覆．軍事粗定．而當秩序新破國民思亂之時．無論如何而各地之大小騷動必時時爆發而不能絕．新政府若要求各國以撤兵苟其國有狡焉之心者則何患無辭．俄之前事其成例也．於斯時也新政府無論若何詰責彼始終得以國際自衛權爲詞．而其勢力遂永植而不可拔．非從事於戰爭．而不能解決．以云戰也則新政府初成立之餘．乘凋敝之後．內部紛擾且未息．能有力以及此乎．卽曰能之．而對一國尚懼不堪．脫有二三國以上．將如之何．是無異與聯軍戰也．如是則一戰而新政府可以覆亡．國家隨之．則革命軍爲亡國之罪人也．若審其難而不戰也．則忍辱以終古．而國家一部分之主權喪失．是革命軍亦亡國之罪人也．使吾之此假定而果見諸事實．則革命軍亡國之罪．左衝右突．而無從解免也．然吾之此假定．猶必革命軍自始至終毫無自取干涉之道．乃克致耳．若前此所論．謂緣對外之亂暴或內部之衝突而生干涉者．苟有一於此．則並此假定之結果而不能望也．

論者又言．近世各國．憚於用兵．苟非關於國家大計．非兵力不足以維持者．不輕言動衆．斯固然也．然謂中國大暴動之影響．與他國之國家大計．絕無相關．則淺之乎言之也．卽以商務論．論者所指爲單純之原因．謂不足輕重者也．殊不知今後世界之大勢．以經濟上之競爭爲第一大事．謂商務無關於國家大計者妄也．論者乃臚最近統計．舉某國人在中國者若干．某國人在中國者若干．而謂彼政府議會斷不肯爲此等人營業之故．而遽動兵．此眞小兒之言也．使彼我之關係．而僅在此區區每國千人或數千人之居留民而已．則外國人之勢力侵入我國者．可謂之至微且弱．而我朝野上下．稍有識者．咸怵怵然憂外患之不易．其毋乃皆爲杞人也．須知今日交通大開之天下．經濟無國界．牽一髮而全身動焉．使我中國以暴動之故．轉戰頻年．則倫敦紐約橫濱柏林之銀行。倒閉者不知凡幾。而經濟家所謂恐慌時代。可以徧於全球。義和團之役美國南部之棉花業大工廠四十餘家倒閉者八家其餘皆虧缺此吾游美時美人頗舉以相告者去年上海閙審罷市不過數日而橫濱金融界大恐慌中國人商店坐此歇業者三家此吾在橫濱所目擊者此舉其例證之小者他可推矣各國對於此現象。無論或希望舊政府之速倒。或希望革命軍之速滅。而要之不願其相持而久不下。至易見也。若此兩種希望皆不克達。則奮起焉以助其一而斃其一。亦意中事。而不能謂其必無苟有此者。則其爲助舊政府耶。爲助革命軍耶。又至易見也。就使如論者言。商務果無關於國家大計。然中國若有大暴動。則各國對於中國之形勢。或將一變。此又不可不察也。論者謂各國對中國之政策。以維持勢力平均之故。近數年來由瓜分主義。一變而爲開放門戶保全領土主義。而信他人之必莫吾毒。雖然吾聞諸日本松本君平博士之言曰。『保全支那云者。非列國之憲法也。前此瓜分之說。雖以日俄戰爭之結果。而全失其勢。然而燎原之火。雖猛威暫戢於一時。而一星之爝。或再爆發。誰能料之。』立憲政友會會報第七五號第六頁此其言可謂至言。夫瓜分之說極盛於乙未至庚子六年之間。而庚子以後日以失勢。去年以來更闃寂焉。其變化所以如是其速者。實由亞東形勢之自身有變化使之然也。夫刻舟膠柱之不足以爲政策自古然矣。故各國政治家之對外也。其主觀方面雖有一定之方針。而又未嘗不隨客觀方面之變遷而相與推移。舉其一二之宣言。而認爲不變之政策。去之遠矣。夫自一八九八年美國首倡門戶開放主義以來。歐洲諸大國曷嘗不皆報牘以表同情。而俄在滿洲之經營自若也。德在山東之經營自若也。前此之不足恃既已若此。豈其後此而能信之。要之今世界列强對中國之政策分兩大潮流。俄德法爲侵略派。英美日爲保全派。此形勢起於十年以前。直至今日未嘗變也。而現在以保全派驟占優勢。故侵略派之聲跡暫銷匿於一時。而竟以爲永戢焉。則其於詗鄰之道。亦太不審矣。而論者乃謂俄方新敗。謀休養。法汲汲於平和。顧吾以事實證之。則俄雖失敗於滿洲方面。而於蒙占方面且突進不休。未嘗以新敗而沮其計畫也。法在安南。其所經營者着着進步。吾苦不能得其汲汲言平和之據也。獨至德國。用心最險。自日俄和議以後。其對於我一變前此之恫喝政策。而取懷柔政策。此則鑒於侵略派之氣燄方衰。目前未可以得志。而懼空賈我國之怨。坐失應均之利。故忽然演出此廻黃轉綠之怪劇。所謂司馬昭之心。路人共見也。而謂其侵略之野心遂已灰槁焉。則決不可。蓋德國今方憂人滿。殖民事業之能發達與否。實其國家之生死問題。而彼以後進之國。環顧全球。無展其驥足之餘地。故飛而擇肉於東方。彼非好爲此。而國勢迫之不得不然也。其此政策最後之成敗不可知。而決不以目前之一挫而擲棄之。章章然矣。然則此侵略派之三國者。雖一時若暫戢其謀。而苟東方形勢有變動。略予彼以可乘之機。則必將再爆發焉。若夫英日美者。其利害與彼三國相反。固盡人而知矣。然英日新同盟約。其對於中國而協定者。凡三大綱。曰保全領土。曰開放門戶。曰機會均等。論者屢引保全開放二語。指爲各國對淸之根本政策。而忘却機會均等一語。則又未足爲善覘隣也。（若非忘卻則必欲抹煞此語以自欺而欺讀者矣）夫彼所謂機會者。其言甚概括。不知何所指。但既有保全領土一語。則其機會之性質。必不屬於領土之攫取。是亦吾所能信者。然此外之機會萬端。則非所敢知矣。而所謂機會者。雖有時可以彼我兩利。然大率利彼而損我者爲多。又至易見也。夫如是則安得以有保全領土開放門戶之宣言。而遂即安也。吾意以爲中國全國秩序破壞之日。即列强對淸政策生一大變化之時。侵略派之死灰必復燃。而保全派之機會亦隨至。俄法德三國必藉口於國際自衞權。復演前此駐兵滿洲之惡劇。英日美三國。一方面對於我國之暴亂。而行自衞也。一方面對於彼等之侵略。而行自衞也。自始焉不得不與彼等出於同一之行動。若其終局之如何。則視彼兩派勢力之消長以爲斷。侵略派占優勝耶。則中國或緣是召瓜分。

保全派占優勝耶。則以列國協商解決此問題。而協商之結果。則亦實行所謂機會均等之主義而已。夫使因中國之暴動。而致俄法德三國之生心。則其影響於英日美之國家大計者。不可謂不重。英美暫勿論。若日本則誠爲其國家生死問題也。於彼時也。彼若審時勢之不易確認革命軍爲足以間接助侵略派之勢力。則及其未及而干涉焉。亦意中事。卽不然。則亦俟兩派勢力對抗。短兵幾接之時。而後一決。要之無論何派勝負。而皆非爲福於我國家。而已。夫以今日大勢論之。侵略派之勢力。諒終不能優勝於保全派。果爾。則當暴動後列强處置中國之政策。當未必出於瓜分。而殆出於協商。協商之結果奈何。則亦襲義和拳善後之故智。擁護舊王統。以實收機會均等之效果而已。而況乎新共和政府之萬不能建設。更予彼以口實。而促其此舉之實行也。然則革命軍舍爲外國人作功狗之外。果無復一毫善狀以裨國家也。

論者又歷引英杜美菲前事。謂其動兵數十萬。轉戰幾年。縻帑殺人無數。僅乃得志。以此證干涉之不易。而謂各國必不出此愚策。此又知其一未知其二也。杜之陸軍。以强聞於天下。而英之陸軍。以弱聞於天下。英人千里饋糧。而杜以主待客。勞逸之勢。固已懸殊。英人初又有藐杜之心。調兵不多。謂可一舉殲旃。及其屻挫。乃陸續調一度再舉。動需數月。此成功之所以濡滯也。惟美亦然。美自距今十年前。猶鄙夷軍國主義不屑道。其海陸軍皆微微不足齒於諸强。而征菲之役。驟然涉萬里之重洋。懸軍深入。以圖一逞。故亦不得不需以歲月也。若中國有暴動而召干涉。則其所處之形勢。及其所遇之敵。與彼大異。中國若秩序破壞而不可恢復。則其影響最密切者。莫如日本。各國協商之結果。若出於聯軍干涉。則其首借重者。亦爲日本。義和拳之役。英國電日本請先出師。其已事也。而彼日本以半月之力。輸送四十萬大兵於中國。綽綽有餘。此彼國軍事家所熟道。而事實亦易見者也。而日本陸軍力之偉大。又我國人所共見。而亦各國所同認者也。故各國若無干涉之舉則已。苟眞有之。則僅一日本之力。已足以制我革命軍之死命而有餘。以一重軍保護北京。則革命軍不能動中央政府之毫末。以一重軍扼武漢。則革命軍無論豨突於何方。而皆爲甕中之鼈。未見其以干涉之故。而所生困難之結果。有如英之於杜美之於菲者也。夫英之於杜。美之於菲。其目的在屋其社而裂其旗。故非至反側全安。民政確立。不得謂成功焉。若其干涉中國內亂。則但摧破革命軍之武力。市恩於舊政府。而其事畢矣。若其善後之處置。仍以傀儡之舊政府當之。干涉軍不必自直接以當此困難之衝也。是日本對朝鮮之比例。而非英對杜美對菲之比例也。此爲實行干涉之時言之也。若其不居干涉之名。而託於國際自衛權。駐兵於其所自認之勢力範圍內。爲負嵎之勢者。革命軍方自束縛於所揭櫫之文明的戰時法規慣例。不敢過問。彼等不費絲毫之戰鬭力。而可以收莫大之豐穫。此則尤爲功人所欲禱祠於功狗者耳。

以上所論。皆謂革命軍有自取干涉之道。而干涉乃生。各國協商之結果。而干涉乃成也。雖然干涉之來。抑又非限於此場合也。彼報所駁甲種第七項。其目曰『謂革命軍起。政府之力既不能平。則必求助於外國。外國出兵助平亂。因以受莫大之報酬。』而其駁之曰。

夫虜之爲此謀。容或意料所及。然使其借兵於一國耶。則虜先犯各國之忌。各國慮破均勢之局。將紛起而責問。是徒自困也。使其借兵於各國耶。則各國之兵。非虜之奴隸。非虜之雇傭。無故爲之致死也。

此其論。吾不必自駁之。吾觀彼報動引外國人之言以爲重。吾亦請引外國一名士之言。日本前自由黨領袖伯爵板垣退助曰。(雜誌「大日本」第六號七號論文東洋ノ平和ト淸國ノ立憲制採用キ次ズ)

清國若率今不變則革命戰爭終不免爆發於南部革命一旦起覺羅氏之朝廷無暇復計永久之利害徒欲脫目前之急難必假俄力以自保其地位於斯時也日英之利害如何日本則卅七八年戰役之結果（即指日俄戰役）全然沒却英國之東洋政策亦蒙大打擊清國之保全於是破東洋之和平於是亂如此必非日英兩國之所能堪也故一旦有叛亂之兆日英兩國不可不先起而干涉之鎮定之

此其言雖一人私言然不可謂不申情實也夫使如論者所希望英日美等平和之國能表同情於革命軍認爲內亂團體而自守局外中立及夫現政府之自審難支也鋌而走險急何能擇勢必將乞庇於他國而平和派之各國既莫之應則不得不轉諸侵略派諸國於彼時也侵略派諸國有不因利乘便而思以豚蹄易篝車者乎他國不可知若俄羅斯向來慣用之卑劣的外交手段其必喜而應之殆無可疑矣而其應之也又不必出兵於各省以爲之代剿也但以一軍戍畿輔已足以市莫大之恩於政府而攫莫大之報於將來於彼時也均勢必破而必非平和之所欲無待言矣然如論者言謂各國僅交起詰責而政府適以自困云爾則試問政府果憚於自困而遂中止此計畫耶亡之不圖困於何恤則政府必將答彼曰貴國欲保均勢耶請助我我將予以機會均等之報酬不然我爲救亡計雖稱臣稱姪於他國貴國勿怨也如是則詰責者且無辭何也此生死問題非簡單之詰責所能了也夫既不助之又不能禁其不求助於他人又不能禁他人之不彼助而又不肯坐視助彼者之獨占利益以破均勢然則所以待之者如何無已則惟與助彼者宣戰以摧其勢耶是諸强國中或加盟於舊政府或加盟於革命軍兩兩對抗而釀出全地球空前絕後之大戰爭則各國之兵又豈其革命軍之雇傭豈其革命軍之奴隸乃無故而爲之致死也舍此一策以外則欲保均勢之局惟有仍出於協商而以聯軍共干涉之鎮定之

否則如板垣所云云日英等國出奇制勝先自從事干涉間接以殺侵略派之勢力而已若是乎則卽使革命軍無自取干涉之道而未敢謂干涉之必不來也

而論者尙有言干涉不足畏之說其言曰

爲外國者設因欲保商務欲得報酬之故連萬國之衆以來干涉斯時爲我國民者將如何其必痛心疾首人人致死無所於疑也則試約略計各國之兵數庚子一役爲戰地者僅北京一隅耳而聯軍之數前後十萬今若言干涉言瓜分卽以廣東一隅而論新安近英香山近葡彼非有兵萬人不能駐守卽減其數亦當五千以七十二縣計當三十餘萬卽減其數爲二十萬至少十萬而其他沿江沿海諸省當何如至於西北諸省則又何如計非數百萬不能集事而我國民數百萬萬其起義也在國內革命而無端來外人之干涉滿奴不已將爲洋奴自非肝腦塗地誰能忍此者我國亡種滅之時卽亦各國民窮財盡之時也而問各國干涉之原因則曰因欲得報酬欲保傀儡之故雖至愚者亦有所疑而不信矣且今勿謂我國民甚弱而各國之兵力至强也練兵不能征服國民軍歷史所明示矣普佛之戰佛練兵盡矣甘必大起國民軍屢敗普軍爲毛奇所不及料不敢出訶南一步古巴之革命也金密士以數十人渡海入古巴振臂一呼壯士雲集前後以四五萬人與西班牙兵二十萬人鏖戰連年而美西戰事起古巴遂獨立菲律賓之革命也壯士十人以桿槍六七枝刼西班牙兵五百人營奪其槍五百撲戰累歲西兵駐防於菲者凡二萬人無如何卒賠款二百萬其後西政府失信戰事再興美西之役美提督載阿圭拿再入菲律賓與美合兵阿圭拿麾以兵數千人俘西班牙兵萬數卒立政府其後美復失信菲人以所獲於西兵之槍萬餘擇其可用者六七千以與美精兵七萬戰數年始定使憑

藉豐裕。則美非菲敵也。英杜之戰。杜與阿連治合兵三四萬人。英兵四十萬。前後三年。乃罷兵。如上所述。以國民軍與練兵角。皆以十當一。況中國人數非菲杜比。憑藉宏厚相去千萬。外侮愈烈。衆心愈堅。男兒死耳。不爲不義屈。干涉之論。吾人聞之而壯氣。不因之而喪膽也。

壯哉言乎。吾讀至此。亦欲爲浮一大白。而惜乎其與情實全不相應也。彼謂練兵不能征服國民軍。爲歷史所明示。而觀其所示之歷史。則除古巴菲律賓之對西班牙外。無一爲其適例者。夫西班牙之積弱。不足齒矣。而古巴菲律賓之所以能驅除之。則猶以美國之助。而非徒恃獨立所能爲功也。自餘諸役。則毛奇果嘗征服甘必大否耶。美國果嘗征服菲律賓耶。英國果嘗征服杜蘭斯哇及阿連治兵耶。夫國民軍之力。誠不可侮。然以今世利用物質上之文明。以致戰術之突飛進步。其間利器以及附屬戰事之各種機關。有非藉國力而不能致其用者。故十九世紀下半期以降。雖有猛烈之國民軍。而終不能與練兵爲最後之決勝。雖屬天地間不平之事。然亦勢限之矣。我國憑藉之厚。雖非菲杜等蕞爾國之所可望。然謂以器械不良機關不備之揭竿斬木的兵隊。與世界轟轟著名數强國之聯軍相角。而可以立於不敗之地。則大言壯語。聊以自豪。何所不可。若乃以見諸實事。則中國乃我四萬萬同胞公共之國。非公等一二人之孤注。而豈容公等之一擲以爲戲也。故論者苟能證言外國之必不干涉。則其說始差完耳。若謂干涉不足畏。則非欺人。必自欺也。雖然。使外國干涉之結果。而必出於瓜分。則非屋吾社。而裂吾旗。反側全安。民政確立。不能謂成功。信如是也。則我國亡種滅之時。卽亦各國民窮財盡之時。吾亦信之。而豈知其政策決不爾爾。其或託於國際自衞權。而遣戍兵於勢力範圍內耶。則革命軍方兢兢然於戰時法規慣例之不暇。豈敢妄爲挑釁。而致受彼以干涉之口實。彼安坐而布軍政民政。不遺一鏃。而收莫大之效

果已耳。其或以協商之結果。而實行干涉耶。則但求摧滅革命軍之武力而已足。革命軍武力既摧滅以後。若何善後之處置。自有傀儡之舊政府代當其衝。無勞彼爲是擾擾也。而所謂摧滅革命軍之武力者。則如吾前此所言以一重軍保護北京。則革命軍不能動中央政府之毫末。以一重軍扼武漢。則革命軍無論豨突於何方。而皆爲甕中之鼈。彼專取守勢。而不取攻勢。其所損傷幾何。若軍費一項。則又豈患現政府之無以犒之也。故各國決非有所憚。而至於不敢干涉。如論者所云云也。

夫革命軍有自取干涉之道也。既若彼各國有不能不干涉之勢力也。既若彼。而干涉無論從何種方面進行。皆足以敗革命之事業。而危國家之地位也。又若此。然則今日昌言起革命軍者。其結果小之則自取滅亡。大之則滅亡中國。無損於滿洲人之毫末。而徒予外國人以莫大之機會。是亦不可以已乎。夫明知其可以生滅亡中國之結果。而猶悍然爲之。則是叛國之逆夫也。明知其可以生自取滅亡之結果。而自取滅亡之後。又非能有益於國家也。而反以累國家。而猶貿然爲之。則沒而無名。諡爲至愚。愛國君子。亦何忍出此。

嗚呼。吾請掬一縷熱誠以告普天下之愛國君子乎。今政府之所以待吾民者。與列強之所以待吾國者。稍有人心。受之能無憤慨。而絕非徒憤慨之所能了也。又非感情用事。孤注一擲所能雪吾憤而償吾願也。利用此列強持均勢主義之時。合全國民之力。從種種方面。用種種手段。以監督改良此政府。實坦坦平平之一大路。循之而未有不能至者也。苟至焉。則種族上之壓制。更何有。政治上之壓制。更何有。內既足以自立。則外人亦誰敢予侮焉。而不然者。溯必不可至之斷港絕潢。造億劫不復之噩因惡果。吾甚哀夫以光明俊偉之質。抑塞磊落之才。而誤用其情。以爲天下僇笑也。

關稅權問題

四月十六日上諭戶部尚書鐵良著派充督辦稅務大臣外務部右侍郎唐紹儀著派充會辦稅務大臣所有各海關所用華洋人員統歸節制欽此此實聳動一世耳目之舉動也

此事於理宜行乎曰宜於時勢可行乎曰未可

關稅者國內行政也凡在有獨立主權之國此權宜由本國人操之而萬不可以假諸外即間用客卿而其任免黜陟之權應爲主權者所自有此無待費詞者加以我國現在之財政海關稅之收入幾占國庫總收入三分之一苟爲整理財政起見此權若不收復則其支絀其危險皆不可思議此舉國中人所宜處心積慮以求此目的有得達之一日而政府之對於此事必當力求善後又義務之無容諉卸者也今忽有此英斷吾安得不爲政府頌

雖然政府之建畫政策也與書生之坐論異不行則已行則必求其成若量其難成者則毋寧俟其可成之機熟後行之否則政府之信用墜而影響且及於他事吾今從種種方面以論此政策能否實行於今日

我國關稅權之爲他國人掌握也非自今日而積重已數十年非偶然之現象而有特別原因以產出之非出於我政府單獨之自由意志而基於條約之束縛請略言其歷史當五口通商以前歐美與我之通商方始萌芽其時政府視之極冷淡未嘗爲嚴重之干涉其進出口稅未嘗定率由我國行商任意徵收以交納於政府當時粵中所謂十三行者實以商人而兼收稅官者也是爲第一期及道光二十二年（一八四二年）南京條約成國際通商之

權利。始被確認。各國相繼派領事駐紮通商口岸。而貨物之進出口稅。由各領事徵收之。間接以納於我政府。是爲第二期。旋以各領事各自私其商民。弊竇百出。迨咸豐元年（一八五一年）我政府與列國交涉收回此權。由我派員自徵收之。是爲第三期。旋以我官吏之絕無經驗也。且貪黷之性不知所饜也。稅關之規則漫無一定。卽有之亦視若具文。列國商民大苦之。咸怨訴於其政府。各國公使領事屢以爲言。我政府既不能以自力善其事。乃與各國協議。凡各通商口岸之稅務司。以歐美人充之。外人之掌我海關。濫觴於此。實咸豐四年也（一八五四年）。於是英法美三國。各舉一人爲稅務司。英則溫德氏。美則卡兒氏。法則士蔑氏。三人同時爲稅務司。居同等之地位。有同等之權能。同居海上。以從事於海關之組織。是爲第四期。然當時我國之外交貿易額。英人占其泰半。故海關事務之大部分。實則管理英商貿易而已。加以溫德氏久居我國。熟諳華語。其技量優於其儕。其對於我國人申稟協議命令等事。可無須通譯。而直接自辦。信用權力。自漸歸於溫德。未幾遂置稅務總司。而溫德實當之。其後溫德受本國命任駐北京公使。安奴黎氏繼之。未幾赫德氏又繼之。皆英人也。自咸豐四年以來。外人始任稅務司。其時各稅務司。由各國公使推薦適任之人。而我關道任之。及總稅務司既設置。而一切任免之權。始移於總稅務司之手。非復我國所得過問。是爲第五期。赫德就任以來。其權力日益擴張。全國郵政沿海燈台及一部分教育事業。歸於其手。且凡遇交涉事件。赫德實爲全國之最高顧問。於是各國大妒之。光緒二十二三年之交。俄法德三國極力運動。求所以排去赫氏者。適値日本償款期迫。英人利用之。貸款以市恩於我。而赫德實爲居間人。此事之結果。遂使赫德之地位與英人之權力。益以鞏固。二十三年三月卒與英結一新約云。『在中國之商務若無他國能加乎英國之上者。則海關總稅務司之職。由英國臣民襲任之。』蓋自是而英人之地位。遂爲條約所規定。是爲第六期。綜上所記。則第一期。爲華商代理時代。第二期。爲各國領事代理時代。第三期。爲華官專理時代。第四期爲歐美人分理受華官節制時代。第五期爲歐美人專理且權力趨集於英人之時代。第六期爲英人權力確定時代。蓋經五十餘年之變遷。以馴致今日。而所以致此者。實緣我前此著著放棄權利。倒太阿而授人以柄。而既經咸豐四年光緒二十三年兩次之交涉。則此事雖爲國內之事。而已帶有國際的性質。今後欲有改作。不可不還附諸國際之協議。此前此所造之惡因。而今日受其惡果。無可逃避者也。

考總稅務司權力之擴張。實始自同治三年總理衙門頒章程二十七條。其第二第三兩條云。

總稅務司係總理衙門所派。至各口稅務司及各項辦公外國人等。中國不能知其好歹。如有不妥。惟該總稅務司是問。

各關所有外國人幫辦稅務事宜。均由總稅務司募請調派。其薪水如何增減。其調往各口以及應行撤退。均由總稅務司作主。

此章程蓋赫德所由呈。而由總理衙門頒布者也。自茲以往。而稅關上用人行政之權。我政府已不復過問。據其時所咨報。則所用外人不過八十餘。中國人不過三百餘。其後勢力日以擴張。至光緒二十五年所報告則赫德所部之人數如下。

	稅務	船務	教育	郵便	合計
歐美人	八三七人	九二人	六人	五八人	九九三人
中國人	三、六一七	四五八	一	五三五	四、六一一

總計	四、四五四	五五〇	七	五九三	五、六〇四

更就稅關上高等官而類別之．其爲歐美人所占者如下．

總稅務司	一	副總稅務司	一
稅務司	四三	副稅務司	三〇三
書記長	一	一等幫辦	一五
二等幫辦	三一	三等幫辦	三九
四等幫辦	一〇〇	書記	一二
醫員	三〇		

以上各員．除總稅務司副總稅務司皆英國人外．其餘稅務司副稅務司之國籍如下．

稅務司

	英	美	德	法	那	奧	俄	比	合計
光緒廿三年	二一	六	五	五	一	一	|	|	三九
光緒廿五年	二三	七	五	四	一	一	一	一	四三

副稅務司

	英	法	俄	德	意	美	嗹	比	合計
光緒廿三年	一八	二	二	一	一	一	一	一	二七

光緒廿五年　一四　一　一　一　一　一　｜　二〇

然則此四十年中總稅務司所支配之員數已十倍於其前。卽此一端而其權力之膨脹已可想。深根固蔕。既已若此。欲取而代之固非旦夕所能爲力而況乎復有國際上之交涉以盾其後也。

自近四十年來世界各國競取保護貿易政策。凡所以維持擴充己國之商務者。恆以關稅爲一樞機。於是而國定稅率與協定稅率之爭點起焉。國定稅率者。一切關稅稅率由主國自定之也。協定稅率者。對於甲國爲甲種之協定。對於乙國爲乙種之協定。而此協定。則雙方各有其利益。以償其損害者也。協定稅率本割棄主權之一部分。而受他國之限制。協定稅率者兩締盟國於條約有效期間不能任意增減其稅率也故學者多非難之。然彼此相持。往往兩敗俱傷。故協定亦政策上所不得已也。雖然。協定稅務之約必爲「雙務的」毋爲「片務的」雙務的謂兩國各有權利各有義務也片務的則一國只有權利無義務他國只有義務無權利也然後主權雖損而不損。我國今日之關稅爲協定稅率。而實則片務的協定也。我國並非與何國結特別之協定故與尋常所謂協定者有異然稅率之增減全非我之所能自由必須與納稅之國協定而其性質全爲片務的人能限制我。而我不能還限制人。大反於互惠主義。其病我也既甚。卽以所定稅率論。疇昔値百抽五。近以免釐故。增至値百抽十。加以子口半稅爲値百抽十有二五。雖不可云太薄。然以日本之關稅比較之。其率自値百抽五乃至抽四十。美法德諸國之保護稅。或更重焉。然則以此不自由之協定。而我所受之損失。可以類推矣。鄰厚君薄。收稅國之損失。卽納稅國之利益也。此利益雖由條約所規定。其原因不專在稅務官。然以英俄德法之猖猖然爭此總稅務司之權。則居此職之人。必有影響於其原籍國之商務。豈俟問矣。條約所規定之利益。我雖稅關易人。原未易遽言回復。然我外交上久失信用。卽徵今度之舉動。人已常疑我無履行條約之誠意。今突然有此聳動一世之舉。則杯弓蛇影。人之連帶而生疑懼。亦固其所夫關稅問題實我國將來與世界競爭之生死問題也以鄙見所主張我國將來必當實行國定稅率卽不爾亦當求得爲雙務的協定稅率雖然此必須有實力以盾乎其後而決非咄嗟所能立致不見夫今之日本對於一二國猶不免片務的協定稅率之辱乎（日本自明治三十年頒國定稅率法然對於英法德奧四國猶爲特別之協定稅率其在英國本取自由貿易主義他國入口貨皆免稅故其貨入他國者亦要求爲一定之廉稅此事理所當然者奧國與日本則彼此皆協定某種貨物互約爲特別廉稅此基於互惠主義所謂雙務的協定也惟德法兩國皆課極重之保護稅其日本貨物之輸入彼國者未嘗特定低廉之稅率獨彼國貨物輸入日本者則稅率以條約定之日本不能自由增減此實片務的協定而日人至今引爲大辱者也）然則我國對於此問題而欲達其目的必當處心積慮智深勇沈以期收果於十年二十年以後而不可輕舉妄動以召猜疑蓋章章矣我政府而非有此計畫也則今茲之舉動何爲直謂之無意識焉可也我政府而果有此計畫也不度德不量力有謀人之心而使人先知之猶謂之無意識焉可也況乎我國之關稅權所以移於外國人之手者原以我國前此之稅吏及稅務行政不足以塞人望而予彼以口實故漸推移剝蝕以有今日今之稅吏及稅務行政果有以逾於疇昔乎卽在我亦未能自信而欲人之無疑烏可得也

綜此諸端則我國今日欲於關稅有所更革無論如何而必不易得各國之承諾而國債以關稅爲擔保之一事尤授人以挾持之具此又其最章明而爲盡人所同知者矣夫此事非得列國承諾而不能行吾志此至易見者也而此事在今日萬不能得列國承諾又至易見者也而我國政府於事前未嘗一探列國之同意而毅然以迅雷不及掩耳之勢行之其勇氣固可敬而勇而無謀則亦可驚也吾至今猶未能知政府目的之何在要之無論持何目的其失敗皆無待蓍龜耳夫一度之失敗似不足惜而不知此問題爲我國將來之生死問題吾輩方當思忍辱負重圖爲種種預備以求解決於他日而一旦以孟浪之舉動召猜忌於強鄰其今後所以防我厄我者

必將加密焉。則是作繭自縛。而予後人以倍蓰之困難。斯乃大可痛也。

嗚呼。我國數年以來。上自政府。下逮人民。皆若稍易其前此奄奄待死之態。而瞠然欲有所振拔。可喜之現象。孰過於此。雖然至大之危險。卽與之相乘。譬若久癃之夫。將息未定。而驟欲陵百級之梯。其不蹶者幾希矣。自今以往。非取國家主義。則國誠不足以立。雖然。尙當知世界上之國家。非徒吾一國而已。當全球比隣之今日。牽一髮而全身動。一國有所舉措。其影響直及於第二國第三國。不自明其國在世界上之位置若何。則跬步荆棘而已。故吾謂我國今日當持國家主義。然尙冠以一形容詞焉。曰、「世界的國家主義」。此實今世列强所共持之大方針。而我國亦莫之能外者也。嗚呼。今者外人之以排外相誣者。既振振有詞。其烏可更爲無謀之舉。以授之口實也。

要之此舉之必失敗。殆可一言而決。其將收回成命耶。抑將懸此虛名。而內容一無變更。且予英人以無變更之確實保證耶。是未可知。顧無論如何。而此舉之無補於事實。則章章矣。往者不可諫。則今日所以處置之者當如何。竊以爲收回成命。則大損政府之威信。所當堅持之。而萬勿容許者也。若夫稅關內容之無變更。此恐爲我所不能不承認。欲稍挽此次之失體。則惟將關稅以外之事項。釐劃其權限。以收之於我。如是庶可以減殺總稅務司之勢力。而蓋朝廷諭旨無效之羞。今將各政務之與關稅無涉。而今在總稅務司支配之下者。列舉之。

一　郵政自光緒十六年由赫德建議。設郵局於稅關內。其後光緒廿三年。復擴張於內地各處。統由總稅務司總其成。郵政與電報同類。應歸併電報局。或別自獨立。不歸稅務大臣統屬。

二　沿海燈台燈標等。舊歸總稅務司經理。若立海軍部。應改歸該部。

三　驗疫等事。舊歸總稅務司經理。若設衞生局。應改歸該局。

四　光緒二十八年中央新商約第五款云『中國本知宜昌至重慶一帶水道。宜加整頓。以便輪船行駛。又深知整頓工費浩大。且關係四川兩湖民生。所以彼此訂定。未能整頓以前。應准輪船業主聽候海關核准後自行出資安設拖拉過灘之件。』此等明屬地方水利之事。應由地方官核准。無須海關干涉。今爲此規定。正所以便洋商而抑華商。但既載於條約明文。未易更改。我政府允宜著手於整頓之工事。隨卽收回此權。

五　同商約第七款云『中國允保護英商貿易牌號。以防中國人民違犯跡近假冒之弊。由南北洋大臣在各管轄境內設立牌號註册所一處。派歸海關管理其事。』此款所規定。其範圍本專屬洋商。然行之既久。華商亦必附入。今商部既立。商標章程既定。此事無論華商洋商。原應統歸商部轄理。卽云約文難改。亦宜劃清範圍。凡華商悉歸商部或商部所屬官。卽洋商由海關經手。亦須轉呈商部立案。乃爲有效。

六　同商約第八款第九節云『凡洋商在中國各處用機器紡成之棉紗及製成之綿布。須完一出廠稅。由海關徵收。凡別項貨物與洋貨相同者。若洋商在通商口岸或華商在中國各處用機器造成者。亦須按照以上章程辦法辦理。』此事爲我訂商約時最失策之點。其阻我工業發達之前途莫大焉。出廠稅爲國內稅。而以海關稅務司徵收之。本無理由。若「中國各處」一字樣。所包範圍愈廣。似此則我中國機器製造物品之廠。多一家。則內地官吏之權減一度。此約不更。則我國製造品更無能與他國競爭之一日。今雖未能遽易。然乘此以正定海關權限。或亦一舉兩得之道也。

以上所舉其中或未能遽行而要爲不可不行者因此次之失敗而行其一二則非惟可以解嘲抑亦政策上所宜有事云爾

（附言）　此文撰成方付印得最近電報知各國干涉已不幸而言中矣至篇末數事能行一二與否仍不得不深有望於當局者也

世界史上廣東之位置

頃編國史汎濫羣籍隨手感觸條緒棼如因推尋東西交通之跡剌取研究所得之一部分以成斯篇其參考書類除中國古籍外取資最多者則德國哈士氏 Hirth 所著〔中國通考〕（Chinesische Studien）哈氏爲現今西人研究中國史第一流之學者在紐約哥侖比亞大學爲教授吾游美時曾與相見彼出名刺相示譯其名作「夏德」二字蓋學音也其室藏中國古籍及名畫等極多日本坪井九馬三氏所著「史學研究法」齋藤阿具氏所著「西力東侵史」高楠順次郎氏所著「佛領印度支那」及「史學雜誌」內白鳥庫吉氏中村久四郎氏石橋五郎氏數篇之論文也謹弁數言以表謝意

著者識

（一）中國史上廣東之位置與世界史上廣東之位置

廣東一地在中國史上可謂無絲毫之價值者也自百年以前未嘗出一非常之人物可以爲一國之輕重如六祖慧能及袁督師雖爲歷史上有關係之人物然視他省偉人其性質固有間未嘗有人焉以其地爲主動使全國生出絕大之影響晉孫恩盧循雖根據廣東以擾中原其影響不甚大唐黃巢雖用廣東究不以爲根據地也崎嶇嶺表朝廷以羈縻視之而廣東亦若自外於國中故就國史上觀察廣東則雞肋而已雖然還觀世界史之方面考各民族競爭交通之大勢則全地球最重要之地點僅十數而廣東與居一焉斯亦奇也

（二）東西交通海陸二孔道

古代東西交通之孔道有二。其一曰北方陸路，由小亞西亞經帕米爾高原下塔木里河，從新疆甘肅諸地入中國者。其二曰南方海路，由波斯灣亞剌伯海經印度洋，從廣東以入中國者。此兩道迭爲盛衰，而漢唐以還，海道日占優勢。

北方陸路，其起原當甚古。蓋我族遷徙，本自西徂東，炎黃以前，其往還或極盛，未可知。自有成文史以後，（春秋以前吾假名之爲不文史以後則成文史也）則西漢張博望通西域一役，實爲東亞兩文明接觸之導線。博望之跡，雖未越地中海，然中亞諸國間接以爲之媒介，其影響所被蓋甚廣。如葡萄、苜蓿、胡桃、安石榴等諸植物，皆由希臘傳來，其名稱皆譯希臘音，班班可徵。當時我國輸出品之大宗曰絲絹，其銷場廣及於羅馬，羅馬國中至金絹同重同價，其末葉之生計界，因此蒙非常損害，此西史所明著也。此爲東西交通之最初期。迨東漢而海道始發達。

（三）南路海道之初開通

後漢桓帝延熹九年，大秦王安敦遣使自日南徼外獻象牙、犀角、瑇瑁。（後漢書西域列傳）是爲羅馬直接通中國第一次，實西紀一六六年也。吳黃武五年，有大秦賈人宗秦論來至交趾，交趾太守吳邈遣送詣孫權。（梁書諸夷列傳）是爲羅馬直接通中國第二次，實西紀二二七年。考東漢、吳交趾太守，皆治番禺，所領地兼今之兩粵安南。秦使所至之地，爲今越南，爲今廣州，不能遽斷。要之，廣州當時已有市舶之跡，則無疑也。（南方草木狀云耶悉茗花末利花皆胡人自西國移植於南海耶悉茗即Jasmine素馨科之一種實羅馬舊植云）其時交通孔道忽自陸而移諸海者原因有三（一）前此東西兩大國一漢一羅馬皆極全盛聲威遠播自班氏父子（超及子勇）既沒漢威不復振於中亞而羅馬自西曆第三世紀以還亦無力經略亞洲葱嶺以西諸地復爲野蠻未開人所占踞展轉遷移道路亙塞（二）前此絲絹轉運多由波斯及羅馬帝安的尼莎時（西紀一六一至一八〇年）與波斯搆兵商業大蒙損害而小亞細亞全部疫癘時行百業益以不振（三）前此東西商務經波斯人與敍利亞人兩重媒介波販諸東敍販諸西至是敍利亞人勢力日隆欲直接握東西之衝以廣其利毋爲波人壟斷時敍利亞海運業正極發達故思於陸路以外更求航路廣東位置所以驟變實基於此

（四）廣東交通發達期

顏氏斯綜南洋蠡測云『新嘉坡有華人墳墓碑載梁朝年號是華人旅此者實始六朝』今按法人黎柱荷芬所著支那交通史云『西曆第一世紀之後半西亞細亞海舶始至交趾凡二百年間繼續航行至第三世紀中葉支那商船漸次西向由廣州達檳榔嶼 Penang 至第四世紀漸達錫蘭 The island of Cylon 第五世紀更由希拉 Hira 以達亞丁 Aden 終乃在波斯及米梭必達迷亞 Mesopotamia 獨占商權至第七世紀末而阿刺伯人始與之代興』據此則我粵人握東西交通之海運權者垂五百餘年稽其時代則晉五胡苻秦極盛時迄唐天寶安史亂後也黎氏所據爲第八世紀亞剌伯人古旅行記謂當時波斯灣阿剌伯海華人帆檣如織所述定當不謬而主動者實廣東人其時印度高僧求那跋摩、金剛智、達摩諸大師來我國皆自海道而法顯三藏之探險於印度其往也遵陸經葱嶺其返也遵海經廣州所乘當亦皆華船也由此推之當時我華人殖民力必已隨商業以漲於海外。新嘉坡之既有華人置田廬長子孫焉。毫無足怪者。

（附言）據黎氏所述。則當千餘年前我國海運力直逼歐境。使無蘇彝士地峽之閡隔。則吾方以全歐為市場矣。先民精力可勝崇拜。今當大地比鄰之時。而我反無片帆影及於海外。我祖宗何取此不才子為也。一歎。

當時與我競海運業者。惟波斯人。蓋東行航路。本由敍利亞人所發見。及敍利亞既衰。而波斯沿襲之。棄陸行之紆廻。取水道之利便。證以義淨之南海寄歸傳及求法高僧傳中之玄達法師傳等。則所乘多屬波斯船也。時則西方輸入之琉璃。最為我國人所寶。隋大業間嘗招致大月氏國之琉璃工人於廣東。欲試仿造。而成功不如其所期。雖然。緣此而別生一良結果焉。蓋采其術以加精製於陶器。遂為中國一名產。數千年專大利於世界之市場。卽食此役之賜也。（附言）此說見中村氏所著東西文明交通說彼不引原書不知其所出也（又）玻璃一物於泰西文明之進步甚有關係蓋化學非有此物不能成立我國當時仿造之失敗實千古遺憾也然先民之苦心於藝學可見一斑矣 其時西人緣此航路之開通。漸悟地員之理。著名地學家皮特廉馬。Ptolemaus 以理想製一地圖。謂自歐洲向西直行。當可達廣東或印度。中世紀之歐洲人。咸信其說焉。後此哥倫布以欲覓亞洲新航路故。乃別發見美洲新大陸。其遠因實自此時也。

（五）廣東交通全盛期

五胡六朝時代。中原雲擾。國民無復餘裕以事遠略。惟廣東僻處嶺外。所受影響較微。故元氣發紓。僅以不衰。及隋統一宇內。內競漸息。遂欲舉全力以對外。若煬帝之汲汲通拂菻。拂菻者當時之東羅馬帝國都於康士但丁奴布者也 其見端也。迨唐之興。天下大定。數百年霾陰頓開。熙熙如春。萬卉齊茁。太宗雄武。底定四裔。至高宗顯慶五年。遂開西域十六都督七十二州北方交通之陸路復開。而南方海運之進步亦一日千里。黎氏所謂我國商船西征。達於紅海（卽亞丁灣）者。卽此時也。而同時西方復有勃興之國二焉。一曰大食。大食者今阿剌伯也。史載永徽二年。大食王（瞰谷）密莫末賦。（白鳥氏謂此爲Emilal-Mumenin之譯音卽阿斯曼大王之稱號云）遣使由南海來貢。其後開元長慶間凡十四度來朝。（唐書大食傳）是爲阿剌伯通中國之始。其時回教初興。國勢瞳瞳若旭出海。而商業隨教力俱東。一集注於廣州。蘇哈巴者。摩訶末（回教祖Mahomet也近譯馬哈默德或謨罕默特今從正史舊名）之母舅也。實始入中國傳教。在廣東省城建懷聖寺。遂卒於廣州葬焉。（今春香港商報一年祀典印有蘇哈巴墓影片）而光塔寺之二石塔矗立城中。巋然至今。此又曾游粵省者所能共見也。蓋當時阿剌伯人商業之盛。甲於大地。而其所注重者實在廣州。二曰天竺。卽印度也。印度當西紀六七百年間。有戒日王者勃起。銳意以宣播文明傳布佛宗自任。而中國君相方皈依釋尊。幾有認爲國教之勢。求法者絡繹於道。故商業亦隨教力而進行。其陸運則自西藏。而海運則自廣州。由此言之。初唐時代中國海運方盛。一也。大食海運新興。二也。天竺海運輔行。三也。波斯海運未衰。四也。並此四者。而廣州遂駸爲全世界之重鎭。高楠順次郎氏嘗懸擬當時定期航行船之線路爲表如下

一	中國商船	廣州	南海	錫蘭	阿剌伯	波斯間（此線經阿剌伯海岸入波斯灣）
二	同　上	廣州	南海	錫蘭	米梭必達迷亞間（此線經阿剌伯海之南復經亞丁峽紅海）	
三	波斯商船	波斯	錫蘭	南海	廣州間	
四	大食商船	阿剌伯	錫蘭	南海	廣州間	

五　錫蘭婆羅門船　錫蘭　闍婆　林邑　廣州間

六　唐使船　廣州　南海間

(原注)右表所謂南海者專指馬來羣島。又闍婆者卽今爪哇島。林邑者安南海岸也。航線五六而皆集中於廣東。廣東之爲天下重可想矣。故當時西域諸國稱廣東曰「支那」。稱長安洛陽曰「摩訶支那」。此名在佛典中屢見不一見也。高楠氏嘗搜佛宗各傳記見著名印度高僧由廣州往返見於記載者凡數十人。而阿剌伯人古旅行記稱黃巢亂時。流寓廣州之波斯大食人共十二萬餘。然則當時此地交通之盛。不讓今香港。而外人居留之多。今日舉國無能與京矣。

(附言)阿剌伯人所著書。以西曆八五一年出版。名爲梭里曼 Soleiman 。旅行記者。內載當時中國最大口岸曰 Khanfou 。近世歐美學者。多以杭州附近之澉浦當之。雖哈士亦云然。日本坪井九馬三氏。以唐書逆臣傳記黃巢陷廣州事。與彼旅行記所記之年月相比較。知其確爲廣州而非澉浦。斷定 Khanfou 字爲「廣府」之譯音云。按坪井氏說信也。吾粵人至今猶呼廣州爲廣府。當時舍廣府外。無他地足以呈此盛況。又可斷言也。

(又)中村氏又引桯史(宋岳珂撰)及廣州外志(圖書集成卷一千三百七十引)稱廣東及海南島蒲姓人多。證以宋史所載大食國人如蒲希密、蒲麻勿、蒲加心、蒲沙乙等。皆蒲姓。蒲卽譯 Abu 之音。大食人姓此者最多。粵之忽有此姓。知當時阿剌伯人流寓者極盛矣。愚按據此則吾粵民族。其混入阿剌伯人種之血。必當不少。殆必有與我通婚或久居同化者矣。

當時中央政府對於此新開繁盛之口岸。其所施政策有三。

(一)開大庾嶺　唐中宗末葉。始大舉開大庾嶺。修治道路。蓋因廣東驟興。爲關此道。使與中原得交通之便也。（此事於廣東關係極重自茲以往廣東始漸爲重於國中矣）

(二)設外人裁判所　唐宣宗大中四年。（八五〇年）始爲回教民別設一法司於廣州。其制度今不可考。以當時國勢推之。諒必無領事裁判權之屈辱也。

(三)置市舶司　即今之海關。其起原不可考。大約在開元之初。初別置使。後即以嶺南節度使兼充。至宋復別置。

(六)　廣東交通中衰期

初唐盛時代。廣東號稱極盛。及安史之亂。而其業一挫。乾元元年。（七五八年）大食人與波斯人共焚廣州城。蓋緣當時政府傭其人爲兵以平亂。事定後。賞賚不能滿其欲。故憤以出此。（見唐書波斯傳）自是稍衰息。至貞元八年（七九二年）而復盛。（唐書李勉傳云勉初爲嶺南節度使夷舶至者歲僅四五及勉至寬待遠人明年至者四千餘柁通鑑卷二百三十四云貞元八年夏六月嶺南節度使奏言近日海舶異多云云）自茲以往。繼長增高。迄於唐末。及乾符六年。（耶曆八七九年回曆二六六年）黃巢陷廣州。十餘萬流寓之外國人殺戮殆盡云。嗚呼孰意千餘年前義和團之慘劇。早已演於我廣州耶。此役以後。東航者始視爲畏途。加以五代之亂。全國如麻。劉氏僭竊南漢。虐待遠人。無所不至。故百餘年間。廣東於世界通商之位置。頓衰落矣。

(附言)據梭里曼旅行記。稱其時貿易之中心點。移於箇羅。　Kolah　箇羅地今難確指。唐書有箇羅。顧氏讀史方輿紀要云一名訶羅陀中村氏謂訶羅陀卽今之滿剌加（Malacca 或譯作麻六甲）云果爾則已移至南洋島中矣。

（七）廣東交通蘇復期

宋壹天下初下廣南卽復市舶使以大將潘美任之實開寶四年也（九七一年）廣東商業自是再振然其時勢力漸分於各地杭州明州（今寧波）以次勃興咸平二年（九九九年）已設市舶廳於此二地天聖元年（一〇二三年）改市舶司焉然猶隸於廣州廣州蓋襲前代積威也（熙寧九年（一〇七六年）詔諸舶皆隸廣州舶司）當時荊公秉政法令修明有所謂市舶法市舶條者而我國商船出海外者亦漸多（文獻通考職官考十六云熙寧中始變市舶法令各地賈海外者往復必詣廣州否則沒其船與貨據此則我國當時出海之船必甚多各地皆有而廣東爲最故稽察之任一專於此也）自茲以往福建之泉州山東之密州（今膠州）繼興咸置市舶司而泉州獨盛故崇寧元年（一一〇二年）廢諸舶司而廣泉獨留及宋南渡徙宅於杭政府中心點旣變遷密爾海岸商業中心點隨之及乾道初（一一六五年）兩浙路之通商口岸有五曰臨安（杭州）曰明州曰秀州（今嘉興府）曰溫州曰江陰軍（今江蘇常州府）淳祐六年（一二四六年）澉浦復置市舶官（澉浦者錢唐江口一小港也）咸淳十年（一二七四年）台州福州亦置焉合諸廣泉密凡十一港西曆一一五〇年出版之（Geographie d'Edriei (vol. 1, P. 90) 稱其時我國商港十二以我史考之所得如此所餘一港不知何指也然十二港中其握霸權者固在廣州宋史食貨志云東南之利舶商居其一政府蓋亦重視之矣（圖書集成卷一〇四八泉州府城考云『宋寧宗嘉定四年鄒應龍以胡賈簿錄之貲請於朝而大修之城始固』胡賈至自出貲以修泉城則其時泉之商業已駸駸奪廣席矣）

（附言）梭里曼旅行記云『以吾度之每屆舶期（海船至之期也）則 Khanfou（廣府）金庫當日進五萬「典拿」

Dinar（一典拿約合英金九先零以今日金值當合華銀三兩有奇）其言或不無太過。然當時此項關稅爲財政上一要項。蓋可想見。故唐廣德中。廣州市舶使呂太一叛。逐節度使張休。（唐書代宗本紀）蓋其所憑藉者厚也。雖然。自中唐以前。此項進款。不歸政府。而歸諸天子私人。故亦謂之宮市。（宋錢易南部新書云『自貞元以來多令中官强買市人物謂之宮市』杜詩云自平宮中呂太一收珠南海千餘日宋蔡少蘊避暑錄話稱宮中當爲宮市之訛引唐書韋倫傳云「宦者呂太一蓋中人爲宮市于嶺南者故稱市舶使」然則市舶使卽宮市之一種也）其後乃歸節度使兼管。利始入政府矣。韓愈送鄭尚書序云。（鄭任嶺南節度使時）『嶺南賈人船交海中。奇物溢中國。不可勝用。故選帥常重於他鎮。』又唐書黃巢傳云。『巢陷廣州。右僕射于琮曰。南海市舶利不貲。賊得之益富。而國用屈。』然則廣州之影響於國家財政者。可想矣。宋初雖始置司。但譏而不征。（文獻通考引止齋陳氏云是時市舶雖始置司而不以爲利）其後一蹙於契丹。再蹙於西夏。帑藏日空。於是汲汲求餉源於關稅。荊公以還。市舶法益加整頓。寖爲國家歲入一大宗。皇祐中歲入五十三萬緡。及哲宗元祐元年。廣明杭三州市舶使征稅及專賣所得。（宋制海舶至者視其所載十算其一而市其三卽關稅值百抽十而復取三十歸政府專賣也此對於普通物品之稅法也其貴重品如犀牙珍珠等有值百抽二十而取其四十或六十歸政府專賣者）凡七十七萬八千五百八十九緡。至徽宗崇寧間。九年之內。收至一千萬。歲百萬緡有奇矣。（以上統計皆據文獻通考卷二十市糴考一）廣東通志（阮志經制略第十四）『宋南渡後。經費困乏。一切倚辦海舶。歲入固不少。』誠哉然也。

（八）廣東交通過渡期

自宋以前。以廣東之交通。而一國食其利。自宋以後。以廣東之交通。而一國蒙其患。固由人謀之不臧。抑亦其所遇之國族。有以異於古所云也。自漢以來。羅馬屢欲與我通。爲波斯所遮。不能自達。（見後漢書大秦傳）故千餘年間相往還者惟亞洲毗西之安息大食人及元以後歐人始踵接入中國自元人勃興東方跨亞歐二洲建設一大帝國其時東方爲主動者西方爲被動者東西諸大民族漸有短兵相接之勢其時歐洲方與十字軍聯合景教國以抗回教國而蒙古人亦正與波斯及小亞細亞諸回族搆釁故各取遠交近攻之策不期而相結以爲重元定宗元年一二四六年羅馬教皇遣柏朗嘉賓 Plan Carpin 使元詣和林憲宗三年一二五三年法王路易第九復遣路卜洛克 Rubruck 使焉及元世祖至元八年一二七三年意大利著名之旅行家馬可波羅 Marco Polo 復銜教皇使命入中國大爲元主所親信歷官至揚州刺史凡在中國三十年歸而著一書爲歐人言中國事者之嚆矢自茲以往爲歐亞交通一新紀元

元代交通陸盛於海故其時之廣東無甚可紀者雖然自馬可波羅之著書既出世刺激眩惑全歐人之腦中心醉此都發於夢寐復有一意大利敎士奧代理谷者 Odoric 由康士但丁出波斯印度之沿岸至廣州上陸爲迦特力敎初布敎於中國之始凡旅居十三年歸亦著書與馬氏作桴鼓應於是歐人競欲覓新航路以通亞洲此亞非利加與亞美利加兩大陸之發見所由來也及東洋印度新航路開通而世界之大勢一變廣東遂爲中國憂患之伏根地

（附言）當中古時代歐人往來於印度之孔道有三（甲）由敍利亞上陸出幼發拉底河畔下入波斯灣（乙）入黑海由亞爾米尼亞上陸下泰格里士河入波斯灣（丙）由亞歷山德里亞溯尼羅河橫絕沙漠入紅海自土耳其人起西亞（甲）（乙）兩路皆梗絕所餘者惟（丙）路而沙漠之阻滋弗便此歐人所以欲覓新航路之理由也時葡王約翰第一大獎厲航海自一三九四年以來屢派遣探險隊沿亞非利加海岸

而南一四八六年達其極南端遇暴颶不得渡廢然失望而返歸乃諱之易其名爲好望角 Cape of Good Hope 一四九七年有維哥達嘉馬 Vasco da Gama 者復往航焉卒以翌一四九八年五月二十日達印度麻拉巴海岸 Malabar Coast 之加拉吉大 Calicut 此所謂印度新航路者也蓋距哥侖布之發見美洲僅六年後云此實歐亞兩洲交涉史上一大事也

(又)我永樂間鄭和七次航海由滿剌加 Malacca 海峽經濱角灣 Bay of Bengal 至錫蘭沿印度半島之西岸入波斯灣更道阿剌伯海至阿丹灣 Aden (今通譯亞丁或雅典此從鄭所譯名) 溯紅海抵昃達 Jiddah 復從非洲東岸即今亞比西尼亞 Abyssinia 之沿海航摩森比克 Mozambique 海峽以至馬達加斯加島邊 Madagascar 此其距好望角咫尺耳鄭君航海在維哥達嘉馬發見新航路前七十餘年乃虧此一簣致成維氏之名惜哉

(九) 廣東交通憂患期

葡人嘉馬之發見新航路實當我明之弘治十一年自茲以迄今日中國海疆日以多事而廣東常當其衝今分國記述之

(一)葡萄牙　東洋通商之先登者葡人也於印度有然於中國亦有然正德十一年(一五一六年即新航路開通後之十八年也)葡人蒲士特列羅 Rafael Perstrello 始乘小筏至廣東歐人揭國旗於中國海上自此始翌年有安得里都 Ferdinand Andrade 者復率八船至焉吾遇之甚厚許以聖約翰島 St. John's Island 賚其碇泊自此以往來者相續越二十年至嘉靖十六七年間(一五三八年)而葡人出入之要區三一聖約翰島二廉帕高島 Lampacao 三

澳門 Macao 也。（據齋籐氏所述其聖約翰廉帕高兩島屬今何地俟考）其始廉島最盛。嘉靖末葉。旅居者常五六百人。澳門始不過以修難船晾貢物爲名假居之。萬曆元年。（一五七三年）我政府築砦自畫。默許其居留澳門。始盛十年。（一五八二年）始定僦借之約。歲納租五百兩。自是澳門握東洋貿易霸權者百餘年。及英人起而始衰。然道光二十九年（一八四九年）以還。歲租不貢。漸與我爭領地主權。光緒十三年。（一八八七年）遂借他國之援。迫我訂割讓條約。此地者。於吾國割地歷史中。資格最老者也。

(二)荷蘭　近世史之初紀。與葡萄牙爭商權者。則荷蘭也。荷人既植根據於南洋羣島。乃覬覦中國。天啓二年。（一六二二年）以艦隊十七艘謀奪澳門。葡人禦焉。粤人助之。以故不得志。乃退而據澎湖。其與廣東之關係不深。得澎湖後。進略臺灣。未幾鄭延平攘而去之。故荷蘭始終不能有大影響於我國。

(三)西班牙　西班牙於嘉靖四十四年。（一五六五年）略菲律賓羣島。以此地爲與中國通商之媒介。而進取之地。亦以廣東。今墨西哥銀猶盛行於廣東。實西班牙領墨時代之餘波也。（墨西哥舊班屬一八一〇年獨立）

(四)法蘭西　自昔與廣東交涉甚稀。自越南戰役以後。勢力日進。光緒二十四年。遂割廣州灣。且訂兩廣不許讓與他人之約。

(五)英吉利　英之入中國。在葡荷諸國之後。其所憑藉亦微。明崇禎八年。（一六三五年）始有一船入澳門。實爲英船抵華之嚆矢。船長滑德 Wedell 乞互市。將許之。葡人讒焉。遂不果。英人怒。攻澳門。奪其礮臺。尋退。會明清鼎革。商務復不振。康熙三十九年。（一七〇〇年）東印度會社派仮志菩爾 Catchpoole 爲全權。欲推廣商業於中國。得舟山爲暫駐地。然以徵稅重。不能有利。至嘉慶七年。（一八〇二年）歐洲革命亂起。其影響忽波及廣東。時英法方相鬩於歐。

懼法之占澳門也乃借保護葡境之名突以兵上陸我政府爲嚴厲之抗議遂引退而當時鴉片已盛行我政府於嘉慶五年（一八〇〇年）二十五年（一八二〇年）兩次嚴禁密賣滋益盛兩國皆苦思焦索以期解決此問題時則英國有偉大之政治家巴麻斯頓 Palmerston 以其銳眼及其辣腕壹意以擴勢力於中國爲務迭派通商監督尼菩爾 Lord Napier 魯敏遜 Robinson 赴廣東皇皇然欲圖一置錐地我國則有雄邁果決之林文忠任兩廣總督彼此相持道光十九年（一八三九年）遇有復收鴉片二萬二百八十三兩燒棄之於白鵝潭之事英艦據占領香港其將布冷墨爾 Bremer 更率艦隊陷定海舟山乍浦封鎖廈門寧波直窺白河脅北京尋陷吳淞上海鎮江迫南京全國震恐卒使耆英與英國全權濮鼎查 Pottinger 媾和實道光二十二年七月二十四日也（一八四二年八月廿九日）史家名其戰爭曰鴉片戰爭名其條約曰南京條約其緣此條約所生之結果有二大端

（一）前此歐人至中國者以廣東爲雷池不得越一步至是乃伸其勢力於廣東以外（條約第二條訂開廣東福州廈門上海爲通商口岸）

（二）前此歐人在廣東根據地惟有一澳門其主權在衰弱國之手至是乃一強國別得一根據地於廣東（條約第三條割讓香港）

自茲以往廣東之地位一變全國之地位一變此役也實我國人欲忘不能忘之大記念也越十五年即咸豐六年（一八五六年）以領事會晤被拒之遠因以「亞羅」Arrow 船水手被逮之近因戰事再起前後亙四年卒乃俘葉名琛燔圓明園逮八年（一八五八年）更訂天津條約十年（一八六〇年）更訂北京條約其結果則舉前約之結果擴張之而已

（一）前此仲其勢力於廣東以外者。至是而勢力益張。（天津約第十一條增開牛莊登州臺灣潮州瓊州爲通商口岸第九條許歐人旅行於內地第八條許傳教自由）

（二）前此得一根據地於廣東者。至是而根據益固。（北京約第六條割讓九龍之一部分）

爾後四十年來。交涉日多。憂患日叢。雖然。固中國全局之事。非廣東一部分之事也。故茲略焉。自吳遡受大秦使節。以迄葉名琛爲印度俘虜。上下二千年間。廣東常爲輕重於世界。而追想唐宋時代市舶使裁判官等堂皇之威嚴。與夫波斯灣亞丁岬上國旗之搖曳。古亦日月。今亦日月。先民有知。其謂我何。吾敍述至此。而不禁獲麟之涕也。

（十）廣東與世界文化之關係

論泰西古代史者。必以腓尼西亞 Phoenicia 占一重要之位置。謂其爲小亞細亞埃及希臘三種文明之媒介也。求諸東方。則廣東庶幾近之。今舉廣東對於世界文化上所貢獻者如下。

（甲）自西方輸入中國者。

（一）宗教。

（A）回教　蘇哈巴以教主之父行。初至廣東。其爲最初傳入者甚明。

（B）耶穌教

（1）景教　今之所傳景教流行中國碑。屬尼士特拉派。Nestorius 耶教之別宗。當時行於波斯者也。

六朝唐間廣東波斯交通最盛必由廣東輸入無疑

(2)迦特力敎(卽羅馬舊敎) 元代意大利敎士奥代理谷 Odoric 始至廣東爲羅馬舊敎入中國之始當時信奉頗盛未幾中絕明萬曆間利瑪竇 Matteo Ricci 與其徒至廣東居肇慶十餘年實由羅馬敎之東洋布敎會所派也

(3)婆羅的士坦敎(卽新敎) 嘉慶十二年(一八〇七年) 英人摩利遜 R. Morrison 始至廣東留二十五年譯新舊約全書耶穌新敎之輸入自茲始

(C)佛敎 佛敎雖早已至然自廣東海運開往還特便高僧接踵至其助發達不少若達摩之留粵(今粵城有西來初地卽達摩最初之跡也) 後卽傳鉢於粵人(六祖慧能) 其影響於宋明學界者尤大也

(二)學術

(A)曆算 利瑪竇在我學界爲重要人物盡人知之彼翻譯事業其修養全在廣東也

(B)語學 米倫氏 Milne 之英華字典成於道光三年(一八二三年) 實歐亞字書之嚆矢米氏旅粵凡二十五年所譯皆粵音也近三十年前粵人所續編之字典至今猶見重於學界日人之研究英語其始亦藉此等著述之力不尠

(C)醫學及其他科學 廣東博濟醫院實爲西醫入中國之始又道光間廣州出版之博物新編等五種近世科學最先之譯本也

至最近數十年間泰西之技術思想以次輸入中國其發起及傳播者廣東人實占重要之地位今不具徵

（乙）自中國輸出西方者。

羅盤針也。火藥及火器也。製紙法及印刷術也。此三者。爲西人致富强之原。然皆由十字軍東征時。經阿剌伯人手間接傳自中國者。阿剌伯人至中國者。以廣東爲第二故鄉。則此三物第一之販賣場實廣東也。又蠶卵一物。我梁簡文帝大寶元年。〇年五五一波斯人由廣東攜歸康士但丁。西方之有絲產始此。又陶器由廣東人精製後。更大輸出於泰西。至西紀一七零八年。德國名匠勃查 Bottger 苦心研究。終靑於藍。而中國派之繪畫美術。亦緣此以寖被於歐洲。凡此皆廣東人對於世界文化上之貢獻也。

（十一） 廣東人之海外事業

廣東人於地理上受此天然優勝之感化。其慓悍活潑進取冒險之性質。於中國民族中。稍現一特色焉。其與內地交通。尙不如與海外交通之便。故其人對內競爭力甚薄。而對外競爭力差强。六朝唐間。商船遠出。達於紅海。尙矣。即自明以來。冒萬險犯萬難。與地氣戰。與土蠻戰。卒以匹夫而作蠻夷大長於南天者。尙不乏人。以吾所考聞者。

（一）三佛齊國王梁道明。

（二）三佛齊國王張璉。

（三）爪哇順塔國王某。

（四）暹羅國王鄭昭。

（五）戴燕國王吳元盛。

（六）昆甸國王羅大。

（七）英國海峽殖民地開闢者葉來。

以上七人之事業見新民叢報傳記門今不再述。

夫明清之交歐人經營南洋始發軔焉而我著著皆占先鞭使有政府以盾其後則今日此諸域者恐無復英法荷班人插足之餘地也此眞粤人千古之遺恨也

今我同胞在海外者無慮五百萬而粤人三之二焉宛轉依人噫其憊矣而南洋礦權半在我手近兩年來墨西哥祕魯航路新開粤民以自力懸國旗往復於太平洋之船既數艘焉而墨西哥一隅亦漸有爲有秩序之殖民者成績且過於日本嗚呼寧得謂吾民之終不可用也。

（十二）　廣東之現在及將來

今之廣東依然爲世界交通第一等孔道如唐宋時航路四接輪檣充闐歐洲線澳洲線南北美洲線皆集中於此香港船噸入口之盛雖利物浦紐約馬賽不能過也若其對於本國則自我沿海海運發達以後其位置既一變再越數年盧漢粤漢鐵路線接續其位置將又一變廣東非徒重於世界抑且重於國中矣獨惜臥榻之鼾殷殷盈耳覆巢之卵咄咄困人仰溯前塵俯念來許旁皇終夕予欲無言

（補）前稿既印成頃讀史復得數條可以爲廣東人航權發達之證者補錄如下。

漢書地理志云．近海多犀象毒冒珠璣．中國往商賈者．多取富焉．番禺其一都會也．

唐書李勉傳云．舊制海商死者．官籍其貲．滿三月無妻子詣府．則沒入．孔戣以海道歲一往復．苟有驗者不爲限．悉推與．（按此記戣爲嶺南節度使時事）

唐劉恂嶺表錄異云．每歲廣州常發銅船．過安南貿易路．

案以上數條．則東漢之末．廣東人已有往賈於近海者．但其航權在彼在我．不能確指．孔戣節度嶺南．在唐憲宗元和間．劉恂爲廣州司馬．在唐昭宗乾寧間．則中唐晚唐時代．廣東尙有定期航行船出海外．其盛況固未替也．

俄羅斯革命之影響

電燈滅．瓦斯竭．船塢停．鐵局徹．電線斫．鐵道掘．軍廠焚．報館歇．匕首現．炸彈裂．君后逃．輦轂塞．警察騷．兵士集．日無光．野盈血．飛電劌目．全球撟舌．於戲俄羅斯革命！於戲全地球唯一之專制國．遂不免於大革命！

（一）革命之原因

俄羅斯所以革命．所以不能不革命者．其原因甚複雜．今綜舉之．

（一）俄羅斯有所謂貴族階級者．握全國之土地所有權．其餘農民．皆等奴隸．近雖稍改其度．然特權仍懸殊．經濟上種種不平．是故革命．

（二）俄羅斯以希臘教爲國教。其不奉國教者。無完全之權利。宗教上種種不平。是故革命。

（三）俄羅斯國內包含無數種族。除斯拉夫本種外。於東部有鞑因人韃靼人蒙古人卡爾蔑人等。於西部有波蘭人芬蘭人德意志人西班牙人等。大率不能享完全之權利。種族上種種不平。是故革命。

（四）以上所述全國中異階級異宗教異種族之各分子。所以不能調和統合。皆緣無代表各分子公意之總機關。一切之不平。皆起於政治上之種種不平。是故革命。

此其總原因也。持此以讀全俄數十年來之歷史。則千端萬緒。皆緣此以爲動也。

（二）革命之動機及其方針

最遠動機一　俄羅斯僻處歐東。與全世界歷史上大勢。關係絕少。世界史活動之舞臺。俄國自昔未得列席也。故十八世紀末美國獨立法國革命之兩大役。其影響絲毫不波及於俄。逮拿破侖以四十萬大軍來侵。罄全國之力僅乃拒之。於是世界觀念漸發達。一八一五年。聯軍伐拿破侖。俄人與焉。遠征將士。覩西歐自由習俗。薰習傳染。新思想漸以輸入。拿破侖一役之於俄國。猶十字軍一役之於西歐也。其年有所謂「阿爾沙墨文學會」者始出現。俄國最初之革命動機。實源於是。

最遠動機二　一八二五年。尼古剌第一卽位。行絕對嚴酷之專制政治。有「鐵沙」（俄語謂皇曰沙）之名。人民益顚沛無所控愬。反動力漸起。革命文學。盛於時矣。

第一期民黨之方針　各國政局之變遷。罔不由二三文豪引其緖而衍其瀾。俄國亦然。其革命運動之第一期卽文學鼓吹期也。初外國思想之輸入俄羅斯者，最爲羅馬的森。Romancissm（譯言羅馬文學派，近世史初期之文學也）有格里坡德夫者，著一小說，名曰「智慧與憂患」，實爲俄國近世文學之先河。其後比圭黎（德國大哲，或譯黑智兒）派之唯心哲學輸入，思潮又爲之一變。一八三〇年間，此種哲理，殆瀰漫全國。一八四五年，文豪高廬著一小說，名曰「死人」，寫隸農之苦況。一八四七年，文豪緇格尼弗著一小說，名曰「獵人日記」，寫中央俄羅斯農斬農民之境遇。一八四八年，文豪耶爾貞著一小說，名曰「誰之罪」，發揮社會主義。一八五六年，俄京發刊一叢報，名曰「現代人」，其明年，發刊一日報，名曰「俄語」。文豪渣尼斜威忌著一小說，名曰「如之何」，以厭世之悲觀，聳動全國。一八六一年，各軍人之持立憲主義者，發刊一叢報，名曰「大俄羅斯」，其明年，耶爾貞發刊一日報，名曰「鐘」。蓋十餘年所以孕育全俄之新理想者，惟文學最有力焉。俄國有耶爾貞、渣尼斜威忌諸賢，猶法國之有孟德斯鳩、盧梭、福祿特爾也。

次遠動機一　尼古剌第一以鐵以火馳驟其民，其直接以灌漑此革命之樹而發榮滋長之者，既已有年。及亞歷山大第二，復間接以揚其燄。亞歷第二，號稱大彼得以來之曠代英主，若解放隸農也，（俄國前此舉國殆皆行隸農制度，每土地權之轉移，則耕其土地之農夫亦隨而轉移。一八六一年，亞歷第二下詔解放之，新得自由之人民凡二千五百萬人。）若改正司法制度也，（俄國前此司法制度，率與今日之中國相類，至亞歷第二改正之：（一）劃司法權與行政權之界限，保法官之獨立；（二）一切臣民在法律之前皆平等，無門地貴賤之差；（三）公開法廷，一切不得祕密曖昧；（四）設陪審官；（五）裁判官以選舉任之。此實采用歐西法治國之精神也。）若設地方議會也，（俄國自一七八五年（加沙鄰第二在位時）始於各地方有自治之團體，然純然以貴族組織之。一八六四年，亞歷第二始布地方議會之法令，命各階級各出代表人，今日所行制度是也。又一八七九、一八八〇、一八八一三年間，亞歷第二凡三度集各地方議會之代表人於京師，諮詢國政，其時去國會之設立者幾希。）凡諸大舉，百年間歐洲英斷之令主，未或先之。乃其結果不如其所期，非惟不能買人之驩心，而反以叢舉國之怨望。史家謂彼時改革之阻力，政府與人民兩有罪焉信哉言也法人波流氏所著「俄羅斯帝國」俄史中之最良者也其論此事云解放隸農時所以全國失望者其第一原因在希望太奢實效太速當時舉國上下皆以爲此令一布則人民無量之幸福當可湧現然實不能如其所期於是政府與國民皆大失望此等現象在幼稚時代必有之法國大革命之前後其經驗矣俄比諸法其幼稚更甚自信力更大故其失望亦更甚也云云又云亞歷第二之諸改革皆不調和不統一其始也顧頭失尾扶東倒西支離滅裂其繼也則敷衍因循而盡失其精神此所以益買民人之怨也云云此皆實際家言今日中國言國事者不可不深鑑之而人民激昂之程度既日漲一日於是亞歷第二之改革益奬厲革命之動機燎原之勢自茲成矣

第二期民黨之方針　歷山第二在位二十六年一八五五年即位一八八一年被刺其間民黨之方針凡三變其始專以遊說煽動爲事今就革命史之全體論之命爲第二期自一八四九年尼古剌捕志士三十三人下獄處刑禁人民留學外國其本國大學學生亦限額三百名並禁讀哲學書及他國之報章於是自外國歸國之學生熱心橫溢以爲著書作報之力不能普及也乃相率微服變名入農民社會職工社會及軍人社會現身設法隨機關開導一八六〇年學生等在彼得堡及莫斯科立一團體名曰「自修俱樂部」一八六二年彼得堡有號稱中央革命委員者傳檄全國其餘各地紛紛響應一八七三年同時並起之祕密團體凡十三所要其事業皆出於演說煽動革命黨勢力之膨脹實自此時

第三期民黨之方針　彼之遊說煽動也其目的何在曰暴動質而言之則起革命軍是也彼等劬瘁於煽動既歷年所謂其機將熟於是謀此目的之實行一八六三年波蘭稱兵柏格年募義勇兵助之不成是爲革命黨執武器以向政府之始其後十餘年間各地暴動之事皆一歲數見乃至十數見然憑藉微弱不足以當政府之一麾擲無量頭顱無量心力無量金錢曾不能動政府之豪末於是方針乃不得不一變

第四期民黨之方針　自一八七〇年彌渣夫立一民意會決議廢平和的革命手段專取陰謀之鐵血主義實

惟虛無黨暗殺論之囂矣。然其勢猶未盛。及一八七六年。祕密紅十字會會長狄拉羅弗極言黨論不一。久誤方針。耗時費財。而事終不一就。實爲民黨最大之缺點。時諸黨員既久經閱歷。屢遭失敗。人人固已注目於此最後之一著。得狄氏提倡。黨論遂定。自茲以往。專以短小精悍之手鎗。神聖不可侵犯之炸彈。爲對待民賊獨一無二之法門。自一八七七年以還。每歲刺殺憲兵警察警察長裁判官第三局長內務大臣。乃至其他各階級之官吏者。亦一歲數見乃至數十見。此道也。幾爲彼等最後之方針。持之至今日不衰。（參觀論俄羅斯虛無黨篇）

次遠動機二　亞歷第二之改革。雖不慊於人心。然使其平和以徐圖進步。則所生惡果。或不至如彼其甚也。乃不忍於民間少數之囂譟。襲前代之覆轍。欲以威力撲滅之。一八六六年。乃別立所謂第三局者。司特別之警察裁判。專以對付國事犯。此第三局者。殆全立於法律範圍之外。是所謂以火濟火也。自茲以往。民間志士。荊天棘地。殆無所容。一八七四年。復申游學外國之禁。一年之內。以國事犯名義被捕者。殆數百人以爲常。民黨之組織。日逾進。政府之法網。亦日逾密。於是一八七九年。民意黨開大會議。宣告亞歷第二死刑。派出實行委員。一八八一年。遂有閱兵遇害之事。於是虛無黨達於全盛之點。聲勢動天下。

最近動機一　自亞歷第二遇害後二十餘年間。亞歷第三以憂忡死。今皇尼古拉第二游日本。亦曾遇刺。民黨所執暗殺方針。日日進行。勢力益以彌滿。今避冗不具述。語今次事變。則導火線實爲米爾士奇。而米爾士奇之得政。由布黎威之遇刺。故布黎威實本役一切密之近因也。先是西曆六月間。芬蘭人傳檄四方。掊擊政府官吏。檄文末二語云。殺波布里哥夫（芬蘭總督也）殺布黎威。檄後二十日而波氏死。更兩月而布氏死。布氏者。亞歷第二被刺後。爲警察總監。旋任芬蘭事務長官。前年任內務大臣。近二十年來。搜捕黨人。使全國戰栗者。此人也。奪芬蘭人自治之國會。使芬蘭人鋌而走險者。此人也。今次之動機。全俄爲主動。而芬蘭人爲前茅。自布黎威血光既迸。識者蚤知其前途之愈接愈厲。未有終極矣。而果也。繼其後者。米爾士奇也。

最近動機二　其最近動機之最有力者。尤在日俄戰爭。此盡人所能知也。俄國累代之從事侵略也。不徒出於擴張版圖之野心而已。蓋將以此爲尾閭。以洩人民怨毒之氣於域外。夫眞愛國之士。値國家有外競。常能明閱牆禦侮之義。不肯太與政府爲難。俄廷知其然也。乃利用之以爲專制政治之護符。以此對於上流有智識之社會。此其政策之一也。又冀藉戰勝之威。得以眩惑國民。使其尊沙如帝天。愛沙如父母之心。常有所養而日以盛。以此對於低級無教育之社會。又其政策之一也。故俄國之對外侵略。雖謂之消極的而非積極的焉可也。今茲日俄之役。頑固黨所以悍然主戰者。猶前志也。庸詎知事與願違。實際之日本。非猶夫俄人幻想之日本。相持一年以來。蝎蹶於徵調。疲敝於經濟。既已使全國騷然。人人感切膚之痛。怨政府之非計。猶復一敗再敗三四敗。海軍全殲。陸軍屢卻。屏息於窮北之一隅。上流有智識者流。既囂然責政府之黷兵誤國。低級無教育者流。前此信賴政府尊仰聖沙之心。亦一落千丈。更非以空華巧舌所能挽回。夫是以萬弩並發。百川齊決。殺然莫之能禦也。

第五期民黨之方針　此次民黨對於政府之戰略。與前此數十年間所執者。其性質截然不同。即前此爲祕密之陰謀。今次爲堂堂正正之要請也。前此主動者爲極端急激無勢力之青年。今次主動者爲老成持重有位望之各地方議會代表人也。今且不避駢枝。略言俄國地方議會之性質。以供參考。俄國地方議會之權限甚廣。而不甚正確。自亞歷第二始許各省以自治權。據其法令所規定。則地方議會不徒於行政上有大勢力而已。又得指派其地之治安裁判官。其力直及於司法範圍。其他若慈善事業及農業商業工業等地方上有形無形之萬事皆得支配之法。人波留謂就表面觀之。則俄國地方自治之權限。舉歐洲各國莫與京也。乃按諸實際有大不然者。議會一切決議。必呈申於該屬之地方官。（省議會呈總督縣議會呈知縣他類推）地方官意見不同。發回再議。再議可決。則地方官不得阻止。此各國所同也。雖然在俄國則地方官雖不阻止。然猶必再呈於內務大臣。得其畫諾乃能施行。而其爭議最終之裁判所。則樞密院也。以此一端。而議會勢力之基礎全然無着矣。又其議事之報告。非經地方官許可。則不能公布。以此之故。議會往往不能得輿論之後援。無復與地方官抗爭之勇氣。而人民與議會隔膜不親切之弊。亦自茲起。及亞歷第二之末年。更令各議會之幹事員。其任免悉經地方官之手。於是議會殆爲官吏之奴隸。又其對於中央政府雖有申呈獻替之權。而所陳者祇限於本地方諸事務。若夫全國之政治問題。非所得提議也。（前月莫斯科市會以會之決議請立憲俄皇斥責之謂非其分所應言即指此也）以是之故。地方議會之爲物。既已若告朔餼羊。名實不相應。固已久矣。雖然波留氏既有言。謂俄國之地方議會。今雖跼蹐萎微。若無生氣。然使俄國政治將來有進於自由之一日。則其發起之者。必自地方議會也。（波氏著書在距今十五年前）果也今次竟以地方議會之資格之名義。演此活劇。

最近動機三　去歲陽曆十月。新內務大臣米爾士奇就任。其發表政見。既以調和君民之爭爲第一義。十一月。遂召集各地方議會之代表人於舊京莫斯科。關於行政改良案。欲有所諮詢。諸代表人遂乘此機提出立憲之要求。全國諸市會和之。各以決議迫政府。使俄廷能鑑時變。予國民以滿足之改革。而附之以確實之保證。則數十年之妖雲怪霧。倏忽消滅。在茲時也。其時歐美諸國。無不以手加額。謂俄羅斯政界今後將復見天日者。乃未幾而禁公開會議之詔令頒。未幾而維持專制政體之宣言出。嗚呼俄國民遂出於最後之手段。嗚呼俄廷遂敺其國民。使不得不出於最後之手段。

民黨最後之方針　民黨最後之方針。則以全國善良市民爲主動。而以有學識有地位者爲之後援也。質而言之。則全國種種階級之人。爲協同一致的運動也。農也。工也。商也。學生也。軍人也。地方紳士也。乃至貴族中之一部分也。政治家也。法律家也。文學家也。溫和派也。急激派也。萬喙一聲。萬腔一心。各應其地位。認其義務。相扶相助。以北向於一目的。嗚呼。自一八一五年以來。凡一世紀間。經無量志士仁人之心力之眼淚之頸血。從無形上有形上直接上間接上所摩盪所淬厲所教誨所研鍊。而始有今日。嗚呼。俄國民始有今日。嗚呼。俄政府亦有今日。

(三)　革命之前途

俄民今度之革命。果遂能達其數十年來所希望之目的與否。此實一最難懸斷之問題也。托爾斯泰者。俄人中以文學理想聞於世界者也。彼於正月廿二日虐殺事件。指斥俄皇罪狀。無所容諱。雖然。彼謂俄國大革命之機。去今尚遠。其言曰。『今者全俄大多數之人。皆未解革命之爲何物。不寧惟是。彼輩率皆無立錐地。其力曾不足以謀武器之供給。無論其初陣若何洶湧。政府撲滅之。猶以千鈞之砮潰癰也。吾信吾俄之革命。非無其期。雖然。必俟「宗教的」「智力的」「經濟的」三種教育。循自然之趨勢。臻於完備。乃以無血革命收全功焉。此非遲以十年不可。』(英國斯丹達報所載)彼以國中第一先達。語本國之事。而其論若是。就民黨勢力之未充實。以決今次之無成。此一說也。

倫敦泰晤士報。曾爲一文。述民黨之內容。謂全俄之祕密結社。不下百數。而主義互相出入。其中最有力者八。而主義亦互相出入。若者持土地國有之主義。若者持資本均沾之主義。若者持國教廢除之主義。若者持波蘭分離之主義。若者持芬蘭獨立之主義。互相衝突。互相軋轢。凌雜不可言狀。萬無可以合并之理。俄政府常利用而操縱之。以甲間乙。以乙間丙。故其勢力雖大。而政府常能玩諸股掌。毫不受其芥蔕。皆此之由。（案中國民黨聞此語當起如何之感想耶）今茲之役。雖若全國一致以向政府。實則各自爲其目的而動。無意識之結合。慮不可以久也。此就民黨組織之不統一。以決今次之無成。又一說也。

以經過之跡論之。民黨可以望成者。其理由有二。一曰脅持。二曰恐怖。脅持者。以戰局方急。兵力財力皆不得不仰給於民。故得持其急以有所易也。此事更於下節論之。恐怖者。暗殺之結果也。俄人之以恐怖主義對待政府。亦既有年。雖然其機以愈接而愈厲。其技以愈習而愈良。半年以來。宣告芬蘭總督死刑後。僅二十日而芬蘭總督斃。宣告內務大臣死刑後。僅兩月而內務大臣斃。宣告太公死刑後。僅一月而太公斃。取物於囊。如響斯應。其手段視亞歷第二遇害時代。過之遠也。故爲民黨公敵者。人人有自危之心。觀二月間電報。彼貴族會議。表同情於民黨者。且過半焉。此中消息。蓋可知也。故謂民黨必能以武力嬗代政府與否。非吾所敢言。若政府終不能以武力壓服人民。則吾所敢言也。謂民黨果能自結合以統治全俄。毋致更端別生惡果與否。非吾之所敢言。若其使政府不能永維持今日之現狀。則吾所敢言也。今請懸論其影響。

（四）革命之影響

（甲）影響於國內者

以俄民處水深火熱之中今茲之風起水湧謂將以救死亡也其成不成且勿論即成矣而結果之良不良抑又難言也請言其理(一)今茲之事以芬蘭波蘭人爲主動而俄國本族之斯拉夫人協贊之芬蘭波蘭人所希望之目的與斯拉夫人決非一致者彼固常欲脫俄而自立者也且使俄政府與其人民不相下而致出於最後之破壞手段如法國之於路易第十六然則其結果必更有劣於法國者何也法雖內訌然以有種族之結合力故舊政府倒而新政府猶可以保持大國之資格若俄國苟破壞現今皇統之後猶欲如前此以斯拉夫御羣族勢固不能則所謂全俄大帝國者遂將瓦解分爲三四乃至六七之小國而無復一焉足以廁於今世界列强之間則於人民之利否未可知而於人格之國家其不利已立見矣此一難也若云君主立憲乎斯拉夫人之憲法未必適於芬蘭波蘭人芬蘭波蘭人之憲法未必適於斯拉夫人其勢必如十年前之英國與愛爾蘭同一議院而紛呶無已時愛人仇英之心終不以有區區之代議士而遽殺也此又一難也故爲俄國根本救治計必也芬蘭波蘭乃至其他一二大族皆各自有議會各自有政府各自有憲法而以俄皇兼王之宣誓守其國憲如奧大利之兼王匈牙利然如是則帝國乃可以不瓦解而內部之軋轢亦得以少殺雖然此重大之要求恐非特俄政府難於承諾卽俄國民亦未必肯爲後援也以英人之侈言自由高語平等而格蘭斯頓倡愛爾蘭自治案猶且舉國非之然則俄人處置此問題之困難更豈待言矣(二)俄國擾亂之動機屬於政治問題者不過十之三屬於生計問題者實十之七其間最有力之一派卽所謂社會主義者流以廢「土地私有權」爲第一之目的者也雖以托爾斯泰之老成持重猶主張此義（托氏於三年前病劇自擬不起乃草遺疏上俄皇言甚剴切全球傳誦謂爲百年來有數之大文篇中卽主此論）其勢力之大可概見矣且使俄國忽易專制而共和也則取今政府而代之者必在極端社會主義之人將舉其平昔所夢想

之政策而實行之試問土地私有權廢止之議果可以行於今日之世界乎是不啻舉全俄立國之基礎而推翻之其不至如法國革命之生絕對反動力而不止也藉曰君主立憲而以今次主動之急激民黨選代表人以占多數於議會其亦必汲汲焉欲行其所信又勢使然也政府而采之是亦與亂同道也而抗之則是損議會之效力雖有猶虛器也以此二端故吾以為今茲俄民之要求苟其不成固無論矣即其成也而所生之影響猶至可危或則使地球上忽失去一大帝國或則使此大帝國將來之騷擾倍蓰什伯於今日焉未可知也故俄廷之難於承諾其大原因固由頑迷自利或亦於一國前途大計微有不得已者存耳

（乙）影響於戰局者

今次事變其他種影響之趨勢皆難斷言若其於戰爭之繼續必有阻力可無疑義也使其成也則現在民黨之主動者皆以反對戰爭為旗幟此輩一得勢力必首舉此主義而實行之明也或曰兩政黨之相鬩往往有殺鄧析而用其竹刑者（昔英國自由黨嘗一度排倒保守黨之內閣及執政乃悉用前內閣之政策保黨譏之曰彼乘我浴而竊吾衣也又日本維新時民間日以攘夷責幕府及得政後仍襲幕府之開港主義諸如此類甚多）戰之勝敗為一國名譽所關今民黨雖以此為攻擊政府之口實苟一旦嬗代安知不上下一心更毅然一雪前恥也應之曰使俄之民黨而眞愛國者其手段固應如是雖然以今日屢敗之後元氣彫喪若新政府立而復盡吾力而用之其勢必無幸為俄民計有臥薪嘗胆不忘會稽期釋憾於十年以後耳若猶襲現政府無名之戰知者諒不出此也使言不成也政府始終為頑固主戰黨所盤踞而戰局遂可以久乎曰惡惡能奉天敗後俄廷再布全國動員令徵發已及國民第二軍夫其常備續備軍尚未盡出也顧舍之而徵國民軍何也留精驍以防家賊遂不得不取羸弱以充前敵也其受革命之影響而不能戰者一也區區單線之西伯利鐵道平昔運

輸。已極困難。乃者人民以不慊於政府。不慊於戰爭。毀軌堙途者日相屬。二十年全力經營之利器。臨事乃不能收其用。其受革命之影響而不能戰者二也。近世之戰爭。非惟校兵力。而尤校財力。俄素以法爲外府。公私挹注。胥賴焉。今俄政府以悖戾人道之舉動。傷全法上下之感情。以致市民有示威聲援之舉。國會有解散同盟之議。而兩度公債。經旬交涉。卒被拒絕。嗒然以歸。金穴無靈。冰山難倚。司農仰屋。泣嗟何及。其受革命之影響而不能戰者三也。外債既已絕望。乃反而求諸其民。故最近有借內債一百五十兆盧布之議。然緩則相揖。急乃相援。彼民之所以持之者其有詞矣。卽曰全俄總殖半在貴族。國債應募。不恃編氓。然以　都疲弊之內情。識者謂苟外資之挹注既窮。卽使內債能集。而金融界必生大混亂。內變方且滋蔓。其受革命之影響而不能戰者四也。有此四端。雖在屢勝之國。猶無以善其後。而況乎士氣既再衰三竭。軍情且風聲鶴唳也。故自旅順奉天既陷。戰局之必不能久。固已夫人知之。復加以革命之影響。則俄之屈於日本。更可計日而待也。

(丙)影響於中國者

今茲之役。若無成。而現政府能維持現狀以泰然也。則其對於中國之政策。遵其舊方針以進行。無待言者。若其成也。則奈何。以今日戰局之趨勢。俄人諒不能復得志於滿洲。毒瘠他發。且在蒙犂。且使今後之俄。忽易爲立憲政府。猶汲汲向此方面猛進否乎。實我輩切膚之一問題也。以斯拉夫人狠鷙忍耐之天性。野心斷非易戢。謂政府易。而我患遂已。此囈言也。雖然俄國之帝國主義。與英德美日之帝國主義。微有不同。卽英德諸國之帝國主義。純爲「近世的」。而俄則仍近「中世的」也。俄之侵略。其主動在君主貴族。而不在國民。乃主權者野心之結果。非民族膨脹之結果也。使主種一旦去貴族。而入國民也。若數年或十數年以後。其弸中肆外之力。或更倍徙於今日所不敢知。以目前論。其見偪之勢或稍殺。亦意中事也。此其影響於我外交問題者一也。又我國雖號稱專制。而此痿痹之政府。其專制之根礎脆弱殊甚。疇昔有專制之强俄與之相形。彼方以爲何渠不若漢。豈必如其他多數國與民同治者始足以立於天地也。自此次戰役爲專制國與自由國優劣之試驗場。其刺激於頑固之眼簾者。未始不有力也。顧猶未也。若此次之要求能成。見夫赫赫積威之政府。遂不能不屈於其民。則夫老朽且死之長官。雖或若無睹焉。若乃次焉稍有人氣者。其必瞠然反視而有所鑒也。而人民之見有助我張目者。而神氣加發揚焉。又無論矣。此其影響於我內治問題者又一也。故吾儕日禱於帝。以祈彼玉成。日引余領以聽彼奏凱。又豈直爲表同情而已。客春嘗爲人題老驥圖一絕云『曾作中原萬里行。前塵回首一悲鳴。那堪櫪牖淒涼夜。更聽鄰槽出塞聲。』蓋感日俄戰事作也。今吾草此論已。吾腦際養養。一如吾初聞日俄宣戰時。

飲冰室文集之二十

社會主義論序

凡員顱方趾以生於今日者，皆以國家一分子之資格，而兼有世界人類一分子之資格者也。惟其有國家一分子之資格，故不可不研求國家之性質與夫本國之情狀，而思對於國家以有所自盡。惟其有世界人類一分子之資格，故不可不研求世界之大問題及其大勢之所趨向，而思所以應之。抑世界之大問題及其大勢所趨向，又不徒影響於世界上之個人也，而實大影響於世界上之各國。故以國家一分子之資格，愈不可以不知世界。今我國人於世界的智識之缺乏，即我國不能競勝於世界之一大原因也。世界之問題亦多矣，而最大者宜莫如經濟問題。經濟問題之內容亦多矣，而今日世界各國之最苦於解決者，尤莫如其中之分配問題。坐是之故，而有所謂社會主義者興。社會主義，雖不敢謂爲世界唯一之大問題，要之爲世界數大問題中之一，而占極重要之位置者也。此問題之發生，與國富之膨脹爲正比例。我國今當產業萎靡時代，尚未有容此問題發生之餘地，雖然，爲國民者不能以今日國家之現象自安明也。但使我國家既進步而得馳騁於世界競爭之林，則夫今日世界各國之大問題，自無一不相隨以移植於我國，又勢所必至也。然則社會主義一問題，無論以世界人類分子之資格，或以中國國民分子之資格，而皆不容以對岸火災視之。抑章章矣。但其爲物也，條理複雜，含義奧衍，非稍通經濟原理者，莫能深知其意。又其立論基礎，在於事實，而此事實爲歐美各國之現象，我國不甚經見。

國人索解愈難故各國言此之書雖充棟汗牛而我國人若無聞見近則一二野心家思假爲煽動之具即亦往往齒及然未經研究於其性質全不明瞭益以生國人之迷惑予既嘗著論斥妄顯眞且斟酌吾國現在將來所宜采擇之方針以爲國人告具見前報雖然此乃我國適用社會主義之研究而非社會主義其物之研究也未知社會主義爲何物而欲論我國宜如何以適用之其以喩天下亦艱矣吳君仲遙鑑此缺點乃廣搜羣籍覃精匝月成此論以見眎匪直名家學說採擇畢包且往往能以研究所心得者推補而批判之東籍中關於此主義之述著猶罕其比信哉其爲世界智識之饋貧糧哉仲遙爲亡友鐵樵之弟學能世其家即此鱗爪可概厥餘

世界大勢及中國前途

一　國際競爭之原則

國家主義之發達不過二三百年以來耳其成熟不過近四五十年以來耳前此亦有所謂國家者然其規制其理想與今世之國家則有異（以嚴格論之前此之國家未得謂之國家不過一種社會爲國家發達經過之段階耳）前此之國家爲一人（君主）或若干人（貴族或公民）之所有物今世之國家則爲獨立之一人格簡言之則前此之國家其性質爲物的（如民法上所謂物）今世之國家其性質爲人的也（如民法上所謂人）惟其爲物的也故前此之國家每依於其支配之人而動其國與國之交涉或盟好或戰爭大率出於君主或右族一二人之私意無一定之軌轍可循故吾所謂國際競爭之原則者靡得而見焉惟其爲人的也故今世之國家常自動其國與國之交涉或侵略或平和皆基於國家自省自然發達之結果有其不得已之理由試原始要終以求其國際競爭之原則雖發見者不能如物質的科學之精確然其概固可得而

言也。

國家者。人類最高之社會也。當其未成國家以前。實經過種種形式之社會。進化而來。進而至於國家極矣。然世界上諸國並立。其發達有先後遲速之不齊。（此不齊或由天然或由人事）於是有已成熟之國焉。有未成熟而方在進化半途中之國焉。何謂已成熟之國。內部之組織已完。必用之機關咸備。政治修明。民力充實。如人之已達成年。膚革盈實。官能效靈。意思行爲。皆無待於外而能自立者也。未成熟之國。則內部之組織未完。各部之機關未備。或雖備矣而未能盡其用。如彼孩童然。對內對外。而種種未能自立者也。現今世界諸國。則此兩種類可以盡之。不屬於甲。必屬於乙。（或謂於此兩種之外別有所謂衰老國者吾以爲不然凡人必經過壯年乃能達於老境國亦當然國若何而始爲壯即吾所謂組織已完機關咸備者是也試問今世通稱老大帝國老大王國者曾經過此時代否也雖建國歷數千歲亦只能與未成年之兒童同視而已此等國家苟無外力摧折之則永劫之後亦當有終達於成熟之一日但時不待人未到其期而遇狂風橫雨中道夭折者比比然耳）吾今爲行文之便。命前者曰優國。命此者曰劣國。

哀哉。物競之禍也。凡生物莫不有然。而行於人類者爲尤劇。凡社會莫不有然。而行於國家者爲尤劇。一國家既成熟之後。內部藉善良法規之維繫。秩序嚴整。既無爭奪相殺之禍。加以種種行政機關發達。能爲民捍天然之患。水旱疾疫。無自相攖。休養生息。而人口日滋。又教育整備。而民之智力日以富焉。機械利用。而民之資力日以溢焉。智力與資力愈進。則其欲望之程度愈高。（欲望者經濟上之名詞也荀子曰人生而有欲欲而不得則不得無求即此物也）而饜之也愈難。以日滋之人口。挾日進之欲望。而所以營養之之土地。不增於昔。則國家之基本將搖動而破壞也。故已成熟之國家。不得不求尾閭於外。非誠好之。勢使然也。國際競爭之動機。實起於是。

夫所謂求尾閭於外者。其目的安在。亦曰欲舉他國民所資以營養者。奪之以自營養而已。然因於時。因於地。而所施之手段。往往而異。瀦其地。係其人民以爲奴。使從事力作以滋益我生產。此一種也。厚征其稅。斂吸其脂膏以輦致諸本國。此又一種也。徙民以實其地。使其民不堪競爭而卽於澌滅。此又一種也。投資本於其地。利用其土地勞力而盡吸其贏。此又一種也。此四手段者。其寬酷緩急雖不同。而受之之國。皆可以殄絕其發達成熟之機。而致夭折於中道。泰始以來。國於地球者以千數。而今不盈百焉。皆此之由也

凡勢力能進行於外者。必爲優國。（卽已成熟之國）無論矣。然進行則必有所遇。緣所遇之異。而國際上種種形式隨之而異。夫進行之初步而相遇者。必其鄰也。使其鄰而亦爲優國。兩優相競。徒以自敝。乃不得不斂其鋒而轉於他方。互相尊重。而國際上之和平生焉。如第一圖。

第一圖

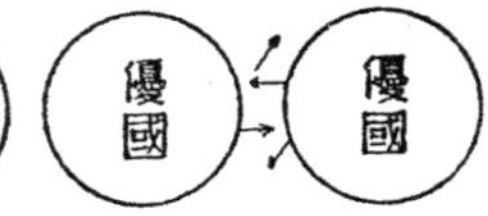

第二圖

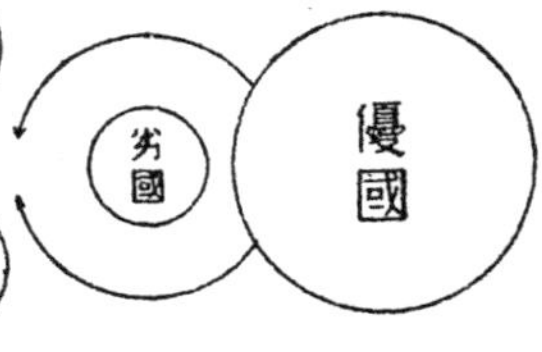

第三圖

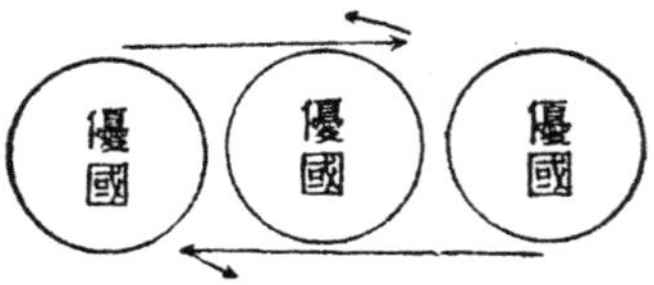

第四圖

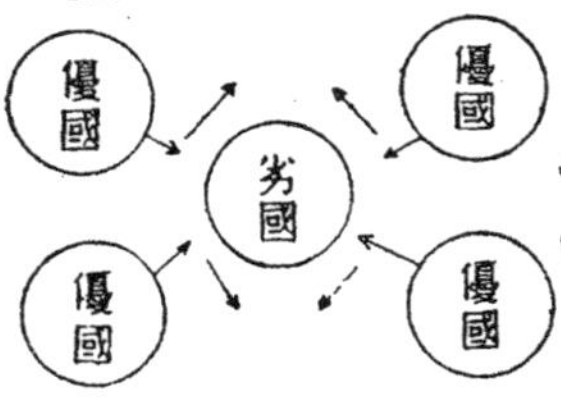

使其鄰而爲劣國。（卽未成熟之國）則或蹂躪之。或吸收之。而此劣國遂失其生命以成爲優國之一部。如第二圖。

夫有數優國並立於世界。各以爭自存。故而向於外以進行。則其相遇必不止一度也。將無往而不相遇。何也。彼優國既吞併一劣國以爲其一部。則其國之範圍加大。而其鄰之範圍亦加大。前此彼劣國之鄰。今卽其鄰也。其進行之線路。亙於各方面。則其鄰之加增亦亙於各方面。我既如是。人亦有然。他之優國亦以兼併劣國之故。其鄰之範圍。日以加增。雖前此不與我鄰者。今乃亙於各方面而與我鄰。於是國際之關

係愈複雜。而其形式亦益變詭而難窮。當兩優國之易地而相遇也。使其相遇之地。而忽別有一優國介於其間。則兩造競爭之機。爲此第三國所鈍。亦不得不斂其鋒而轉於他方。如第三圖。十八世紀英法各殖民於美洲幾相衝突自美國建國而鋒頓斂是其例也外此不多見

以一劣國而介於兩優國或三四優國之間。諸優國咸欲得之。而莫肯相讓。不相讓則所謂兩優衝突以致俱傷也。於是乎以永世協商之結果。置之於競爭圈以外。則中立國者生焉。如第四圖。

復次或以一劣國介兩優國或三四優國間。各欲全得之。而各不許全得之。於是乎以協商之結果各取其一部分。則有所謂瓜分之局者。如第五圖。

一劣國在一優國肘腋之下。此優國之力未能遽然併吞之。而又懼他優國之將生覬覦也。於是以保全其領土宣言於衆。慨然引爲己任。實則其懷中肉也。如第六圖。例如美國之門羅主義又如日本前此之於朝鮮

兩優國於此方面共爭一劣國。同時於他方面又共爭一劣國。各不相下。於是乎以協商之結果。使甲國伸於此方面而詘於他方面。使乙國伸於他方面而詘於此方面。坐是而兩劣國同時失其生命。各成爲甲乙兩國之一部。如第七圖。

一厖大之劣國。爲諸優國競爭之燒點。以其厖大且爲燒點。故非一國

第五圖

第七圖

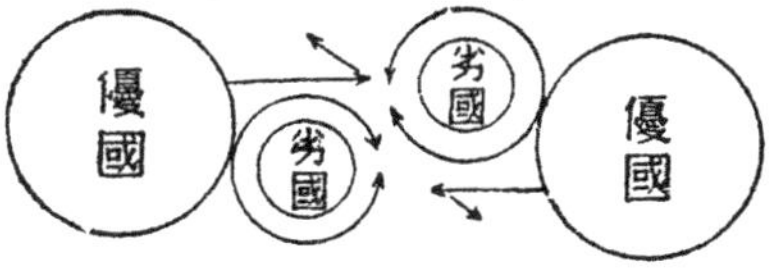

第八圖

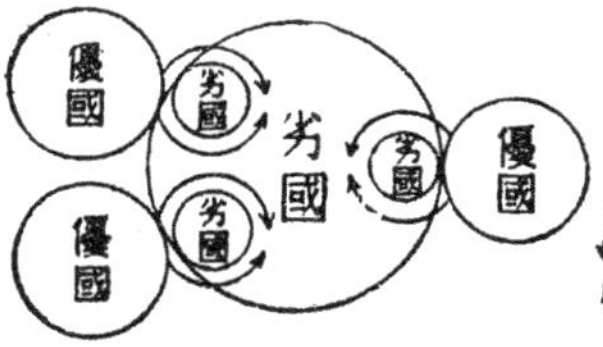

第六圖

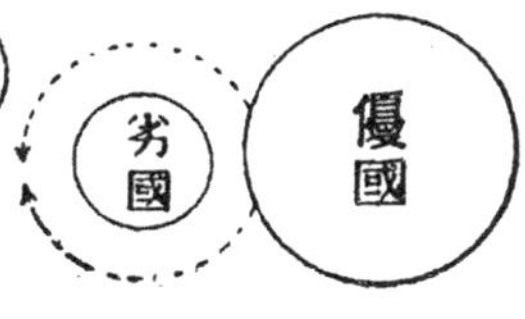

所得專。乃乘其內亂。而以協商之結果。裂置為數劣國。而分置之於諸優國肘腋之下。以待將來。如第八圖。

復次。一厖大之劣國。以前項同一之理由。非一國所得專。諸優國惟恐有專之者也。故於欲瓜分而未能瓜分之時。各樹勢力於一隅。於己勢力所及之地。排他人勢力之侵入。虛畫一線。名之曰勢力範圍。以待將來。如第九圖。

第九圖

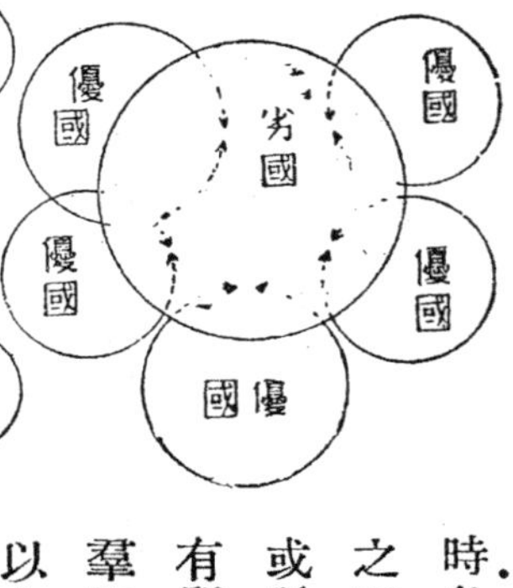

第十圖

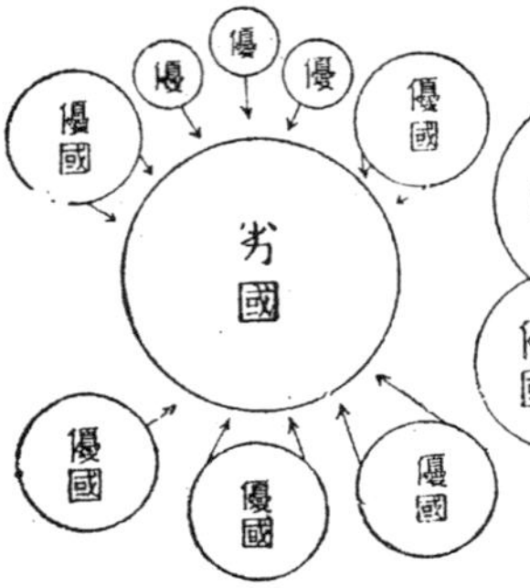

或以瓜分之不能普及也。且衝突之不能免也。又或於一二國固有之利益。有所損傷也。於是乎以協商之結果。舉以為公衆之尾閭地。而不願有所私。羣聚而嘬其血齒牙俟利者先滿腹焉。如第十圖。

以上十例。國際競爭之形相。大略具矣。由此觀之。現存於世界之數十國。可中分為二種。其一曰能競爭之國。亦名曰競爭之主體。即已成熟之優國是也。其他曰所競爭之國。亦名曰競爭之客體。亦名曰競爭之目的物。即未成熟之劣國是也。橫覽宇內。優國不過六七。而劣國殆十倍之。以羣劣伍羣優之間。在法宜無復可以生存。而彼自鄶以下。猶得巋然以至於今者。庸詎知彼非能以競爭主體之資格而生存。乃實以競爭客體之資格而生存也。夫國而至於僅藉競爭客體之資格以生存。則其生存也。非能恃自力。而純恃他力。他國欲生之則生之。其欲死之則死之。命在何時。非彼國自身之所能決也。以故諸優國經一度之戰爭。而劣國之命運一變焉。諸優國經一度之協商。而劣國之命運一變焉。夫戰爭者。競爭力之積極的表現也。而協商者。競爭力之消極的表現也。其表現

之形式雖不同而其結果必爲競爭主體國之利而斷不爲競爭客體國之利豈待問也嗚呼以此思險險可知也以此思痛痛可知也

雖然等是劣國也而其地位亦自有差別第二圖第四圖第五圖第七圖第八圖之劣國其命運已定者也第六圖第九圖第十圖之劣國其命運未定者也何也前此之劣國或其生命已喪失焉或雖未喪失而無成熟之望焉或雖能成熟而不能參加於競爭主體之列焉後此之劣國雖其進化成熟之機見摧鋤見桎梏者已不尠而尙有可容豹變之餘地則以十年前爲列强所競爭之國十年後忽躍而爲能與列强競爭之國在近世歷史中亦非無一二前事之師也世之君子其能深察此中消息乎則我中國在世界之位置其可以想見矣此吾所以有「世界大勢及中國前途」之作也

政治與人民

國家之有政治其目的安在曰一以謀國家自身之發達一以謀組成國家之分子（卽人民）之發達斯二義盡之矣雖然斯二義者形式雖異而精神則同蓋人民若瘁則國家決無自而榮故爲人民謀利益之政治同時卽謂之爲國家謀利益焉可也若夫有時爲國家生存發達之必要不惜犧牲人民利益以殉之就外觀論似國家與人民利益相衝突庸詎知非惟民瘁而國不能榮抑國不榮則民亦必旋瘁犧牲人民一部之利益者凡以爲其全體之利益也犧牲人民現在之利益者凡以爲其將來之利益也故國家之利益雖時若與人民一部及現在之利益相衝突然恆必與人民全體及永久之利益相一致信如是也則雖謂國家利益與人民利益常相

一致焉可也。然則凡一切政治莫不與人民有不可離之關係。其以謀人民發達之故而行焉者。其直接關係於人民者也。其以謀國家發達之故而行焉者。其間接關係於人民者也。政治之於人民。其關係旣若是深厚。則人民之對於政治宜如何者。蓋可思矣。

日本進步黨前總理大隈氏嘗有言『政治者。余之生命也。』一時傳爲名言。吾以爲政治也者。寧獨政治家之生命而已。實一切人民之共同生命也。凡人飢而求食。渴而求飮。寒而求衣。勞而求息。初無待父詔兄勉師督友勸而自能勤求焉。且求而期必得焉。何也。彼食也飮也衣也息也。其生命也。獨至於良政治而不知求。卽求矣而不期於必得。則未知政治爲一切生命之總源泉。而良與不良之間。卽吾儕生死所由係也。噫。甚矣。其蔽也。常人之情。見近而不見遠。知末而不知本。當其飢也。知食爲生命。曾亦思非耕胡以得食。是知生命所係在耕而不在食。當其寒也。知衣爲生命。曾亦思非織胡以得衣。是知生命所係在織而不在衣。然戀戀念衣食。盡人不學而能。孳孳務耕織。則有待於詔之者矣。則直接間接之差別。而理解之有難易也。政治爲人民生命。其理由本非甚邃。徒以重重關係間接稍多。中人以下。驟涉焉而不見其樊。則其漠然視之。亦固其所。今請舉最淺之例證以說明之。

飢而不得食。則無生命。此盡人所能知也。然還問何道以得食。曰有粟則得食。何道以得粟。曰有金而得粟。何道以得金。曰有業則得金。何道以得業。曰有良政治則得業。請言其理。夫業之種類不一。而農工商其最大也。人民之欲得田而耕者亦夥矣。而能得者十無一焉。謂田之不足於耕。似也。然還觀地球各國。其每方里平均人口密於吾國二三倍者。蓋有之焉。胡不聞其以田不足於耕爲病。彼其政府汲汲講求農政。改良土壤。同一面積。能使所產倍蓰於昔時。故雖地不加廣。而其穫實與加廣無異。我則數千年來。術不加精。土不加饒。欲研究其技術。而政府無學校以敎我。或藉經驗小有所得。而獨力不能舉。而政府莫爲我助。因循廢弛。以至今日。他國同一面積之地能食十人者。我則食一二人猶不足。故益以人浮於地爲患。則政治之不良使然也。旱乾水潦。天然之災。非有私於一國也。然所貴乎人類者。人類所貴乎有政治者。以其能戰天然之力而勝之也。歐美各國。百年以前。以天災而召大飢饉者。史不絕書。今雖未敢云盡絕。然其數視昔則爲一與百之比例耳。豈天薄於其昔而厚於其今曰。有人事以戰勝之。其所以能戰勝之者。非恃箇人之力。而恃政治之力。爲大計畫。興大工事。非國家及國家所屬之地方團體。莫能任也。我則政府置若罔聞。一任天行之暴。而莫或代人民以謀抵抗。一國之大。一年之久。告災數四。災區動輒亙數千里。雖有廣土。徒擁虛名。則政治之不良使然也。其在他國。以境內人口有疏密。耕地有廣狹。故其政府常爲內地移民之業。損有餘。補不足。而能劑其平。我有滿洲蒙古新疆西藏數萬里耕牧之地。荒而不治。而本部之民。爭呴沫於丈尋之潢。欲往從之。則無機關以嚮導我於現在。無法律以保護我於方來。坐是株守一隅。束手待斃。則政治之不良使然也。他國地既不足於耕。則謀所以殖之於外。政府則爲之啓土宇。設種種方便。以先之於其所往。我則非徒無此而已。祖宗傳來之土地。變爲他國殖民之區。而政府曾不思所以抵抗。卽我民爲飢所驅餬其口於海外者。所至見迫害。而政府熟視無睹。以至進退皆無所可。而凍餒相屬於路。則政治之不良使然也。地上之產能養人者爲農業。地中之產能養人者爲礦業。我國礦產之富。甲於大地。而人民欲從事者。政府隨在加以壓抑。其間有以私人資格不能從事。必賴政府之提倡保護者。曾未聞其一我應。不寧惟是。舉其最饒者次第竊售於外人。以故數千年久扃之寶藏。被胠篋以歸於烏有。則政治之不良使然也。直接利用土地以生產者。曰農與礦。間接利用土地以生產者。曰工。地既不足於耕。則當以工業爲之尾閭。處今日之勢。非增興各種新工業。不足以拯民於水深火熱之餘。而以比年現狀觀之。非惟新工業未嘗一開其途。即舊工業將次第盡墐其戶。疇昔民之恃十指而能贍其孥者。今且不給於自養。何以故。外國工業品紾其臂而奪之食。故欲圖抵抗。決非私人之經畫所能爲力。而國家又旁觀焉而不爲之援手。則政治之不良使然也。商業亦然。大利悉朘於外商。我則幸而僅得餕其餘。外人以國家之力挾其日日新發明之商業政策以相臨。設種種商業機關於我國中。以臨吾腦。我以私人之力。萬無術足以相禦。而政府曾不思所以爲之計。反以無數虎狼擇肥以噬吾業。日被破壞。無所控愬。則政治之不良使然也。此特舉其一二言之也。若欲悉數之。則更僕數而不能盡。要之。吾民以不得良政治故。而因以不得業。以不得業故。而因以不得食。以不得食故。而因以不得生命。此其事理至顯淺。雖中智以下。苟一覆勘焉。而當能索解者也。

本爲良民。因爭奪而相殺。則性命失焉。曷爲而爭奪。大抵以不足於食也。不足於食。其原因既在政府。則政府之殺之者。此其一矣。然使有良法制以維持社會之秩序。則猶能治之於標。而使爭奪之不時起。並此而無焉。則政府之殺之者。此其二矣。皆政治不良使然也。盜賊橫行於途。見盜者喪其積蓄而因以失生命。爲盜者觸法網而亦因以失生命。曷爲而有盜賊。以不足於食也。不足於食。其原因既在政府。政府之殺之者。此其一矣。復以行政機關不備。使盜賊孳乳寖多。而無以遏其流。則政府之殺之者。此其二矣。皆政治不良使然也。內亂一度起。則人民之失其生命者。動以數萬計。內亂何以起。大抵以不足於食也。進焉者則爲政治上之不平也。不足於食。其原因既在政府。則此數萬人之殺於政府者。此其一矣。政治上之不平。皆政府釀之。則此數萬人之殺於政府者。此其二矣。而復以軍備廢弛。諱疾忌醫。常常予內亂以可以竊發之途。則此數萬人之殺於政府者。此其三矣。皆政治不良使然也。我殷斯勤斯以求得食。有紾吾臂以奪之者。而吾莫敢誰何。則將失其生命。夫盜賊則其一端也。而有禍烈於盜賊者。則地方之豪右常能以勢力相壓而使我無可控愬。夫在法治國。則無貴無賤同生息於平等法律之下。彼惡得爾。今所以使我無所控愬者。政府無可以爲控愬之後援也。則政府之殺之者。此其一矣。不寧惟是。豪右之奪我食。禍既烈於盜賊。官吏之奪我食。禍又烈於豪右。吾所恃以避禍者。乃卽爲主禍之人。更何冀焉。則政府之殺之者。此其二矣。皆政治不良使然也。此亦舉其一二端言之也。若欲悉數之。則更僕數而不能盡。準此以談。則不良之政。非惟不能間接而保我生命。抑且常直接以奪我生命。此其事理至顯淺。雖中智以下。苟覆勘焉。而當能索解者也。

更推而論之。癘疫時行。則同時而喪失生命者。或以數萬計。然在今世文明之國。癘疫何以不能蔓延。彼其獨猖披於我國中者。以衞生機關之缺乏耳。則亦政治不良使然也。行路艱難。卻曲風波。在在可以損生命。使交通機關整備。而安有此。則亦政治不良使然也。犯罪而麗於刑。又喪失生命之一道也。使敎育普及。自其幼時能使之去莠而卽良。則犯罪者何至不絕於路。今囹圄之數埒於廛肆。皆政治不良使然也。無故株累。獄以疑成。此生命之喪於最慘酷者也。使確有法律爲權利之保障。而裁判悉根於正義。天下曷從而有冤獄。今若此。則政治不良使然也。無學問。無常識。無技能。則無所得職業。卽偶得之。恆失敗以終。無所得職業及失敗於職業。皆足以喪生命。然學問智識技能。必有所受。無授之者。則終不得以發達。故近今各文明國。咸以敎育爲國家事業。今我民學問智識技能。無一不在人下。以致被淘汰於物競之界。非我民自欲之。而政治不良使然也。此亦僅舉一二耳。若悉數之，又更僕數而不能盡，要之，無論從何種方面觀之，而凡人民之生死榮瘁，蓋無一不繫命於政治，此其事理至顯淺，雖中智以下，苟覆勘焉而當能索解者也。

綜以上所述而略說明其理由，則人民生命之安全，恆恃社會秩序以爲之保障，而社會秩序，必藉法律之制裁而始成，其能爲法律之制裁者，即國家也，而善其制裁者則政治也，人民苟離國家政治以外，而欲各自以獨力生出制裁秩序以保障其生命，其道無由，此人民生命所以不能不全繫於政治焉者一也。人類以共同生活爲天性，苟非如魯敏遜之漂流孤島，則其資生不得不仰給於身外，緣是種種共同之機關，不得不興，所謂共同機關者，謂夫以一人之獨力，萬不能舉者也，或雖勉舉之，而以極大之勞費，不能得相當之結果者也，此其數不能枚舉，世運愈進，則公業之範圍愈恢，而私業之範圍愈殺，凡此之類，必假手於國家，以政治行之，而不然者，雖以釋迦孔子之仁聖，末由別闢一途以保生命之持續，此人民生命所以不能不全繫於政治焉者二也。夫政治之關繫於人民者，既如此其親切而重大也，而今日我國之政治則何如，其影響於人民者則何如，舉國四萬萬衆，强半無所得業，乞丐相屬，每值冬春之交，其餓殍轉於溝壑者，恆百萬計，孰死之，不良之政治死之，其稍强悍者，謂等是死也，毋寧鋌而求生於須臾，乃聚萑苻以爲盜，良民之蒙其害者，既歲以萬計，而政府則取而草薙禽獮焉，歲亦數萬，孰死之，不良之政治死之，爲盜不已，積而倡亂，亂之所經，其所鹵掠，與夫政府之所鋤刈，赤地動數州縣，死者自數萬以至數十萬，而告亂之區，歲恆數見，孰死之，不良之政治死之，水旱偏災，一起數千里爲墟焉，以最近一年計之，而江淮之間，死者若干萬，贛粵之間，死者若干萬，滇蜀之間，死者若干萬，孰死之，不良之政治死之，癘疫一襲，人不自保，比年以來，滇黔桂粵，靡歲不見，計其總數，歲平均亦數十萬，孰死之，不良之政治死之，略舉其概夫既若是自餘以展轉間接蒙不良政治之影響而冥冥以死者歲尚不知其幾何萬也由此言之彼不良之政治歲恆殺千萬人以上我國民雖富於生殖力其何堪此操刀以夷刈之者日臨於其上也嗚呼使我國民飢而不知求食寒而不知求衣也則吾亦何言夫於衣食則既知求矣則何不思政治之於國民乃其衣食也乃獨於良政治而不知求此吾所不能解也

以上所言猶就政治之直接關係於人民的方面言也抑吾固嘗言之矣政治之目的一以謀人民之發達一以謀國家自身之發達而其所以謀國家自身之發達者亦其間接而關係於人民者也故人民非徒爲其一己之生命起見不可不求得良政治抑且爲其所屬國家之生命起見不可不求得良政治蓋國家之生命苟不保則一己之生命決無所附麗也而不良之政治實爲斲喪國家生命之斧斤旦旦而伐之者也其在疇昔舉宇內未嘗見有構造十分完全之國家無論何國其政治大抵皆不能甚良故彼此相遇而優劣勝敗之數無甚決定之可言重以我國擁此厖然之廣土衆民而超然立於國際競爭圈外故無論政治若何腐敗亦僅能影響於一朝一姓之生命而不至影響於國家之生命今也不然構造已完之國家六七相率而膨脹於外其構造未完之國家遇之則死當之則壞往而不返者既已項背相接今乃睽睽萬目咸集吾旁臥榻之側鼾睡者狠籍焉合多數之孟賁烏獲以搏一病瘵之夫其在理勢決無所幸而吾人既託命於此國家失之則末從再造堂傾大廈燕雀與王謝同淪水淺蓬萊魚鼈偕蛟龍並盡言念及此何以爲懷而揆厥所由則皆此不良之政治陷我國家於九淵而不克自拔故夫國家之生命與吾儕之生命實相依而不可離而惡政府之生命與國家之生命實相尅而不並立國家者吾之父母也而惡政府者吾之仇讎也日見吾仇讎戕賊吾父母而無所動於中焉其可謂無人

心也。

我國民毋亦以爲此不良之政治。雖歲殺千萬。而所殺者或幸不及我。而因以卽安焉。雖然。賈生不云乎。抱火厝之積薪之下而寢其上。火未及然。因謂之安。此中智以上知其不可者也。夫彼之被殺以去者。可無論矣。而今之未見殺者。亦直需時耳。以此大勢推之。苟良政治不發生。則不二十年。全國且爲灰燼。覆巢之下。安有完卵。我國民知哀人而不知自哀。豈得云智也。嗚呼。吾又有以揣吾國民之心理矣。其不知良政治之當求者。尙屬少數。其不信良政治之可以求而得之者。乃屬多數。夫是以忍氣吞聲。不求焉以迄於今日也。嘻。又甚矣其蔽也。夫飢而求食。寒而求衣。亦誰敢謂凡有求焉而必有得焉。而從未聞有疑於得不得之數。而輟其求者。謂其求之之理由。實有所不容已也。我國民而能信政治之切於肌膚。與衣食毫釐無擇乎。則求其良乃實不容已。而豈以得不得之問題容疑點也。而況乎政治之爲物。則又與他異。國民不求其良焉。則無道以卽於良。國民誠求其良焉。則亦無道以卽於不良。聞者而猶疑吾言乎。請更述其理。

夫政治之爲物。不能自現。而行之也必以人。人類之普通性。趨於下流。其道易。勉而向上。其道難。一私人之德業。苟無父兄師友之督責。而能緝熙於光明者。蓋寡焉。況乃今之持政權者。沿歷史上久習之積威。假法制上無上之權力。傑然自恣。而無人甚乎其旁。其良也。而勢力不緣以加崇。其不良也。而地位不緣以喪失。則不良焉者項背相望。而良焉者累千載不一遇。固其所也。故欲求政治之能良。莫急於有監督機關以與執行機關相對立。執行機關者何。政府是也。監督機關者何。國會是也。故國會者良政治之源泉也。今世立憲國。惟知此義也。故一切政治。非得國會多數之贊許者。不能施行。坐是而執政之人。非得國會多數之後援者。不能安於其位。夫國會者。

以人民之選舉而成立者也其性質既已爲代表國民之意思而申其利益矣重以國會既立則政黨不得不隨而發生政黨之性質則標持一主義以求其實行而對於與此主義相反之政治則認爲政敵而加以排斥者也而凡一政黨所標持之主義則又未有不以國利民福爲前提者也何也政黨之所以成立而有勢力其道不外得國民多數之同情然苟所標持之主義不爲國利民福則國民之同情決無自而得然則其國中苟無足以稱爲政黨者斯無論矣既有足以稱爲政黨者則遵其所標持之主義以行政治必能近於良政治此國會政治之所以可貴也夫國中而有政黨則必非惟一也而常在兩以上各黨所標持之主義勢不能無異同既有異同矣以常理論之則其一爲是者其他當爲非而吾乃謂凡遵政黨所標持之主義以行必能近於良政治則又何也蓋所謂國利民福者多角多面各就其人之觀察而各得其一端或有以其直接之利爲利者或有以其間接之利爲利者或有以其現在之利爲利者或有以其將來之利爲利者此政黨之主義所以雖常若有衝突然其必以國利民福爲前提則無以易既採用以國利民福爲前提之主義以行政治則其必爲良政治而非惡政治可斷言也於此而其政府爲政黨之政府耶則一黨在朝而他黨之在野者常監督之苟其所標持之主義而不實行或實行矣而於國利民福之程度不見增進則在野黨必向於國民而訐之國民多數之同情既去而其黨遂不復能以立於朝夫如是則彼雖欲不兢兢於國利民福焉安可得也其政府而爲不黨之政府耶則凡諸政黨皆共監督之苟其所行政治而與各黨所持主義咸相反背各黨咸認其不爲國利民福則必合力以共訐之於國民而無論何時無論何事決不能得國會之贊許其何道以一朝居夫如是則彼雖欲不兢兢於國利民福焉又安可得也由此言之則凡無國會之國其政治決無術以進於良凡有國會之國其政治亦決無術以墮於不

良何以故以政治之良否恆因監督之者之有無故而監督政治之實非國會莫能舉然則人民而欲求得良政治也亦曰求得國會焉而已矣

然則人民之於國會果可以求而得之耶曰吾徵諸事實推諸理勢而有以信其必能也近百餘年間世界之歷史就其內治方面言之則亦人民求得國會之歷史而已除英國漸次發達可勿論外則美利堅也法蘭西也西班牙也葡萄牙也瑞士也瑞典那威也荷蘭也比利時也奧大利匈牙利也意大利也德意志諸國及其聯邦也希臘也巴爾幹半島諸國也日本也乃至最近之俄羅斯也凡此諸國其遠者自百年前其近者在三四十年前其最近者在數年前舉未嘗有國會其政治之不良舉無以異於吾國之今日其人民在前此亦未或知求焉及其既知求而得之亦皆非易易焉雖然得之不易固也而終不能得焉者則未之前聞也是何以故國也者積民而成法制也者藉人民合成意力而建故一國之政治苟非得國民之認許則決不能以施行其行良政治者固其得國民之認許者也即其行不良政治者亦其得國民之認許者也論者徒知立憲國家為從民意以建立而不知專制國家亦從民意以建立此所謂知二五而不知一十也專制國家之所以得存在皆由人民未厭專制政治常消極默認以為之後援苟其厭之一變其消極默認之態度為積極的反抗一變其後援之勢力而為前敵則此雷霆萬鈞之力無論若何驕悍險詐之政府而卒莫能禦故通觀各國前事當人民之求國會以改良其政治也其前此專政治上之權者未嘗不出死力以思壓其流而最後之勝利終不屬彼而屬我者則以彼前此之勢力本非彼所能自有而實由我畀之曷云由我畀之以我默認焉而其勢力始存故曰我畀之也畀焉在我不畀焉亦還在我一旦不畀彼何道以圖存也是故當知各國之頒憲法開國會也非其主權者之能頒能開焉

而其主權者之不能不頒不能不開焉。其能不頒焉能不開焉者。必其人民欲之之心未誠。而猶常有大多數人。以默認後援之勢力畀諸舊政府者也。由前之說。則有國會而政治不能以不良。由後之說。則人民之於國會。苟誠求焉而罔或不得。然則良政治之爲物。果孟子所謂求則得之舍則失之。求而有益於得者也。而至今國民莫或起而求焉。獨何也。

我國民其或將曰。今者豫備立憲之上諭。亦既屢頒矣。所謂責任政府者。所謂監督機關者。其將次第以予我。寧待於求。夫求固可以得。而不求亦可以得。則騷然多此一求何爲也。噫吾竊謂爲此言者。其不智抑已甚矣。無論政府之言預備立憲。未必出於誠。而實行未知在何日也。卽使其出於誠矣。旦暮而實行之矣。然立憲之動機。起自政府而不起自人民。則其結果必無可觀者。此不可不熟察也。聞者其或以吾言爲太矯激焉。曰吾子所欲者。在憲法耳。在國會耳。政府誠能錫其大惠。畀我不少吝。斯亦足矣。而必欲以成就此業之名譽。不屬諸政府而必屬諸國民。其得毋猶有左右袒之見存也。應之曰。不然。昔人常以憲政之發生。取喻於動物之妊育。謂其得之愈艱辛。則其將護之也彌至。彼飛鳥之遺其雛。恆若易易。而人類之愛其子。往往逾於己躬。蓋獲之有難易。故視之有輕重也。人民之不費要求而能得憲政者。猶浪子之不事生產而得博進。意外之博進。無終歲而不銷耗。儻來之憲政。無逾紀而不失墜。此其言可謂善喻也。然其所以然之故。則猶未盡也。凡人不能自立。而恃他人扶而立之者。其究也仆而已矣。凡人不能自進。而恃他人挽而進之者。其究也止而已矣。吾先哲不云乎。曰自求多福。又曰自作孽不可逭。箇人如是。國民亦然。其得幸福也。必出於自求。其免禍害也。必出於自逭。以西哲之言言之。則曰國民恆立於其所欲立之地位。其必欲立於高尚之地位者。雖有他力焉抑而下之。所不能也。其猶欲立於汚下之地位者，雖有他力焉引而上之，亦所不能也。謂余不信，請徵實例。美人之放免黑奴，其義聲可謂貫徹天壤者也。然放免之動機，乃不在黑人而在白人，則試問放免以後，黑人之幸福，能逾於前者幾何？蓋黑人直至今日，猶欲立於其五十年前所立之地位，故雖以白人之義俠，欲進其地位，而卒愛莫能助也。彼國民並未嘗有渴欲得憲政之心，而君主謅大惠以予之者，其結果亦若是則已耳。夫立憲政治之所以良於專制者，不過曰國民對於政府而常施監督，斯政府對於國民而常負責任云爾。然必國民能確認政治為於己身有極重極切之關係，然後其監督政府也能不怠，而政府乃不敢反於民之所欲以自恣，斯良政治於以發生。而不然者，其視政治也，依然如秦人視越人之肥瘠，雖予之以監督機關，亦將虛設而不勤其用，則政府之傈然自恣，仍可以無異於曩時，而政治現象安得而有進也。夫使國民而誠能確認政治為於己身有極重極切之關繫也，則宜注全力合羣策以要求憲法，要求國會，如飢渴之於飲食，雖一刻不肯稍緩，雖絲毫不肯放過也。若夫人民始終未嘗要求憲法，要求國會也，必其視政治漠然如秦人視越人之肥瘠者也。雖君主予之以憲法，予之以國會，而其漠然如故也。前項之國民，則其必能舉監督政府之實，以產出良政治者也；後項之國民，則其必不能舉監督政府之實，以產出良政治者也。既不能舉監督政府之實，以產出良政治，則雖蒙虎皮於羊質，假立憲國民之名以自豪，而於實際究何補也？夫憲政之能得結果與否，則於國民能舉監督政府之實與否焉決之；國民能舉監督政府之實與否，則於其熱心於政治與否焉決之；國民熱心於政治與否，則於其能排萬難冒萬險以要求憲法要求國會與否焉決之。然則吾所謂立憲之動機起自政府，不起自國民，而結果卽無可觀者，其事至易見，而其理不可易。吾豈有所憾有所妒於現政府乎哉？夫吾固謂非現政府之動機可以已，抑吾又確見夫國民之動機之尤不可以已也。斯則我之所以音嘵嘵也。

嗚呼。我國民其安於此政治現象以終古耶。其甘心默認此惡政治而以消極的爲之後援耶。其忍見同胞之日日被殺於惡政治而藐躬亦危若朝露耶。其忍坐視此種惡政治數年以後斷送國家於灰燼耶。其忍見吾仇讎日戕賊吾父母而不思一爲援手耶。其將希儻來之良政治等於博進耶。黃帝子孫神明之胄而乃如黑奴之俟人扶掖而不能自動耶。嗚呼。我國民其猶蘧蘧然夢耶。其聞吾言而若不聞耶。其將掩耳而卻走耶。吾力竭而聲嘶。吾淚盡而血繼。吾庶幾我國民之終一寤也。吾尤庶幾我國民之及今一寤也。

政聞社宣言書

今日之中國。殆哉岌岌乎。政府棼瞀於上。列強束脅於外。國民怨讟於下。如半空之木。復被之霜雪。如久病之夫。益中以沴癘。舉國相視。咸儳然若不可終日。志行薄弱者。袖手待盡。腦識單簡者。鋌而走險。自餘一二熱誠沈毅之士。亦彷徨歧路。莫審所適。問中國當由何道而可以必免於亡。徧國中幾罔知所以爲對也。夫此問題亦何難解決之與有。今日之惡果。皆政府蓺之。改造政府。則惡根拔而惡果遂取次以消除矣。雖然。於此而第二之問題生焉。則政府當由何道而能改造是也。曰。斯則在國民也已矣。夫既曰改造政府。則現政府之不能自改造也甚明。何也。方將以現政府爲被改造之客體。則不能同時認之爲能改造之主體。使彼而可以爲能改造之主體。則亦無復改造之必要焉矣。然則孰能改造之。曰。惟立於現政府之外者能改造之。立於現政府之外者爲誰。其一曰君主。其他曰國民。而當其著手於改造事業。此兩方面孰爲有力。此不可不深察也。今之譚政治者。類無不知改造政府之爲急然叩其改造下手之次第則率皆欲假途於君主而不知任責於國民於是乎有一派之心理焉希望君主幡然改圖與民更始以大英斷取現政府而改造之者或希一二有力之大吏啓沃君主取現政府而改造之者此二說者雖有直接間接之異而其究竟責望於君主則同吾以爲持此心理者其於改造政府之精神抑先已大刺謬也何也改造政府者亦曰改無責任之政府爲有責任之政府云爾所謂有責任之政府者非以其對君主負責任言之乃以其對國民負責任言之苟以對君主負責任而即爲有責任則我中國自有史以來以迄今日其政府固無時不對君主而負責任而安用復改造爲夫謂爲君主者必願得惡政府而不願得良政府天下決無是人情然則今之君主其熱望得良政府之心應亦與吾儕不甚相遠然而不能得者則以無論何國之政府非日有人焉監督於其旁者則不能以進於良而對君主負責任之政府其監督之者惟有一君主君主之監督萬不能周則政府惟有日逃責任以自固非惟逃之而已又且卸責任於君主使君主代己受過而因以自謝於國民政府腐敗之總根原實起於是故立憲政治必以君主無責任爲原則君主純超然於政府之外然後政府乃無復可逃責任之餘地今方將改造政府而還以此事責諸君主是先與此原則相衝突而結果必無可望然則此種心理之不能實現也明甚同時復有一派反對之心理焉謂現在政府之腐敗實由現在之君主卵翼之欲改造政府必以顚覆君統爲之前驅而此派中復分二小派其一則絕對的不承認有君主謂必爲共和國體然後良政府可以發生其他則以種族問題攙入其間謂在現君主統治之下決無術以得良政府此說與希望君主之改造政府者雖若爲正反對要之認政府之能改造與否樞機全繫於君主則其謬見亦正與彼同夫絕對不認君主謂必爲共和國體然後良政府可以發生者以英德日本之現狀反詰之則其說且

立破。故不必復深辯。至攙入種族問題。而謂在現君主統治之下。必無術以得良政府者。則不可無一言以解之。夫爲君主者。必無欲得惡政府而不願得良政府之理。此爲人之恆情。吾固言之矣。此恆情不以同族異族之故而生差別也。今之君主。謂其欲保持皇位於永久。吾固信之。謂其必坐視人民之塗炭以爲快。雖重有憾者。固不能以此相誣也。夫正以欲保持皇位之故。而得良政府。卽爲保持皇位之不二法門。吾是以益信其急欲得良政府之心。不讓於吾輩也。而惜也彼方苦於不識所以得良政府之途。夫政府之能良者。必其爲國民的政府者也。質言之。則於政治上減殺君權之一部分。而以公諸民也。於政治上減殺君權之一部分。而以公諸民。爲君主計。實有百利而無一害。此徵諸歐美日本歷史。確然可爲保證者矣。然人情狃於所習。而駭於所未經。故久慣專制之君主。驟聞此義。輒皇然謂將大不利於己。沈吟焉而忍不能與。必待人民洶洶要挾。不應之則皇位且不能保。夫然後乃肯降心相就。降心相就以後。見夫緣是所得之幸福。乃反逾於其前。還想前此之出全力以相抵抗。度未有不啞然失笑。蓋先見之難徹。而當局之易迷。大抵如是也。故徧翻各國歷史。未聞無國民的運動。而國民的政府能成立者。亦未聞有國民的運動。而國民的政府終不能成立者。斯其樞機全不在君主。而在國民。其始也必有迷見。其究也此迷見終不能久持。此蓋凡過渡時代之君主所同然。亦不以同族異族之故而生差別也。而彼持此派心理者。徒著眼於種族問題。而置政治問題爲後圖。種瓜得瓜。種豆得豆。毋惑夫洶洶數載。而政治現象迄無寸進也。由後之說。則君主苟非當國民運動極盛之際。斷未有肯毅然改造政府者。夫故不必以此業責望於君主。由前之說。則雖君主毅然欲改造政府。然必有待於國民。然後改造之實乃可期。夫故不能以此業責望於君主。夫旣已知舍改造政府外。別無救國之圖矣。又知政府之萬不能自改造矣。又知改造之業。非可以責望於君主矣。然則負荷此艱鉅者。非國民而誰。吾黨同人。既爲國民一分子。責任所在。不敢不勉。而更願凡爲國民之一分子者。咸認此責任而共勉焉。此政聞社之所以發生也。

西哲有言。國民恆立於其所欲立之地位。諒哉斯言。凡腐敗不進步之政治。所以能久存於國中者。必其國民甘於腐敗不進步之政治。而以自即安者也。人莫不知立憲之國。其政府皆從民意以爲政。吾以爲雖專制之國。其政府亦從民意以爲政也。聞者其將疑吾言焉。曰天下甯有樂專制之國民。夫以常理論。則天下決無樂專制之國民。此固吾之所能信也。雖然既已不樂之。則當以種種方式表示其不樂之意思。苟無意思之表示。則在法謂之默認矣。凡專制政治之所以得行。必其藉國民默認之力以爲後援者也。苟其國民。對於專制政治有一部分焉爲反對之意思表示者。則專制之基必動搖。有大多數焉爲反對之意思表示者。則專制之跡必永絕。此徵諸歐美日本歷史。歷歷而不爽者也。前此我中國國民。於專制政體之外。曾不知復有他種政體。則其反對之之意思無自而生。不足爲異也。比年以來。立憲之論。洋洋盈耳矣。預備立憲之一名詞。且見諸詔書矣。稍有世界智識者。宜無不知專制政體不適於今日國家之生存。顧在君主方面。猶且有欲立憲的之意思表示。雖其誠僞未敢言。然固已現於正式公文矣。還觀夫國民方面。其反對專制的之意思表示。則闃乎未之或聞。是何異默認專制政體爲猶適用於今日之中國也。國民既默認之。則政府藉此默認之後援以維持之。亦何足怪。以吾平心論之。謂國民絕無反對專制之意思者。誣國民也。謂其雖有此意思而絕不欲表示絕不敢表示者。亦誣國民也。一部分之國民。蓋誠有此意思矣。且誠欲表示之矣。而苦於無可以正式表示之途。或私憂竊歎。對於二三同志。互吐其胸臆。或於報紙上。以個人之資格。發爲言論。謂其非一種之意思表示焉。不得也。然表示之也以個人。不能代輿論而認其價値表示之也以空論未嘗示決心以期其實行此種方式之表示雖謂其未嘗表示焉可也然則正式之表示當若何曰必當有團體焉以爲表示之機關夫團體之爲物恆以其團體員合成之意思爲意思此通義也故其團體員苟占國民之一小部分者則其團體所表示之意思卽爲此一小部分國民所表示之意思其團體苟占國民之大多數者則其團體所表示之意思卽爲大多數國民所表示之意思夫如是則所謂國民意思者乃有具體的之可尋而現於實矣國民意思既現於實則必非漫然表示之而已必且求其貫徹焉國民誠能表示其反對專制之意思而且必欲貫徹之則專制政府前此所恃默認之後援既已失據於此而猶欲寶其敝帚以抗此新潮其道無由所謂國民恆立於其所欲立之地位者此之謂也吾黨同人誠有反對專制政體之意思而必欲爲正式的表示而又信我國民中其同有此意思同欲爲正式的表示者大不乏人彼此皆徒以無表示之機關而形跡幾等於默認夫本反對而成爲默認本欲爲立憲政治之忠僕而反變爲專制政治之後援是自汚也夫自汚則安可忍也此又政聞社之所由發生也

夫所謂改造政府所謂反對專制申言之則不外求立憲政治之成立而已立憲政治非他卽國民政治之謂也欲國民政治之現於實且常保持之而勿失墜善運用之而日向榮則其原動力不可不還求諸國民之自身其第一著當使國民勿漠視政治而常引爲己任其第二著當使國民對於政治之適否而有判斷之常識其第三著當使國民具足政治上之能力常能自起而當其衝夫國民必備此三種資格然後立憲政治乃能化成又必先建設立憲政治然後國民此三種資格乃能進步謂國民程度不足坐待其足然後立憲者妄也但高談立憲而於國民程度不一厝意者亦妄也故各國無論在預備立憲時在實行立憲後莫不汲汲焉務所以進其國民

程度而助長之者。然此事業誰任之。則惟政治團體用力常最勤。而收效常最捷也。政治團體。非得國民多數之贊同。則不能有力。而國民苟漠視政治。如秦越人之相視肥瘠。一委諸政府。而莫或過問。則加入政治團體者自寡。團體勢力永不發達。而其對於國家之天職。將無術以克踐。故爲政治團體者。必常舉人民對於國家之權利義務。政治與人民之關繫。不憚嘵音瘏口爲國民告。務喚起一般國民政治上之熱心。而增長其政治上之興味。夫如是。則吾前所舉第一著之目的。於茲達矣。復次。政治團體之起。必有其所自信之主義。謂此主義確有裨於國利民福。而欲實行之也。而凡反對此主義之政治。則排斥之也。故凡爲政治團體者。既有政友。同時亦必有政敵。友也敵也。皆非徇個人之感情。而惟以主義相競勝。其競勝也。又非以武力。而惟求同情。雖有良主義於此。必多數國民能知其良。則表同情者乃多。苟多數國民不能知其良。則表同情者必寡。故爲政治團體者。常務設種種方法。增進一般國民政治上之智識。而賦與以正當之判斷力。夫如是。則吾前所舉第二著之目的。於茲達矣。復此。政治團體所抱持之主義。必非徒空言而已。必將求其實行。其實行也。或直接而自起以當政局。或間接而與當局者提攜。顧無論如何而行之也。必賴人才。苟國民無多數之政才以供此需要。則其事業或將蹶於半途。而反使人致疑於其主義。故爲政治團體者。常從種種方面以訓練國民。務養成其政治上之能力。毋使貽反對者以口實。夫如是。則吾所舉第三著之目的。於茲達矣。準此以談。則政治團體誠增進國民程度惟一之導師哉。我中國國民。久棲息於專制政治之下。倚賴政府。幾成爲第二之天性。故視政治之良否。以爲非我所宜過問。其政治上之學識。以孤陋寡聞。而鮮能理解。其政治上之天才。以久置不用。而失其本能。故政府方言預備立憲。而多數之國民。或反不知立憲爲何物。政府玩愒濡滯。既已萬不能應世界之變。保國家之榮。而國民之玩愒濡滯。

視政府猶若有加焉。丁此之時。苟非相與鞭策焉提挈焉。急起直追。月將日就。則內之何以能對於政府而申民義。外之何以能對於世界而張國權也。則政治團體之責也。此又政聞社之所由發生也。

政聞社既以上述種種理由。應於今日時勢之要求而不得不發生。若夫政聞社所持之主義。欲以求同情於天下者。則有四綱焉。

一曰實行國會制度建設責任政府。

吾固言之矣。凡政府之能良者。必其爲國民的政府者也。曷爲謂之國民的政府。即對於國民而負責任之政府是也。國民則夥矣。政府安能一一對之而負責任。曰對於國民所選舉之國會而負責任。是即對於國民而負責任也。故無國會之國。則責任政府終古不成立。責任政府不成立。則政體終古不脫於專制。今者朝廷鑒宇內之勢。知立憲之萬不容已。亦既渙汗大號。表示其意思以告吾民。然橫覽天下。從未聞有無國會之立憲國。故吾黨所主張。惟在速開國會。以證明立憲之詔。非爲具文。吾黨主張立憲政體。同時主張君主國體。然察現今中央政治機關之組織。與世界一般立憲君主國所採用之原則。正相反背。彼則君主無責任。而政府大臣代負其責任。君主代政府負責任之結果。一方面使政府有所諉卸。而政治末從改良。一方面使君主叢怨於人民。而國本將生搖動。故必崇君主於政府以外。然後明定政府之責任。使對於國會。而功過皆自受之。此根本主義也。

二曰釐訂法律鞏固司法權之獨立。

國家之目的。一方面謀國家自身之發達。一方面謀國中人民之安寧幸福。而人民之安寧幸福。又爲國家發達之源泉。故最當首注意焉。人民公權私權。有一見摧抑。則民日以瘁。而國亦隨之。然欲保人民權利。罔俾侵犯。則其一須有完備之法律規定焉以爲保障。其二須有獨立之裁判官廳。得守法而無所瞻徇。今中國法律。大率沿千年之舊。與現在社會情態。强半不相應。又規定簡略。惟恃判例以爲補助。夥如牛毛。棼如亂絲。吏民莫知所適從。重以行政司法兩權。以一機關行之。從事折獄者。往往爲他力所左右。爲安固其地位起見。而執法力乃不克强坐。是之故。人民生命財產。常厝於不安之地。舉國儳然若不可終日。社會上種種現象。緣此而沮其發榮滋長之機。其影響所及。更使外人不措信於我國家。設領事裁判權於我領土。而內治之困難益加甚焉。故吾黨以釐訂法律。鞏固司法權之獨立。爲次於國會制度最要之政綱也。

三曰確立地方自治。正中央地方之權限。

地方團體自治者。國家一種之政治機關也。就一方面觀之。省中央政府之干涉及其負擔。使就近而自爲謀。其謀也必視中央代謀者爲易周。此其利益之及於地方團體自身者也。就他方面觀之。使人民在小團體中。爲政治之練習。能喚起其對於政治之興味。而養成其行於政治上之良習慣。此其利益之及於國家者。蓋益深且大。世界諸立憲國。恆以地方自治爲基礎。卽前此久經專制之俄羅斯。其自治制亦蚤已頒布。誠有由也。我國幅員遼廓。在世界諸立憲國中。未見其比。而國家之基礎。又非以聯邦而成。在低級之地方團體。其施政之範圍。雖與他國之地方團體不相遠。在高級之地方團體。其施政之範圍。殆埒他國之國家。故我國今日頒完備適當之地方自治制度。且正中央與地方之權限。實爲最困難而最切要之問題。今地方自治之一語。舉國中幾於耳熟能詳。而政府泄泄沓沓。無何種之設施。國民亦袖手坐待。而罔或自起而謀之。此吾黨所以不能不自有所主張而期其貫徹也。

四曰愼重外交保持對等權利。

外交者一部之行政也。其樞機全縮於中央政府。但使責任政府成立。則外交之進步。自有可期。準此以談。似與前三綱有主從輕重之別。不必相提並論。顧吾黨所以特鄭重而揭櫫之者。則以今日之中國爲外界勢力所壓迫。幾不能以圖存。苟外交上復重以失敗。恐更無復容我行前此三綱之餘地。故吾黨所主張者。國會既開之後。政府關於外交政策。必諮民意然後行。即在國會未開以前。凡關於鐵路礦務外債。與夫與他國結祕密條約普通條約等事件。國民常當不怠於監督。常以政治團體之資格。表示其不肯放任政府之意思。庶政府有所羈束。毋俾國權盡墜。無可回復。此亦吾黨所欲與國民共荷之天職也。

以上所舉雖寥寥四綱。竊謂中國前途之安危存亡。蓋繫於是矣。若夫對於軍事上。對於財政上。對於教育上。對於國民經濟上吾黨蓋亦皆薄有所主張焉然此皆國會開設後責任政府成立後之問題在現政府之下一切無所著手。言之猶空言也。故急其所急。外此暫勿及也。

問者曰。政聞社其即今世立憲國之所謂政黨乎。曰。是固所願望。而今則未敢云也。凡一政黨之立。必舉國中賢才之同主義者。盡網羅而結合之。夫然後能行政黨之實。而可以不辱政黨之名。今政聞社以區區少數之人。經始以相結集。國中先達之彥。後起之秀。其懷抱政治的熱心。而富於政治上之智識與能力者。尚多未與聞。何足以稱政黨。特以政治團體之爲物。既爲應於今日中國時勢之必要。而不得不發生。早發生一日。則國家早受一日之利。若必俟國中賢才悉集於一堂。然後共謀之。恐更閱數年。而發生未有其期。況以中國之大。賢才之衆。彼此懷抱同一之主義而未或相知者。比比皆是。莫爲之先。恐終無能集於一堂之日也。本社同人。誠自審無似。顧以國民一分子之資格。對於國家應盡之天職。不敢有所放棄。且旣平昔共懷反對專制政治之意思。苟非舉此意思而表示之。將自儕於默認之列。而反爲專制游魂之後援。抑以預備立憲之一名詞。旣出於主權者之口。而國民程度說。尙爲無責任之政府所藉口。思假此以沮其進行。則與國民相提挈。以一雪此言。其事更刻不容緩。以此諸理由。故雖以區區少數。奮起而相結集。不敢辭也。日本改進黨之將與也。於是先有東洋議政會爲有嚶鳴社焉。以爲之驅除。世之愛國君子。其有認政聞社所持之主義爲不謬於國利民福。認政聞社所執之方法爲足以使其主義見諸實行。惠然不棄。加入政聞社。而指揮訓練之。使其於最近之將來。而有可以進而伍於政黨之資格。則政聞社之光榮。何以加之。又或與政聞社先後發生之政治團體。苟認政聞社所持之主義。與其主義無甚刺謬。認政聞社所執之方法。與其方法無甚異同。惠然不棄。與政聞社相提攜。以向於共同之敵。能於最近之將來共糅合以混成政黨之資格。則政聞社之光榮。又何以加之。夫使政聞社在將來中國政黨史上。得與日本之東洋議政會嚶鳴社有同一之位置。同一之價值。則豈特政聞社之榮。抑亦中國之福也。此則本社同人所爲瀝心血而欲乞賚此榮於我同胞者也。

問者曰。政聞社雖未足稱政黨。而固儼然爲一政治團體。則亦政黨之椎輪也。中國舊史之謬見。以結黨爲大戒。時主且懸爲厲禁焉。以政聞社置諸國中。其安從生存。政府摧萌拉蘗。一舉手之勞耳。且國中賢才。雖與政聞社有同一之政見者。其毋亦有所憚而不敢公然表同情也。應之曰。不然。政聞社所執之方法。常以秩序的行動。爲正當之要求。其對於皇室。絕無干犯尊嚴之心。其對於國家。絕無擾紊治安之舉。此今世立憲國國民所常履之跡。匪有異也。今立憲之明詔既屢降。而集會結社之自由。則各國所咸認爲國民公權。而規定之於憲法中者也。豈其倐忽反汗。對於政治團體而能仇之。若政府官吏不奉詔。悍然敢爲此種反背立憲之行爲。則非惟對於國民而不負責任。抑先已對於君主而不負責任。若茲之政府。更豈能一日容其存在。以殃國家。是則政聞社之發生。愈不容已。而吾黨雖洞胸絕脰。而不敢息肩者也。取鑒豈在遠。彼日本自由進步兩黨。與藩閥政府相持之歷史。蓋示我以周行矣。彼其最後之勝利。畢竟誰屬也。若夫世之所謂賢才者。而猶有怵於此乎。則毋亦以消極的表示其默認專制政體之意思。而甘爲之後援耳。信如是也。則政府永不能改造。專制永不能廢止。立憲永不能實行。而中國眞從茲已矣。嗚呼。國民恆立於其所欲立之地位。我國民可無深念耶。可無深念耶。

國文語原解

人之有語言。其所以秀於萬物乎。所懷抱於中者。能曲折傳達之。以通彼我之情。於是智識之交換起。而模倣性日以發達。此社會心理成立之第一要素。而人類進化之筦鑰也。與語言相輔而廣其用者曰文字。時地間閡。語言用窮。有文字。則縱橫萬里之空間。上下百代之時間。皆若覿面相接。社會心理之所以恢廓而愈張。繼續而不斷者。賴是也。今存於世界之文字以數十計。綜其大別。不出二派。一曰衍聲。二曰衍形。衍聲者。自古代東方之印度。西方之腓尼西亞。遞嬗至希臘羅馬。以爲今歐洲諸國之國文者是也。衍形者。自古代西方之巴比倫埃及。東方之中國。及受其文系之安南日本等國是也。然衍聲之派。其所憑藉者亦在象形文字。今羅馬之二十五母。編辭書者尙能探其朔於埃及。以明其遞嬗之跡。觀鳥獸蹏迒而分理之。以相別異。人智不甚相遠也。腓尼西亞人。以商業渤興。力趨簡易。乃剌取埃及二十餘文爲音本。以衍其聲。遂別開生面。以大賚今日之歐土。此偶然之發明。而後人無意中食其賜者也。乃若我中國。雖以衍形爲宗。而固未始不根於聲。何則。凡人類先有語言而後有文字。非先有文字而後有語言。當其肇造一文也。必先有其口中所以命此事物之音。然後寫其形以實之。如一大爲天。此其形也。然天何以得梯烟切之音。則必其當未造天字以前。仰觀夫穹高而廣大者。而既以梯烟切之天呼之。及造字後。則寄此聲於此形云爾。其它各文例皆準是。洎夫社會之生事日繁。人之所欲表其中心之思想者日複雜。故語言日多。然文字緣以日滋。其在衍聲派之文字。則遺形以達聲焉。其在衍形派之文字。則不能遺形固也。然又未嘗能遺聲。故後起之字。可以四類括之。一曰事物既有其聲。其聲在前此亦既有文以表之。又其事物之屬性。前此亦既有文以表之。乃取表其聲之舊文與表其屬性之舊文綴合以成新字。形聲是也。例如江河。水表其屬性也。工可表其聲也。當未制江河二字以前。北人見此汩汩而黃者呼以可。南人見此滔滔而清者呼以工。而其屬性則皆水也。水工可三語。既有前文。綴而合之。此一種也。二曰事物既有其聲。而其聲在前此未有文以表之。惟其屬性之一部分。則前此既有文以表之。乃取表其屬性各部分之舊文相綴合成字而命以新聲。會意是也。例如武信。口中先有武之一聲。而前此無表武聲之文也。乃會合止戈二舊文之意而錫以武聲。人言之爲信亦然。此又一種也。三曰同一事物。而有兩種以上之聲。或其屬性有一部分之差別。而其聲及其屬性在前此亦既各有表之之文。緣此故爲兩種以上之形。乃溝而通焉。使各相受。轉注是也。例如初哉誼皆訓始。然初爲裁衣之始。哉爲草木之始。屬性小異。而各具固有之元聲。此元聲差別之起因。或由屬性。亦或由方言。或由時代之相閡。皆得溝而通之。此又一種也。四曰事物既有其聲。其聲在前此既有文以表之。但其屬性。在前此未有文以表之。乃即取其表聲之舊文。賦與新屬性之意義。故形同聲同而義各別。叚借是也。例如不爲不爲花萼。爲爲母猴。既有文以表之。取消詞之不。與花萼同聲而未有其文也。即借同聲之不以命之。作爲之爲。與母猴同聲而未有其文也。即借同聲之爲以命之。此又一種也。準此以談。則雖衍形派之文字。其亦何能遺聲。最初所造之字。夫既先有語言之聲。而後以文表之。其後起之字亦然。許氏說文序曰。倉頡之初作書。蓋依類象形。故謂之文。其後形聲相益。即謂之字。文者六書中之象形指事也。字者六書中之形聲會意轉注叚借也。形聲會意轉注叚借。既不外形聲相益。而象形指事。又必先有語言。乃象焉指焉以達之。然則安所往而能遺聲耶。而形聲相益。則雖謂之衍聲焉可耳。劉熙之作釋名。無一字而不以聲爲訓。蓋有所受矣。但遺形而衍聲者。以聲爲主。其衍之之法。極簡單而自由。無所沾滯。故衍之得至無垠。社會進步之後。語言日趨複雜。而表之之文字。亦得應於其程度。隨而複雜。且以方法簡單之故。其於普及教育。擴進智識也最便。衍形而兼衍聲者。以形爲主。形之爲物固定。衍之不能自由。既不離形以衍聲。則聲並爲形所束縛。而不得自由以爲衍。文字遂成爲固體。洎社會之新事物新思想發生。舊有之文。不足於用。而無術以補之。惟乞靈於轉注叚借之二例。而能表者與所表者之範圍。往往不脗合。而去造字之時代愈遠。則文字與語言愈分離。欲藉文字之用以通彼我而相睨以智識。其道甚艱而不能逮下。故近世有識者。莫不苦之而思所以易之。雖然。易之抑談何容易。我國文字。行之數千年。所以糅合種種異分子之國民而統一之者。最有力焉。今各省方言。以千百計。其能維繫之使爲一國民而不分裂者。以其不同言語而猶同文字也。且國民之所以能成爲國民以獨立於世界者。恃有其國民之特性。而國民之特性。實受自歷史上之感化。與夫其先代偉人哲士之鼓鑄焉。而我文字起於數千年前。一國歷史及無數偉人哲士之精神所攸託也。一旦而易之。吾未知其利害之果足以相償否也。夫生今日而採萬國之法。製一完善之衍聲字母。取吾國民所固有種種複雜之發音。而悉能網羅以衍之。其事抑非甚難。然雖有此新母。而舊字之不可以廢。則既若是。舊字既不可不學。而復益之以新字。其毋乃使學者益其勤已乎。日本廢漢字之議。倡之已二十餘年。且有議並廢和文代以羅馬字者。彼中有力人士多贊之。然至今不能實行。誠不易也。況夫中國則又與日本異。日本無固有之文字。一切悉受之於我。卽其假名。亦漢字之偏旁耳。故漢字自外鑠者也。羅馬字亦自外鑠者也。抑何所擇。若我國文。則受諸吾祖。國家之所以統一。國民特性之所以發揮繼續。胥是賴焉。夫安可以廢也。不佞自數年前。頗熱心於新字問題。而至今則反顧而深有所憚者。良以是也。然爲教育事業普及而逮下起見。抑未敢盡非新字說。無已。則造一種新字與舊字並行。其新字專爲下級人民不能受中等以上教育者之用。其或庶乎其可也。而稍進而受中等教育者。則固不能辭兩習之勞。雖益其勤。非得已矣。夫日本之不能逕廢漢字也。則尤有故。彼泰西之文。其以衍聲易衍形也。既數千年。彼雖無所謂形聲相益者。而大率皆聲聲相益者。試觀今日英德法諸國文。其綴多母以成一字者。就其母以解剖之。則恆見有數義存焉。或合本國通用語之數語以成一字。或合羅馬古語之數語以成一字。或古語今語甚乃他國之方言。糅合以成一字。故無論何字。績學者皆能考其語源。以聲聲相益故也。故有聲相同而母殊者。亦有母相同而聲異者。夫是以雖衍聲而所表之義能正確示別。不詒讀者以鼠璞之誤。蓋其受諸歷史者然也。今使日本人廢漢字和字而易以羅馬字。則前此既無聲聲相益之字。字之音同義別者。不知凡幾。壹皆察其形而知其意。一旦廢形不用。而惟采簡單嚴格之綴字法。悉取其語言而衍之。則字義混淆。在在不能正確。學問之道。末由發達以底於精深。而法律質劑之間。且將起無量之爭議。安見其能通也。日本廢舊字之論。所以倡者雖衆。而久未能實行者以此。日本且然。況我國文又爲歷史之產物者乎。夫我國文之衍形。其缺點固如前述。而其優點抑未嘗無也。歐文聲與聲相益。故驟視之而欲索解也頗難。必研究其聲之所自受。而后能言其義。而聲之所自受。亦不過表其無形之音。而非表有形之事物。故肄英法德文者。遇含義稍富之字。則必探其朔曰。此媾合羅馬之某字某字而成也。而媾合羅馬之某字某字。何以遂能成今義。則又非識羅馬文且曾治羅馬學者。莫能言之也。故在歐土而欲爲高尚之學者。其用力之勤與取塗之紆。固亦不讓於中國。我國文則或形與形相益。或形與聲相益。形也者。覵而可識察而見意者也。故驟覵之而概念可以發生焉。其形聲相益之字。則既覵所益之形而知其意。復覵所概之聲而知其讀。此最便也。而文字之泰半。實屬此類焉。其獨體之象形指事字。與夫形形相益之會意字。則雖不能望形以知其聲。固能察形以知其意。惟叚借字寓聲於他形。非可臆測以得。而必賴於指授。此則與彼純衍聲者。殆相類矣。準此以談。則彼我得失之數。亦正相半耳。但我國既主衍形。而其形則由古而籀而篆而隸以迄於今之楷行草。不知幾經遞嬗變化。或與固有之形。絕不復相肖。故欲按形索義。往往有差毫釐而謬千里者。雖然。此仍不足以揜其長也。不佞既信國文之不易變置。又鑑其委曲繁重。不適於普及。爲教育家深所患苦。頗思別闢塗徑。爲新研究法以餉國人。學殖淺薄。志焉未逮。屬方草史。冥想先民生活之程度。進化之次第。考其思想變遷之跡。而覆按諸其表此思想之語言文字。犂然其若有爪印之可尋也。輒相說以解。手舞足蹈而不能自已。乃劄記四十八條九十七文。名之曰國文語原解。雖所發明者不過九牛一毛。然自信於國學。蓋有小補。循此法以求之。則世人所目爲乾燥無味之字學。或可爲思想界發一異彩焉。其於國粹之發揚與國弊之矯正。或能間接以生效力也。故過而存之。抑我國近二百年來。江戴段王諸大儒相踵起。又益以咸同間金石家言。其於漢志之所謂小學者。披荆翦棘。登堂履閾。用力至劬。而所以餉後學者亦至厚。吾儕生今日。藉外國新智識之輸灌。旁通觸類。以與諸先輩研究所得者相證明。是先輩菑畬而吾儕獲其實也。故吾每擱筆而不知所謝。但恪守其家法。蘄勿爲先輩羞而已。國方多難。待解決之問題。不知凡幾。顧乃爲此舉世不治之學。毋乃翫物喪志。未忍覆瓿。聊復存之。自丁未正月十七日訖二十日。著竟記。

姓

說文云。人所生也。从女。从生。會意。生亦聲。古之聖人。母感天而生子。故稱天子。春秋隱公八年左氏傳曰。天子建德。因生以賜姓。今按。姓从女从生者。言女所生也。白虎通曰。古之時。未有三綱六紀。民人但知其母而不知其父。嚴譯甄克思社會通詮。言初民所生子女。皆從母以奠厥居。以莫知誰父故也。此實姓从女之眞意。古代著姓。若姚。若姒。若姬。若姜。若嬀。若嬴。若姞。若妘。文皆從女。實本於是。五經異義引詩齊魯韓春秋公羊說。皆云古者聖人無父。感天而生。左氏說則聖人皆有父。鄭康成則引詩玄鳥生商及漢高母劉媼感赤龍事。謂雖有父仍不害其感天。以此爲調停之說。不知此皆宗教家言耳。實則古代婚姻制度未立。無夫婦。故無父子。莫知誰父。乃不得不從母。謂無男性之胖合而能生子。其荒誕固不待辨。然確指其有父。是又不喻初民之狀態者也。至感天之說。則宗法時代以此繫民。宗教之作用也。

太平御覽引易緯是類謀云。聖人興起。不知姓名。當吹律聽聲以別其姓。黃帝吹律以定姓是也。吹律定姓。似屬至可笑之事。然甄氏社會通詮又言澳洲蠻俗圖騰有祭師長老。所生者聽祭師爲分屬以定圖騰焉。此其事抑與吹律定姓。甚相類矣。初民狀態。不謀而略相同也。

其後進爲宗法社會。則姓爲貴族所專有。而平民奴隸。不得與焉。蓋緣不知誰父而有感天之說。既有感天之說。則長於其宗者稱爲天子。而凡屬於此宗者皆謂同出於天。勰之曰百姓。以與齊民異。詩杕杜。不如我同姓。傳同祖也。又麟趾振振公姓。傳。公同姓也。禮記郊特牲。戒百姓也。注。王之親也。又曲禮納女於天子曰備百姓。又大傳。繫之以姓而弗別。注。姓正姓也。始祖爲正姓。高祖爲庶姓。又書堯典平章百姓。鄭注。羣臣之父子兄弟。凡此皆姓爲貴族專有之證也。古書中多有以百姓與民對舉者。書。平章百姓。黎民於變時雍。又黎民阻飢。百姓不親。國語周語。百姓兆民。

亦有天子特賜之姓者。書禹貢。錫土姓。左傳隱八年。天子建德。因生以賜姓。國語周語。王公之子弟之質能言能聽徹其官者。物而賜之姓。以監其官。是爲百姓。注。官有世功受姓氏者。是天子能以百姓之資格予人也。凡在宗法社會。其有宗人之資格者。則凡社會之產業。與夫本宗應享之利益。應有之權責。乃至祭祀昏喪及宗敎之所有事。咸得與焉。故其獲此資格也甚難。其唯天子得以錫之也。

民　奴　女　民。古文作㞒。或作𡰥。奴古文作㚢。女古文作𡚦。此三字意義。互有關係。錢唐夏氏曾佑曰。𡰥者。𡰣下加乀。此人械一足象也。山海經。貳負之臣曰危。危與貳負殺窫窳。帝乃梏之疏屬之山。桎其右足。反縛兩手與髮。繫之山上木。械一足縛兩手與髮於木上。與𡰥形正同。蓋古者待降人之常法也。由是觀之。上古民字之義殆如漢唐之稱虜矣今案古文民與古文女同形民卽女或从●或从𠂆皆所以指事指所械也詩侯人季女斯飢傳女民之弱者然則女字之語源亦與民同凡降人其男則械之其女則否以其弱故防之不必嚴也奴則其已馴服者故从人从古文女不問男女而皆去其械也

民者古之所以稱異族含賤蔑之意說文民衆氓也廣雅釋言民氓也書呂刑苗民勿用靈鄭注此族三生凶惡故著其氏而謂之民民者冥也言未見仁道春秋繁露民者瞑也荀子禮論注民泯無所知者賈子六政民之爲言萌也萌之爲言盲也周禮以興利甿萌注萌猶懵懵無知皃也此皆民字所以得聲之由亦卽其所以起義之由皆貴族輕藐賤族之言也又氓从民从亡會意謂自他部落亡而來歸者也詩氓之蚩蚩義亦與萌盲泯同初則鹵掠他部落之人爲民後有自他部落歸來者謂之氓也

說文奴婢皆古之辠人也今案俘自他族者則以爲奴本族有罪者亦削籍爲奴此古社會之通例也始焉克敵則殺之而已洎夫產業事興知手指愈多而所助於生計者愈厚於是有降服者則貸其死而械其足供使役因名曰民及其旣馴乃去其械故古文奴从女不从民謂民之已去械者也

女與民同形者何也凡古代婦女男子皆視爲奴隸甄克思曰社會女子之終於一夫徒以人功價值之昂男子欲保其身與其所生之力役而已又曰古代昏姻皆由掠奪蓋男子以强力劫其鄰部之女子以歸也然則女之取義與民同源抑有由矣說文女下云婦人也象形王育說段注云不得其居六書何等而惟王育說是象形也蓋象其揜蔽自守之狀余按王育說必有所受許氏覺其無形可象故存其說而不敢逕指爲是段氏則直嚮壁虛造矣豈知民字本爲象形而女字卽省民之形而象之耶說文以民部次於女部之後亦必有所

本沿襲久而失之耳。

由此觀之女與奴爲同物。而民之資格抑視奴更下焉。皆不能與百姓享同等之權利者也。其後民之界說漸寬。雖貴族亦同此稱。蓋一則無制限昏姻之禁。種族漸淆。一則貴族之人日多。其不得官者耕田鑿井。與民無異。因卽以民之名加之。於是舉社會中惟有君主與民之兩階級。而無復貴族之階級介乎其間。此實進化之一現象也。

然貴族一階級雖除。而有罪削籍之制。仍緣而不廢。乃於民之下而別生出奴之一階級。說文謂奴爲古之辠人。此後起之義也。古者由民而進爲奴。後世由民而降爲奴也。

夅　說文服也。从夂㐄相承不敢並也。會意。今案此卽降服之降字也。篆文作夅。夂刃也。說文夌下云。夌越也。从刃。然則夂卽刃也。㐄象人械雙足而跪之形。械其足而臨之以刃。使降服也。

童　妾　說文童下云。男有辠曰奴。奴曰童。女曰妾。从辛重省聲。妾下云。有罪女子給事者。从辛从女。會意。侯官嚴氏復云。童妾之文皆从卒。蓋種人有罪。而無力自贖。則沒爲奴婢也。今案嚴說是也。但其云童妾之文皆从卒則非。卒之義與有罪不相覆也。童妾所从之辛。說文云。辠也。从干二。會意。二卽上字。干犯也。犯上故爲罪。童妾从之者。正明其爲罪人耳。周禮太宰臣妾聚斂疏材。注。臣妾男女貧賤之稱。又司隸。其奴男子入於辠隸。女子入於舂稾。皆此義也。童或加人爲僮。史記貨殖傳。僮手指千。又㸑僮。注皆云。奴婢也。漢書賈誼傳。今民賣僮者。注謂隸妾也。又司馬相如傳。卓王孫僮八百人。注謂奴也。此皆後起之奴隸也。

取　娶　婚　說文取下云。捕取也。从又从耳。會意。今案又者手也。以手馘耳曰取。周禮。獲者取左耳。是其義也。

爾雅釋詁。探篡俘取也。左莊十一年傳。覆而敗之曰取。然則取字之語源。含有取之於敵之意。說文娶下云。取婦也。从女。从取。會意。取亦聲。然則娶字之語源。實含掠奪意可見。近世社會學者。言最初之婚姻。實爲掠奪。甄克思社會通詮曰。奪婦之風。今雖久亡。然其跡尙存於禮俗。至今猶以女子怡然來歸無事强逼者爲足赧焉。歐俗嫁娶。爲夫壻儐相者稱良士。此古助人奪婦者也。爲新婦保介者曰扶孃。此古助人扞賊者也。既合巹。壻與婦相將外游。踰旬時始返。謂之蜜月。此所以避女氏之鋒。而相與逃匿者也。今按。禮經士昏禮。壻婦皆有從者。其禮俗所緣起。亦當與彼同。而說文婚下云。婦家也。禮娶婦以昏時。婦人陰也。故曰婚。从女。从昏。會意。士昏禮注云。士娶妻之禮。以昏爲期。因而名焉。必以昏者。陽往而陰來。今案。許鄭二君皆以陰陽之義說昏禮所以用昏時之故。此不通古俗而穿鑿傅會也。實則暮夜取便掠奪耳。易匪寇昏媾。緣寇與昏媾最易相混也。此皆非借今日之新學說。無以解之。及夫後世蠻俗盡去。而其蛛絲馬跡。猶存諸禮制中。蓋禮之起緣於慣習所從來遠矣。

或　國　說文或下云。邦也。从口从戈以守一。會意。一地也。今案。此造字最精之義也。从口者。古人文字。多以口代人。如合字同字之从口皆是也。人在地上。以戈守之。此正國字之解釋也。近世學者言國家之要素三。曰領土。曰人民。曰主權。或字之口。所以表人民。其一所以表土地。其戈所以表主權也。表主權而必以戈者。必以武力乃能保國家之獨立。且使人民生服從之關係。故非戈不爲功也。其後加囗爲國。說文國下云。邦也。从囗从或。會意。囗所以示國界。蓋確定領土之觀念也。

國字之原意。與或小別。或指全國。國指都內。考工記匠人。國中九經九緯。注。城內也。周禮士師。三曰國禁。注。城中也。又太宰以佐王治邦國。注。邦之所居曰國。孟子。在國曰市井之臣。注。謂都邑也。齊語。參其國而伍其鄙。注。國謂郊以內也。然則國之正字實爲對野對鄙而言。古代人民皆爲堡聚。春夏秋則散之郊鄙。以耕以牧。及冬則斂其畜藏而返諸堡聚。或遇敵侵則亦羣徙於堡以守焉。公羊宣十五年傳注所謂春夏出田秋冬入保城郭是也。希臘古俗亦然。故古代人民常認城郭以內爲國。此國字之所由起也。迨世運日進。人民不專萃於都邑。於是視地方之重要與中央等。故國字遂奪或字之義。而或之本訓反爲叚借所搀矣。

家　說文。居也。从宀。豭省聲。段氏玉裁曰。竊謂此乃豕之居。叚爲人之居。如牢爲牛之居。叚爲拘辠之陛牢也。豢豕之生子最多。故人居處借用其字。久而忘其本義。使叚借之義得冒據之。蓋自古而然。許書之作。盡正其失。而猶未免此。且曲爲之說。是千慮之一失也。今案段說是也。然所以必叚借此字者。猶未能言其故。周禮小司徒。上地家七人。注。有夫有婦然後爲家。然則家不惟含有居室之義。且含有家族之義。家族之起。必自進於牧畜時代以後。故家之語源與牧畜相附麗。亦宜。牧畜之業。以牛羊豕爲最普通。然牛羊放之於野。豕則圈之於舍。故家族之所居。必與豕相鄰。且初民生事至艱。不能多營宮室。既搆數椽以蓄其豕。旦晝適野。暮歸則與豕同棲。其後遂叚豕之居爲人之居。蓋以此也。

尹　君　后　說文尹下云。治也。从又握丿事者也。今案又者手也。丿者所握者也。此指事字也。掌握主權。謂之曰尹。說文君下云。尊也。从尹發號。故从口。古文象君坐形。白虎通。君羣也。荀子王制。君者善羣也。春秋繁露。君者不失其羣者也。又君者元也。君者原也。君者權也。荀子君道。君者民之原也。尊羣元原權皆君字得聲之由也。侯官嚴氏曰。條頓種之種君曰開寧。巴社種曰可汗。今英人謂其王曰欽德。人謂其王曰區匿。皆與中國君字音近。殆同出一原歟。

說文后下云繼體君也。象人之形。施令以告四方。故厂之。从一口。發號者君后也。朱氏駿聲曰。从坐人从口。會意。與君同意。今按朱說是也。以其爲繼體君。故引申爲先後之後。又釋名天子之妃曰后。后後也。言在後不敢以副言也。亦引申之義。

臣　說文事君者也。象屈服之形。今案臣之本訓。亦與民相近。書費誓臣妾逋逃。鄭注臣妾厮役之屬也。周禮太宰。八曰臣妾。注男女貧賤之稱。禮記少儀臣則左之。注謂囚俘。又樂記商爲臣。注服也。漢書高帝紀臣少好相人。注古人相與語多自稱臣。自卑下之道也。左氏僖十七年傳梁嬴孕。卜曰將生一男一女。男爲人臣。女爲人妾。故名男曰圉。女曰妾。此皆臣之本訓也。古義臣與官不同。說文官下云吏事君者也。从宀从𠂤。會意。𠂤猶衆也。廣雅釋詁一官君也。國語周語王公之子弟。是爲百姓。姓有徹品於王。謂之千品五物之官陪屬萬爲萬官。官蓋貴族之佐君以執行國政而治民者。就其佐君言之。可謂之事君。就其治民言之。亦可謂之君也。臣則民奴之位置稍高者耳。以臣而任官者謂之宦。說文宦下云仕也。从宀从臣。會意。國語越語與范蠡入宦於吳。注爲臣隸也。此其義也。及後世貴族階級消滅。而臣始與官混。

王　皇　說文王下云天下所歸往也。孔子曰。一貫三爲王。董仲舒曰。古之造文者。三畫而連其中。謂之王。三者天地人也。而參通之者王也。今按據許說則王者會意字也。必自宗法社會以進入於國家社會。然後得有此觀念。我中國三代以來之政治思想。謂天下國家非一人一姓所得私。惟有德者宜爲之君。論君主之資格。不以血統而以道德。貫通三才。民所歸往。即王者所必要之資格也。此其義與古代所謂君者絕異。至孔子而大昌之然亦必先有此說。考唐虞之書無王字。始見於禹貢王屋。孟子引夏諺曰吾王不游。然則始於夏也。古大誓至於王屋。馬注王所居屋。然則王屋山殆禹治水時所曾居因以得名歟。但王居門爲閏。而閏字已見堯典。則似唐虞前已有王字。然此或當時雖已推曆知閏。而尚未賦以定名。此名爲後人所追加也。

說文皇下云大也。从自。自始也。始王者三皇大君也。會意。自讀若鼻。今俗始生子爲鼻子。今案皇字當更起自王字之後。三皇稱皇者。後人追稱也。

父 說文家長率教者。从又舉杖。朱氏駿聲曰丿指事也。今案父與尹同形同義。父古文通作尺。而尹考鼎之尹字正作尺。兩者皆从手持物會意字也。宗法社會家長卽君。兩者之性質無甚差別也。故父之兄弟曰諸父。父之父曰王父。

田 畋 男 嗇 說文田下云陳也。樹穀曰田。象形。从口。从十。廣雅釋地田土也。釋名釋地已耕曰田。此皆以農耕之義爲解釋也。然易繫辭以田以漁。又師卦田無禽。書無逸不敢盤于游田。詩叔于田。周禮田僕以田以鄙。穀梁桓四年傳春曰田。禮記曲禮天子諸侯無事則歲三田。此皆田獵之義。後儒謂此乃叚借田疇之田以爲用。然漁獵社會遠在農耕社會以前。斷無前人反叚借後人所造字之理。竊以爲田獵之田實其本字。而田疇之田乃其叚借字也。易繫辭作結繩而爲罔罟。以田以漁。罔篆作网。說文云象网交文。而鐘鼎从网之字皆作冈。與田相似。竊以爲田字之十乃象結罔形。其口則畫各部落獵場之界也。厥後耕稼事興。而田疇之形又正與相類。乃卽叚此而爲之耳。既叚田爲田疇。而本字反加攴爲畋以示別。此又其後起也。

說文男下云丈夫者也。从田从力。會意。言用力於田也。許君此文田字指田獵之田。抑指田疇之田。雖不可知。

然鄙意謂必當爲田獵之田。蓋男字之起原當甚古。必不待農耕時代而始有也。說文畜下云田畜也。淮南王曰玄田爲畜。魯郊禮文从茲从田。茲益也。侯官嚴氏曰。畜从茲田。滋所畋者也。今按嚴說是也。甄克思曰。初民雖無遠慮而貪饕。然其愛物好弄之情。視文明人時或過之。故畋獵所獲。苟旣供日食而有餘。則常留一二以爲珍。而不必盡出於殺。故豢養之事。始於畜玩。其後或閱時而無所獵獲。則殺所畜而饗之。於是知畜牲之大用。不徒玩好。且以救飢。而豢擾之業愈興矣。此說大可以證明畜字之語源。从茲田者。謂田獵所有餘也。孟子畜君者好君也。呂覽適威民善之則畜也。注畜好也。以好訓畜。此亦畜牲起於玩好之證歟。

昔　說文云乾肉也。从殘肉。日以晞之。今案此昔字之本訓也。後世則叚借爲古昔之昔。而乾肉字則加月爲腊。古昔之昔。所以叚義於乾肉者。初民之記憶力不能及遠。食乾肉之時。猛憶前此晞之之日。則指爲昔。此所以引申得名也。从殘肉。亦其所餘之肉。蓋初民必無專宰牲以供製腊之用者。必食而有餘。乃始晞之。亦與畜之从茲同義。

有　說文有下云。不宜有也。春秋傳曰。日月有食之。从月又聲。侯官嚴氏曰。从手肉會意。謂手所持肉也。今按齊侯鍾咸有九州文正从肉不从月。說文云从月。而不能解釋其所以从月之由。乃引日月有食之。穿鑿甚矣。太古人民。絕無所有權之觀念。惟手所持之食物。則目爲己有。此與兒童之思想。其簡單正相類。

求　說文求下云。裘之古文省衣象形。朱氏駿聲曰。當从又从尾省會意。以手索取物也。孔子弟子冉求字有。有者以手取月。名字相應。今案許說之誤。無待言。朱說亦未盡。竊謂求當从手从殘肉會意。石鼓文君子之求作𣏗。

而𨚍敦昔作[illegible]。牧敦作[illegible]。曶鼎作[illegible]。睘其殘肉。而或單排之。或雙排之。或三排之。或上向。或下向。皆所以象其凌亂之形也。有者。手所持之肉爲己有也。求者。人所餘之殘肉。從而以手求之也。

奪　盜　說文奪下云。手持隹失之也。从又从奞。按隹鳥也。今按此字蓋起於射獵時代矣。說文盜下云。私利物也。从次。次欲也。从皿。會意。今按初民所欲盜者。惟食物也。

安　寍　甚　說文安下云。竫也。从女在宀中。會意。飲食男女。人之大欲存焉。故寍从宀心皿。安从宀女。寍下云。安也。从宀。心在皿上。會意。人之飲食器。所以安人。甚下云。尤安樂也。从甘匹。匹耦也。會意。段注。甘者飲食。匹者男女。今案此皆至精之義。訓安寍皆從宀者。宮室也。有宮室。有飲食。有男女。生計粗備矣。故安樂也。

它　說文它。虫也。从虫而長。象冤屈垂尾形。上古艸居患它。故相問無它乎。或从虫作蛇。今案。此說明佗字引申之義。最饒趣味。

凶　虐　畏　說文凶下云。惡也。象地穿交陷其中也。指事。虐下云。殘也。从虍。虎足反爪人也。畏下云。惡也。从甶从虐省。會意。鬼頭而虎爪。可畏也。今案虐篆作[illegible]。畏篆作[illegible]。虐之巨象虎爪。漢隸省人也。畏之甶爲鬼頭。下從虎爪人形。此可見漁獵時代人民之思想。以陷入於阱爲最凶。以虎爪人爲最虐。而可畏。畏鬼頭者。亦初民之迷信也。

入　內　說文入下云。內也。象从上俱下也。內下云。入也。从冂从入。自外而入也。今案入篆作人。故云从上俱下。此營窟時代之俗也。

古　說文云。故也。从十口。會意。十口識前言者也。十口相傳爲古。十口並協爲叶。今案未有文字以前。神話皆託諸口碑。故十口相傳爲古也。

蠱 說文云。腹中蟲也。春秋傳曰皿蟲爲蠱。晦淫之所生也。梟桀死之鬼亦爲蠱。从蟲从皿會意。今案蠱之起源蓋甚古。周禮庶氏掌除毒蠱。翦氏凡庶蠱之事。爾雅釋器康謂之蠱。史記秦本紀以狗禦蠱。又封禪書磔狗邑四門以禦蠱。而易亦有蠱卦。是古代卽有此名詞。可知蠱乃微生物毒害人者。今醫家大從事於黴菌之發明。然猶苦未能盡。古代乃能見及。可謂異事。然至今苗族猶善用蠱。蓋野蠻人之奇術。常有爲文明人所不及者。如埃及古代人之木乃伊之類是也。此蠱字或由與苗族交涉始有之乎。苗人多鬼神異術。故蠱含有詭異之性質。漢時之巫蠱是也。殺狗以禦。亦由迷信而來。周禮至專設兩官以掌此。殆當時我族甚患苦之也。

焚 野 說文焚下云。燒田也。从火从林會意。（此據段氏訂定本）野下云。郊外也。从里予聲。古文从林从里省作埜。今案凡可耕之土。必爲沃壤。故草木叢生而爲林。埜之所以从土上林也。初民之進於農耕時代。則烈而焚之。故焚从火从林。訓燒田也。未耕之田謂之菑。而菑亦與災通。其義正同。

委 說文云。隨也。从女从禾。今案此會意字也。而从女从禾何以能與隨之意相屬。許君不及言之。余謂隨乃後起之義。訓其語源。實不如是。周禮遺人掌邦之委積。孟子孔子嘗爲委吏矣。注主委積倉廩之吏。管子大匡三十里置委。注謂當有儲擬以供過者。公羊桓十四年傳粢盛委之所藏也。甘泉賦瑞穰穰兮委如山。此皆委之本義。謂所儲餘糧也。从禾从女者。禾以女守之也。初民之進入農耕時代。使婦女司此事。

厶 公 說文厶下云。姦衺也。韓非曰。倉頡作字。自營爲厶。指事。公下云。平分也。从八从厶會意。韓非子五蠹篇曰。背厶謂之公。或說分其厶以與人爲公。今案今本韓非子云。自環者謂之私。蓋厶篆作6自環也。此兩字造字之義深遠矣．

自　說文云鼻也．象形．今案引申爲自己之自者．凡人之自稱．每以手指其鼻．此殆自然之習慣也．

工　巨　榘　說文工下云．象人有規矩也．段注直中繩．二平中準．是規矩也．今案此於六書爲指事．非象形也．橫則句．豎則股．凡工之事．一規矩畫之．圓出于方．方出于矩．矩之法．一句股盡之．此造字之精義也．巨下云．規巨也．从工象手持之．或又从木矢．矢者其中正也．今案禮記大學．君子有絜矩之道也．古本作挈巨．管子宙合．成功之術．必有巨矱．注矩矱也．此巨字之本義．

巫　說文云．祝也．女能事無形以舞降神者也．象人兩袖舞形．今案凡野蠻之祀神．無不傞傞以舞者．至今苗族及美澳各地之蠻族猶然．緣此字可見古俗．

夏　篆作𡕾．說文云中國之人也．从夊从頁从𦥑．𦥑兩手．夊兩足也．又案頁頭面也．就字形諦審之．此必爲象人形無疑．顧有面頭有手有足．此一切人所同．何以特造此一字．而命爲中國人．此不可解．且中國人之稱諸夏稱華夏．蓋由以朝代名爲國名．如今之稱漢人稱唐人．尤不應以中國人爲夏字之本訓．然書堯典蠻夷猾夏．此則在夏朝未建以前．豈此果爲中國人之本名耶．果爾則竟以大夏爲國名．良佳．存疑以俟來哲．

眞　說文云．僊人變形而登天也．从匕从目从乚．乚隱也．八所乘載也．今案六經無眞字．莊子大宗師．而已反其眞．而我猶爲人猗．列子天瑞．歸其眞宅．此當是此字本義．今通眞實之眞．字古人多以信字當之．希臘學說．標眞善美爲三德．孟子可欲之謂善．有諸己之謂信．充實之謂美．正與彼同．

仁　㑰　說文仁下云．親也．从人从二．會意．儀禮鄭注．仁者相人偶也．春秋元命苞．仁者情志好生愛人．故立字二人爲仁。春秋繁露。仁以愛人。義以正我。今案後儒說仁字之定義。言人人殊。此殆其本訓矣。說文佞下云。巧諂高材也。从女仁聲。據徐楷本小爾雅廣言。佞才也。左成十三年傳。寡人不佞。又十六年傳。諸臣不佞。晉語。佞之見佞。果喪其田。注僞善爲佞。今案佞當从仁从女。仁亦聲。从女者。女陰道。言陰爲若仁也。國語韋昭僞善之訓。最合本義。古人用爲才。最普通。寡人不佞。諸臣不佞。猶言不才也。論語仁而不佞。則流俗且以爲美德矣。後世解爲口才便給。乃其狹義也。

便　說文云。安也。人有不便。更之。从人从更。會意。今案社會常因時改革。乃安也。

文字　說文文下云。錯畫也。象交文。字下云。乳也。从子在宀下。會意。子亦聲。今案易繫辭。仰以觀於天文。又觀鳥獸之文。又物相雜謂之文。此文之本訓。卽自然界之現象是也。字者。廣雅釋詁一。字生也。易屯卦。女子貞不字。虞注。姙娠也。史記平準書。乘字牝者。索隱。孕字之牝也。然則孕生爲字。字本訓。說文序。倉頡之初作書。蓋依類象形。故謂之文。其後形聲相益。卽謂之字。文者物象之本。字者言孳乳而寖多也。此文字二字引申之義也。就其引申之義言之。則單體謂之文。複體謂之字。六書中象形指事爲文。會意諧聲爲字。四者造字之本。其轉注叚借。則用字之法也。文字之本意不相蒙。故許氏名其書曰說文解字。然對稱則別。散稱則通。後世雖文亦謂之字矣。若文章文學文明之文。則叚借彣爲之。說文彣下云。𢒪也。从彡从文。會意。

士　說文云。事也。數始於一。終於十。从一从十。會意。孔子曰。推十合一爲士。今案逸周書。冑子成人。能治上官。謂之士。此士之正訓也。蓋貴族別於平民者。所以取數字从一从十者。漢書律厤志云。數者所以算數事物。順性命之理也。數術之學。乃黃帝時代所獨發明。認爲自然法之一部分。惟貴族乃受其學。故士从之也。

辟　宰　說文辟下云。法也。从卪。从辛。節制其辠也。从口。用法者也。宰下云。辠人在屋下執事者。从宀。从辛。會意。辛辠也。今案爾雅釋詁。辟君也。書洪範。惟辟作威。馬注。辟君也。漢書五行志。辟遏有德。注。天子也。此辟之引申義。小爾雅廣詁。宰治也。白虎通。宰者制也。周禮目錄。宰者官也。序官。乃立天官冢宰。注。主也。此宰之引申義。君相之稱。皆與辠字義相屬。蓋初進於法治國。其唯一之法律。則刑法也。

亟　說文云。敏疾也。从人从口从又。會意。从二。二天地也。指事。人生天地間。手口並作。敏疾成事也。今案此字極複雜而有趣味。

弔　篆作弔。說文云。問終也。古之葬者。厚衣之以薪。从人持弓。會毆禽。按此會意字也。必起於未有棺槨以前矣。

貝　說文云。海介蟲也。古者貨貝而寶龜。周而有泉。至秦廢貝行泉。今案此說古代貨幣進化之次弟。最爲明白。後人謂夏禹時有安邑二貨金幣者。僞也。或乃言太皞伏羲時已有圜法。更不經矣。古代人民。皆用實物交換。易繫辭所謂交易而退。各得其所是也。及稍進。乃始蓄一種物焉。以爲易中之用。而其最始恆用貝。各國古社會皆然。匪獨我也。蓋貝之爲物有五德。一曰文采可觀。二曰質堅難壞。三曰體小可數。四曰採集較艱。五曰可貫以持。故當古代礦業未興以前。此物最適於爲貨幣之用。故財賄貨貣賖質買賣貢賦賂賞賀贐賜賚貽賈販貰賃責負寶貪貧貴賤等字。凡屬於經濟界者。罔不从貝。貝實古代經濟之樞紐也。

說文毌下云。穿物持之也。毌象寶貨之形。兩貝爲朋。一橫穿之。指事。貫下云。錢貝之貫也。从毌貝。會意。是古之用貝。以繩穿之也。

僞　說文云。詐也。从人爲聲。今案當云。作也。从人爲。會意。爲亦聲。廣雅釋詁二。僞爲也。釋言。僞端也。又。條也。又引也。詩兔爰尙無造傳造僞也。禮記月令。無或詐僞淫巧。今本作作爲。荀子性惡篇。不可學不可事而在人者謂之性。可學而能可事而成之在人者謂之僞。又正名篇。心慮而能爲之動謂之僞。又慮積焉能習焉而後成謂之僞。此僞字之本訓也。非不美之名。後引申爲虛假之義。

爲之本義爲母猴。叚借爲作爲之爲。亦易混用。加人以明之。如毋貫本一字。而加从貝。昔腊本一字。而加从肉也。其後爲之本義。爲其叚借之義所奪。而僞之本義。緣此復爲其引申之義所奪。

灋

說文云。刑也。平之如水。从水。廌所以觸不直者去之。从廌去。會意。今文从水从去。古文从亼从正。會意。又廌下云。解廌獸也。似牛一角。古者聽訟令觸不直者。段注。神異經曰。東北荒中有獸。見人鬥則觸不直。聞人論則咋不正。名曰獬豸。論衡曰。獬豸者一角之羊。性識有罪。皋陶治獄。有罪者令羊觸之。按古有此神獸。非必皋陶賴之聽獄也。今案初民法律不備。而多迷信。使獸觸不直。非必無之事。此如歐洲古代之探湯決獄耳。及後世製字。遂會其意以成文。又从水者。說苑雜言云。孔子曰。夫水者君子比德焉。至量必平。似正。盈不求槩。似度。是水之德平且正也。从水以示平正。从廌去以示正直。然則灋之語源。實訓平訓正直也。管子七法篇。尺寸也。繩墨也。規矩也。衡石也。斗斛也。角量也。謂之法。凡以言其平且正直也。又正篇。當故不改曰法。如四時之不貣。如星辰之不變。如宵如晝。如陰如陽。如日月之明。曰法。此所以示其固定不變。天下惟平而正直者。能固定不變也。孝經。非先王之法服不敢服。非先王之法言不敢道。注。法。經也。常也。爾雅釋詁亦云。法。常也。是其義也。其後用之於廣義。則爲成文法律之法。用之於最廣義。則爲法則方法之法。皆展轉引申也。釋名釋典藝云。法。逼也。人莫不欲從其志。逼正使有所限也。此雖非最初義。然與近世學者所言法之觀念。甚相接近。所謂莫不欲從其志者。言人人欲自由也。使有所限者。自由有界也。逼者即强制制裁之意。而制裁必軌於正。則我國之觀念也。

古文从亼一从正者。說文亼下云。三合也。从入一。象三合之形。周禮小司寇。以三刺斷庶民獄訟之中。一曰訊羣臣。二曰訊羣吏。三曰訊萬民。聽民之所刺宥。以施上服下服之刑。是古代治獄。以輿論取決也。書洪範三人占則從二人之言。此與論取決之法也。故从三合之亼。廣雅釋詁二。法合也。義本古文也。

井　刑　形　侀　型　說文井下云。八家一井。象構韓形。今案此自井之本義。然井之形。實平而正。且有水德。故義通於法。荀子儒效篇。井井兮其有理也。以井爲形容詞。含秩序意。易井卦。改邑不改井。王注。井以不變爲德者也。然則井也者。具有秩序與不變之兩義者也。秩序不變。與法之觀念正合。故廣雅釋詁一云。井灋也。易井卦鄭注亦云。井法也。越絶書記地傳云。井者法也。一切經音義引易記云。井爲刑法也。風俗通云。井法也。節也。言法制居人令節其飲食無窮竭也。此必其古義有所受者矣。故刑字从之。

說文刑下云。罰辠也。从井从刀。會意。易曰。井法也。井亦聲。字今誤作刑。似刑。今案刑與刑殊。說文刑下云。剄也。剄下云。刑也。二者轉注。然則刑之本義甚狹。謂剄人之頸而已。段注云。刑罰典型儀型等字。以刑當之。俗字也。造字之恉既殊。井聲幵聲各部。是也。說文法下云。刑也。而此文云。井法也。是刑法二字相轉注也。詩毛傳亦屢云。刑法也。段注曰。易利用刑人。以正法也。引申爲凡模笵之稱。木部曰。模者法也。竹部曰。笵者法也。土部曰。型者鑄器之法也。據此。則刑法之爲轉注。益信。易曰。利用刑人。以正法也。是刑含有正之意。荀子彊國篇云。刑范正。金錫美。是刑以正爲貴也。禮記王制云。刑者侀也。侀者成也。一成而不可變。故君子盡心焉。一成不變。正與型之性質相合。亦即法字之意也。其字又與形通。左傳引詩形民之力而無醉飽之心。杜注云。形同刑。程量其力之所能爲而不過也。然則刑有形式之意。模範之意。程量之意。其德則平正秩序而不變也。故典刑儀刑等字皆備此諸義。今若下其定義。則當云刑也者以人力制定一平正有秩序而不變之形式。可以爲事物之模範及程量者也。與灋字之範圍正脗合。說文訓爲罰辠者。就其狹義言之。則罰辠之法也。

律　說文云。均布也。从彳聿聲。段注云。律者所以範天下之不一而歸於一。故曰均布。桂氏馥義證云。均布也者。義當是均也布也。樂記樂所以立均。尹文子大道篇以律均淸濁。鶡冠子五聲不同均。周語律所以立均出度也。今案說文之訓。段桂之釋。皆能深探語源。確得本意。蓋吾國科學發達最古者。莫如樂律。史記律書云。王者制事立法。物度軌則。壹稟於六律。六律爲萬事根本焉。漢書律曆志云。夫律者規圜矩方權重衡平準繩嘉量。探賾索隱。鉤深致遠。莫不用焉。故曰萬事根本也。書言同律度量衡。而度量衡又皆出於律。夫度量衡爲一切形質量之標準。而律又爲度量衡之標準。然則律也者。可謂一切事物之總標準也。而律復有其標準焉。曰黃鐘之宮。黃鐘之宮者。十二律中之中聲也。以其極平均而正確。故謂之中聲。所以能爲標準之標準者。以其中也。故律者制裁事物之最嚴格者也。左傳云。先王之樂。所以節百事。是其義也。孟子曰。不以六律。不能正五音。蓋樂之爲理。十二律固定不動。而五音回旋焉。若衆星之拱北辰。然則律者非徒平均正確。而又固定不動者也。綜上諸訓。以下其定義。則律也者平均正確固定不動。而可以爲一切事物之標準者也。其後展轉引申。凡平均正確固定可爲事物標準者。皆得錫以律名。易曰。師出以律。孔疏云。律法也。爾雅釋詁律法也常也。律法律通名之始也。爾雅釋言又云。律銓也。郭注云。所以銓量輕重。此猶刑之訓程量標準之意也。釋名云。律累也。

累人心使不得放肆。此猶法之訓逼所以正不正也。自漢以還。而法遂以律名。史記蕭相國世家。獨先入收秦律令。又杜周傳前主所是著爲律。漢書刑法志不若刪定律令。是皆以律名法矣。多不克悉舉。

則　制　分　說文則下云。等畫物也。从刀从貝會意。貝古之物貨也。段注云。等畫物者。定其差等而各爲介畫也。物貨有貴賤之差。故從刀介畫之。今案古者以貝爲貨幣。而貨幣之用。在於易中。故能權物之貴賤而等差之者。莫如貝。故曰等物。齊之如刀切焉。故曰畫物。从貝以示等。从刀以示畫。蓋含秩序均齊之意。既差等而猶命之曰均齊者。孟子曰。物之不齊。物之情也。本不齊者。因其等而等之。是乃所謂齊也。爾雅釋詁。則法也。常也。管子七法篇。根天地之氣。寒暑之和。水土之性。人民鳥獸草木之生物。雖不甚多。皆均有焉。而未嘗變也。謂之則。易乾卦。乃見天則。詩烝民。有物有則。六月。閑之維則。周禮大司馬。均守平則。又太史掌則以逆都鄙之治。左僖九年傳。順帝之則。文十八年傳。則以觀德。昭六年傳。聖作則。周語。蔑棄五則。魯語。毀則者爲賊。晉語。略則行志。夏小正。將閑諸則。離騷。名余曰正則兮。傳注皆訓法。此則字之本義。蓋均齊秩序而不變。與法之觀念正脗合也。

凡字之从刀者。多含以刀切齊之之意。又含差別之意。如荆則分解列制等皆是。說文分下云。別也。从八从刀。會意。刀以分別物也。列下云。分解也。別下云。分解也。解下云。判也。从刀判牛角。會意。制下云。裁也。从刀从未。會意。未物成有滋味可裁斷。皆其義也。管子七臣七主篇。律者所以定分止爭也。荀子禮論篇。求而無度量分界。則不能不爭。爭則亂。先王惡其亂也。故制禮義以分之。禮記禮運。男有分。凡此皆含等畫物之意。與法則義相通。法之爲用。不外定分以止爭耳。無論公德私德。莫不有然。此字之所以多從刀也。制字从未之義未詳。許君說近穿鑿。然其字古文又从彡作𣃔。朱氏駿聲曰。以刀斷木。从未猶从木也。木老而堅中材用。故从未。古文从彡。象斫木紋。淮南主術訓云。猶巧工之制木也。今按朱說近是。荀子王語篇。處國有制。注。謂差等也。禮記曲禮。必告之以其制。注。法度也。越語。君行制。臣行意。注。法也。此皆制字之引申義。與則字同意。

式　說文云。法也。从工弋聲。今案式之取義在工。而工象規矩之形。直中繩。二平中準。所以衡度也。衡度者以中正平均爲體用者也。與法同觀念。故訓法。廣雅釋詁一。式。灋也。詩下武。下土之式。傳。法也。周禮典婦功。掌婦式之法。注。婦人事之模範。又太宰。以九式均節財用。注。式謂節度。老子。抱一爲天下式。注。猶則之也。

範　說文無範字。竹部笵下云。法也。竹簡書也。古法有竹刑。段注云。通俗文曰。規模曰笵。元應曰。以土曰型。以金曰鎔。以木曰模。以竹曰笵。一物材別也。說與說文合。今按據此則知笵與型同義。型即荆也。故訓法。考工記。軓前十尺。注云。書或作軓。軓法也。然則在車曰軓。範乃後起之字。婿合笵軓二文而成也。易繫辭。範圍天地之化而不過。鄭注。範法也。書洪範。僞孔傳云。洪大範法也。言天地之大法。然則範亦爲法之名。而其義又全與法同也。

卪　㞋　辟　令　命　卪即古節字。與法字義相屬。說文卪下云。瑞信也。節下云。竹約也。蓋皆所持以爲號令者也。引申爲節制節度之義。賈子道術篇。費弗過適謂之節。禮記樂記。好惡無節於內。注。法度也。又仲尼燕居。樂也者節也。疏。制也。周禮趣馬。簡其六節。注。猶量也。此與法之訓逼。律之訓累同意。皆言法之用也。示强制執行之意也。以手加卪爲㞋。㞋即古服字。說文㞋下云。治也。从又从卪。會意。卪事之制也。服下云。用也。蓋法既立則服從於法之義務緣而生也。又辟下云。法也。从卪从辛。節制其辠也。从口。用法者也。會意。觀此則卪與法之關係益明。爾雅釋詁訓辟爲法。又訓爲君。又訓爲辠。三者若絕不相屬。然皆是也。就其本體言之。則謂之法。就用法之人言之。則謂之君。就受法之目的物言之。則謂之辠也。說文報下云當辠人也。从㚔从𠬝會意。義亦本此。

命令字亦皆从卪。蓋法者。命令服從之關係也。說文令下云發號也。从亼从卪會意。命下云使也。从口从令。會意。令亦聲。廣雅釋詁令禁也。又令君也。此與辟之訓法又訓君者同。其後天子之言謂之命令。上之對於下皆謂之命令。此其引申也。

寸　守　討　射　寺　等　度　說文寸下云十分也。人手卻一寸動𧖴。謂之寸口。从又一。指事。守下云官守也。从宀寺府之事也。从寸。法度也。討下云治也。从言从寸。會意。寸法度也。䠶下云篆文从身从寸。寸法度也。亦手也。寺下云廷也。有法度者也。从寸之聲。等下云齊簡也。从竹从寺會意。寺官曹之等平也。據此則从寸之字。多會法度之意。寸者量度之本位也。由寸而累之則爲尺。由寸而析之則爲分。故以擬法焉。亦取均齊之義也。說文度下云法制也。从又庶省聲。从又與从寸同。寸本从又。以一指事。皆借手爲度量之意也。

中　正　直　平　均　齊　此數者皆中國道德上之根本思想。而尤爲法律觀念之所從出也。是以比而論之。

說文中下云和也。从口丨上下通。段氏訂爲內也。从囗。朱氏駿聲曰當从㫃。象射侯形。从丨。通也。亦象矢形。橫穿爲毌。縱通爲中。用字从此作。用古文用作𠕀。則象侯更顯然矣。周禮射人與太史數射中儀禮大射儀中離維綱。禮記射義持弓矢審固。然後可以言中。故盛算之器卽曰中。鄉射禮記皮樹中閭中虎中兕中鹿中是也。

今案。朱說是也。中正二字皆以射喻。後世習用不察耳。我中國道德倫理之觀念至有弓矢以後而始發達。蓋弓矢造於黃帝。而黃帝以后。我文明乃大進步也。當時新發明此種利器。旣以威敵。復習用之。而覺其有種種之德。故矩矱知等字皆从矢。而中正之德。亦以矢喻也。引申爲凡適中之義。謂不偏不倚無過不及也。禮記有中庸篇。其言曰。中也者天下之大本也。又曰。君子而時中。又曰。執其兩端用其中於民。論語曰。允執厥中。又曰。中庸之爲德也其至矣夫。春秋繁露云。中者天之所用也。皆以之爲最高之德矣。字之从之者曰用曰史。其从用者曰庸。从史者曰吏曰事。說文用下云。可施行也。庸下云。用也。事可施行謂之用。行而有繼謂之庸。爾雅釋詁云。庸常也。惟中而可用。故爲常道也。說文史下云。記事者也。从又持中。會意。中正也。古代一切教育皆託諸史。故以中爲史德焉。吏下云。治人者也。从一从史。會意。漢書景帝紀。吏者民之師也。管子明法篇。吏者民之所懸命。故从史取中之意。事下云。職也。从史之省聲。一切人事皆史所敎。而以手持中爲標準也。

說文正下云。是也。从止。一以止。朱氏駿聲曰。此字本訓當爲矦中也。象方形。卽曰从止。亦矢所止也。受矢者曰正。拒矢者曰乏。故於文反正爲乏。小爾雅廣器。鵠中者謂之正。是也。今案朱說是也。其後引申爲凡正直之義。字之从之者曰是曰定曰政。說文是下云。直也。从日正。會意。定下云。安也。从宀从正。會意。政下云。正也。从攴正聲。余謂當訂爲从攴从正。正亦聲。論語。政者正也。子率以正。孰敢不正。釋名釋言語。政正也。下所取正也。古文法从亼一从正。亦會意。取正直之義也。

說文直下云。正見也。从乚从十目。會意。今案謂十目視乚。無所匿也。蓋以輿論取直之意。引申爲凡正直之義。詩小明。正直是與。傳。能正人之曲曰直。荀子修身篇。是謂是非謂非曰直。韓非子解老篇。所謂直者。義必公正。

立心不偏黨也。又引申爲價直之直。當得者曰值。字本作直。詩柏舟。實維我直。傳相當值也。禮記投壺馬各直其算。疏當也。皆謂行宜享有者也。英文之 Right 本義爲正當。引申爲權利。日人以權利譯之。侯官嚴氏謂與原義不密合。詩實維我直。爰得我直。實含有正當與權利兩意。故謂 Right of men 宜譯爲人直或民直云。

說文平下云。語平舒也。从亏从八。八分也。此語源之果正確與否不可考。詩終和且平。鄭箋云。齊等也。此實引申之義之最古者也。考中國平等思想濫觴最早。而日日發達。以至於實行。書堯典平章百姓。卽以平爲義。雖其時有百姓與民之階級。由今日觀之。正與平等義相反對。然古代視異族之人。不以人類。蓋有所蔽。而不足爲怪也、然以有此思想之故。故階級之界日見消滅。至戰國時已不復留其痕。孔子作春秋。張三世。由據亂而升平而太平。大學言平天下。其道則所惡於上。毋以使下。所惡於下。毋以事上。所惡於前。毋以先後。所惡於後。毋以從前。所惡於右。毋以交於左。所惡於左。毋以交於右。此實圓滿之平等思想也。我國法律。以此種思想爲基礎。故雖疏闊不完。而其精神有足尙者。

一切經音義引說文云。匀調匀也。从勹二。會意。二猶分也。廣韻云。匀徧也。齊也。說文均下云。平徧也。从土匀聲。今案當云从土从匀。會意。匀亦聲。論語曰。不患寡而患不均。均無貧。蓋我國經濟思想。以分配之平均爲期。均从土。謂土地也。周禮大司徒。以土均之法。制天下之地征。小司徒。乃均土地。以稽其人民。均人掌均地政。均地守。均地職。均人民牛馬車輦之力政。土均掌平土地之政。以均地守。以均地事。以均地貢。凡此皆所以爲均也。而其事多屬於經濟問題。井田之制所由生也。近今歐洲倡社會主義。土地國有論。其精神正同之。

齊篆作亝。說文云。禾麥吐穗上平也。象形。朱氏駿聲曰。二象地。其中高地之禾。左右下地之禾也。今按朱說是也。以字之原形其三穗原不平而謂之平者。孟子曰。夫物之不齊。物之情也。因其不齊而各如其位置。是謂至平。荀子王制篇曰。分均則不偏。勢齊則不一。衆齊則不使。夫兩貴之不能相事。兩賤之不能相使。是天數也。勢位齊而欲惡同。物不能贍則必爭。爭則亂。先王惡其亂也。故制禮義以分之。使有貧富貴賤之等。足以相兼臨者。是養天下之本也。書曰。維齊非齊。此之謂也。今案此論最足與㐱字之形訓相發明。與莊子之齊物論有異。但非齊而仍可謂之齊者。則人民得各竭其才能。自由競爭。以進其地位。所謂爰得我直也。

甲　乙　丙　丁　說文所訓之文字。其最牽合附會者。莫如十幹十二支之二十二文。試悉舉而校之。甲下云。東方之孟。陽氣萌動。从木戴孚甲之象。大一經曰。人頭空爲甲。甲象人頭。古文甲始于一。見于十。歲成於木之象。乙下云。艸木寃曲而出也。象形。與丨同意。丙下云。栽也。古文作炗。从火在宀下。丁下云。鑽也。象形。今俗以釘爲之。戊下云。中宮也。象六甲五龍相拘絞也。戊承丁。象人脅。己下云。中宮也。象萬物辟藏詘形也。庚下云。絡絲柎也。从干。象柎形。斗又手絡之會意。辛下云。大辠也。从羊上。會意。于上爲辛。辠之小者。羊上爲辛。辠之大也。壬下云。位北方也。陰極陽生。故曰龍戰於野。戰者接也。象人褢妊之形。承亥壬以子生之叙也。與巫同意。壬承辛。象人脛。脛任體也。癸下云。兵也。象形。子下云。十一月陽氣動萬物滋。人以爲稱。象形。古文从巛。象髮也。籀文从囟有髮臂脛在几上也。丑下云。紐也。寅下云。居敬也。从宀。入象人體。从臼。手自約束之形。與申同意。卯下云。門兩扉開也。从二戶。象開闢之形。門从二戶相向。卯从二戶相背。古文象柴門。桑戶形。尚書帝命驗。卯金出軫注卯金劉字之別。辰下云。有身也。从尸从丏省。象人之形。與后巵同意。伏而邕蔽。有所恥也。辱字从此。古文从尸省。或曰身中有身。知其蠢蠢不見其人。故从丏。巳下云。㠯也。四月陽氣已出。陰氣已藏。萬物見成文章。故巳爲蛇。象形。午下云。毋也。从丁毋一。一其物也。指事。未下云。木老枝葉重也。从木从屮。象形。申下云。束身也。从臼。自持也。从丨。身也。與寅同意。酉下云。就也。八月黍成。可爲酎酒。象古文丣之形。古文作丣。从卯。丣爲春門。萬物已出。丣爲秋門。萬物已入。一開門象也。戌下云。恤也。人被殺傷。可矜恤也。从戊。古文矛字。一指事。識其殺傷處。與刃同意。亥下云。荄也。十月微陽起。接盛陰。从二。二古文上字。一人男。一人女也。从乙。象裹子咳咳之形。春秋傳曰。亥有二首六身。古文作𠀅。亥爲豕。與豕同。亥而生子。復從一起。以上所說。或以後起展轉叚借之義爲本訓。或穿鑿異體而指爲象形。或雜引無價值之書以作證。或並列數說義各相背而不知所抉擇。此殆與其自序中所引俗師之言。謂人馬頭爲長。人持十爲斗者。同一可笑矣。許書大體完善。其於訓釋。大率皆有所受。而獨至此二十二文。若暗中摸索。進退失據焉。其不以列五百四十部中。而别附全書之末。豈其自覺有所未安也。古籍稱倉頡造書契。而大撓作甲子。口碑相傳。必有所自。然則此二物者。自其始已非同出一源。今乃欲拘牽六書之義例以强解之。安見其可。且此二十二字。尚有種種異稱。爾雅釋天云。太歲在甲曰閼逢。在乙曰旃蒙。在丙曰柔兆。在丁曰强圉。在戊曰著雍。在己曰屠維。在庚曰上章。在辛曰重光。在壬曰玄黓。在癸曰昭陽。太歲在寅曰攝提格。在卯曰單閼。在辰曰執徐。在巳曰大荒落。在午曰敦牂。在未曰協洽。在申曰涒灘。在酉曰作噩。在戌曰閹茂。在亥曰大淵獻。在子曰困敦。在丑曰赤奮若。又月在甲曰畢。在乙曰橘。在丙曰修。在丁曰圉。在戊曰厲。在己曰則。在庚曰窒。在辛曰塞。在壬曰終。在癸曰極。此等名稱。雖以郭璞之博聞多識。猶云事義未詳。注中闕而不論。而其音讀亦往往有異同。以史記校之。閼逢作焉逢。旃蒙作端蒙。柔兆作游兆。强圉作彊梧。著雍作徒維。屠維作祝犂。上章作商横。重光作昭陽。玄黓作横艾。昭陽作尚章。此皆以音近而生同異者。然則此二十二文。殆爲衍聲而非衍形也。且此二十二文。其在古代。尙爲種種奇異之應用。夏殷時之人名。大率以十干爲之。今其帝王之名。猶可稽也。而又以十二支代表動物。子爲鼠。丑爲牛。寅爲虎。卯爲兔。辰爲龍。巳爲蛇。午爲馬。未爲羊。申爲猴。酉爲雞。戌爲犬。亥爲豕。今世俗通用之。陸深春風堂隨筆謂本起於北俗。趙翼陔餘叢考從之。且引唐書黠戛斯國以十二物紀年。如歲在寅則曰虎年。宋史吐蕃傳。仁宗遣劉渙使其國。廝囉延使者勞問。具道舊事。亦數十二辰屬。曰兔年如此。馬年如此。以證明陸說之確。然王子年拾遺記稱鄭康成夢孔子告之曰。起起今年歲在辰。明年歲在巳。旣悟以讖合之。知命當終。曰歲在龍蛇賢人嗟。然則在中國古代。久有此說。故說文亦云巳爲蛇。亥爲豕。許鄭大儒。必有所受矣。而黠戛斯吐蕃等國。前此未嘗與中國通。而亦有此。則此等名義。必非中國所專有。而或同有其所自出。可以推見。要之從種種方面觀之。此二十二文之性質。實奇異複雜而不可思議。頗近於世界的神祕的。許君之不能下確詁。良非無故也。丹徒馬氏良曰。甲子等十干十二支。蓋與今歐洲通用之羅馬字母同物。腓尼西亞及希臘文皆二十二母。其數與此正同。甲篆作甲。而羅馬文之A。希臘文作屮。其形與甲同。其讀如羅馬文之 Ga 與粵音之讀甲相類。乙篆作乙。而羅馬之1。草寫作乙讀如衣。形音皆同。丙古文作ᐱ。與羅馬之B形聲皆近。不過一横寫一直寫耳。丁篆作个。與羅馬文之T形音皆同。申古文作ᘓ。與羅馬文之S形音皆近。不過一左旋一右旋耳。我國字形變遷。不知凡幾。音讀變遷及其方言。不知凡幾。泰西亦然。若從兩方面盡搜羅其異形異音者而校合之。安見此二十二文非卽腓尼西亞之二十二母乎。案此可謂空前之新發明。此說若信。則古代東西兩洋之民族。旣早有密切之關係。而凡爲世界歷史之著述者。其機軸皆不可不一變矣。以郡國山川所出鼎彝之款識考之。此二十二字多有異文。其殊詭之狀。有深足憙者。而羅馬字母。導源於腓尼西亞。腓尼西亞又導源於埃及。蓋亦自象形文字。幾經遞嬗。始爲今體。今泰西之爲辭典者。往往載其沿革焉。如A本爲一鳥形。轉而爲乙爲ㄨ爲亼爲个以至於A。B本爲一長頸鳥形。轉而爲ク爲今爲ㄐ以至於B。C本爲一卣形作㔽。略如古文酉之丣。D本爲伸手形作ᐊ。E作冂。如古文之己。F作蛇形。H作貝形。I从二直加點。K作刀形。L作犬形。M作梟鳥形。N作連山形。P作日。如我之隸書日字。Q作石鏃形爲ᒪ。R作橢圓形爲○。S作三禾並穗形爲巛。如我古文品之㗊。又如我篆文齊之亝。T作ㄥ。如我古文以之ㄣ。Z作雙鳥交棲形。諸如此類。今考古者皆能探其朔焉。蓋西洋衍聲文字。雖屬腓尼西亞人所發明。然亦不過因當時通行之埃及文。選形定聲而孳乳之云爾。最初之文字。必起於象形。未有不經過象形之一階級。而能驟進入於衍聲之域者。然則大撓之造此二十二文。就令果爲衍聲之用。而其始皆有所象。亦不足怪。但其所象者。今已不可考見。而所象者又不必與其用字之義相屬。如羅馬文之A B。何必爲鳥。F何必爲蛇。L何必爲犬。刻舟求劍。不亦遠乎。若許君以木釋甲。乙以火釋丙。以中釋戊己。以北釋壬之類。皆附會後起之義。以爲訓。適見其武斷也。

右四十八條。九十七文。隨手箚記。不爲編次。蓋以存研究之一得。非爲有系統的著述也。義訓以說文爲主。而旁徵爾雅及古籍之傳注。行篋藏書不備。漏略滋多。世之君子。糾而正之。固所深願。又所列九十七文。不過觸手舉例。其他諸文之語源。饒有興味。足供研究之價值者。以檮昧所見及。蓋尚不鮮。大氐指事會意二類之字。最爲先民思想之所寄。蓋象形形聲。其命之也多從客觀。指事會意。其命之則皆從主觀。故也。世有好治小學者。試取說文指事會意字。而悉求其語源。則亦可以褭然成帙。不朽之盛業也。他日編中國大辭典者其或注意於斯乎丁未正月二十一日覆校竟記。

中國古代幣材考

貨幣之職務有四。一曰交易之媒介。二曰價値之尺度。三曰支應之標準。四曰價格之貯藏。故凡文明稍進之國。莫不有貨幣。以其功用至鉅。舍之無以前民用也。既有貨幣。則不得不選定若干種物品。以爲制幣之材。其物品最能完此四種職務者。則其最適於爲幣材也。今世各國。其幣材率用金銀銅諸金屬。而尤於其中選最貴之一種金屬以爲主幣。而以其他金屬爲從幣。主幣從幣日本人譯爲本位貨幣補助貨幣　凡以其最能完此四種職務而已。吾輩生當今日。數見不鮮。視爲固然。殊不知即此區區選定幣材之方法。亦幾經進化。然後止於至善。其在古代。無論何國。皆不解用金屬。蓋金屬隱於礦中。不易發見。即復發見。而化分以取純質。其事尤難。此非文明已開。學力稍深之民。不能從事也。吾嘗讀歐美碩儒所著貨幣論。記述各國前古所用之幣材。光怪陸離。至可詫異。因搜討先秦遺籍。仿其體例。綴爲此篇。因以明進化之軌轍。示羣治之不可封於故見。以自即安。而歸結於今日中國之必當用金以爲主幣。略言其所以然之故。好學之士。或不以玩物喪志相誚耶。

第一項　貝

考古代凡濱海之國。其人民皆喜用貝殼以爲幣材。西史所述地中海沿岸諸民族用貝之跡。歷歷可稽。即今日印度洋南太平洋諸島民。尚多用貝者。其影片屢見於各地志。而用之最盛者。則莫我中國古代若矣。考古代人民所以喜用貝者其原因蓋有六。

一 其文采斑斕可觀爲狉獉之民所同嗜。

二 其質堅緻經久不壞可以貯藏而無損其值。

三 其量幺小便於攜運且便於數計其一枚之單位可供最小交易之用。而層累之可供較大交易之用。故適於爲交易媒介。

四 其每枚大小略相等。彙集之而稍分等級。可用爲價格之尺度及借貸之標準。

五 其物爲天然產物不能以人力任意製造驟爲增加而得之頗需勞費。故其價格變動不致甚劇。

六 其得之雖需勞費然比諸採礦范金爲事較易。故文化未深之民未解用金而先解用貝。

坐是之故。無論何國古代人民皆喜用貝。而我國其最著者也。我國自伏羲建國於黃河上（都陳今河南陳州府也）其後沿河東徙漸及於沿海膏腴之地。（神農都曲阜今山東兗州府 帝堯都陶今山東曹州府）時則漁業與獵牧耕三業相並。故採集貝殼爲一時嗜好所共趨。及夫交易之道漸開。因公認爲媒介之良品。故古代之貨幣雖命爲貝本位制焉可也。

說文貝字下云「海介蟲也。居陸名猋。在水名蜬。象形。古者貨貝而寶龜。（謂以貝爲貨以龜爲寶也）周而有泉。至秦廢貝行錢。」此說若確。則用金屬爲貨幣實自周始。前此實皆用貝。卽周代亦不過貝錢並用。貝之不爲幣實自秦而始。然耳。此徵諸文字而可知也。我國凡生計學上所用之字。無論爲名詞爲動詞爲形容詞。十有九皆從貝。蓋古代之生計組織。生計行爲。無一不以貝爲標準也。試取說文所示之訓詁。擇要而詮索之。

賁 飾也。（按此爲貝最初之用蓋以爲飾也 其後好飾者漸多乃爲交易媒介）

賄　財也。按此會意兼形聲字也有貝則謂之財故从貝从有有亦聲所有權之觀念起然後財之觀念隨之而起也

財　人所寶也。按今世生計學所謂財即英文之Thing或Goods其意蓋指凡物之能養人欲而給人求者以人所寶一語示其定義最爲確當而古代所謂財即有貝之謂也

貨　財也。按廣韻引蔡氏化清經曰貨者化也變化反易之物故字从化然則後世以爲貨幣之專字亦有以也

資　貨也。

賑　富也。按西京賦鄉邑殷賑蓋富饒之謂匡謬正俗曰振給振貸字皆作振振擧救也俗作賑非

賢　多財也。按舊本作多才段氏玉裁正之謂賢本多財之稱引伸之凡多皆曰賢後世習其引伸之義而本義反廢耳

賀　以禮相奉慶也。

貢　獻功也。

贄　見也。按段氏云當作所以見也相見以貝爲贄今俗所謂見面禮

賮　會禮也。

齎　持遺也。

貸　施也。

貣　從人求物也。

賂　遺也。

賸　物相增加也。一曰送也。副也。

贈　玩好相送也。

賜　予也．

賚　賜也．

賞　賜有功也．

贏　有餘賈利也．

賴　贏也．

負　恃也．从人守貝．有所恃也．一曰受貸不償．按人守貝則有所恃此貝字非解爲貨幣則無以明之

貯　積也．

貳　副益也．

賓　所敬也．按相敬者必有餽贈故賓亦从貝

賒　貰買也．

貰　貸也．

贅　以物質錢．从敖貝．敖貝猶放貝．當復取之也．按漢書嚴助傳賣爵贅子以接衣食如淳曰淮南俗賣子與人作奴婢名曰贅子三年不能贖遂爲奴婢此不過贅之一種其實凡以物抵押皆謂之贅放貝而當復取之放貝卽貸錢與人也

質　以物相贅也．

貿　易財也．

贖　貿也．

費　散財用也。

責　求也。从貝，朿聲。按責字篆作賷，蓋兼有約束之義，謂與人約束而向之索貝也，故訓曰求。周禮小宰聽稱責以傅別，稱責即今之舉債，古無債字也。凡負債謂之責，因引伸爲責任之責，又引伸爲責罰之責。

買　市也。段氏曰：市者，買賣所之也，因之凡買凡賣皆曰市。漢石經論語曰：求善賈而賈諸。今論語作沽者，假借字也。引伸之，凡賣者之所得，買者之所出，皆曰賈，俗又別其字作價，古無是也。按古代以貝爲價格之比準，故價古作賈，其文从貝也。

販　買賤賣貴也。

買　市也。

貴　物不賤也。

賤　賈少也。按貴賤本指物價以凡物對於貝之價言之也，後引伸爲上下階級之義。

賦　斂也。按此亦形聲兼會意字，以武力使人獻所有貝謂之賦，凡賦稅皆以主權者之意強制執行也。

貪　欲物也。按欲多得貝謂之貪。

貶　損也。

貧　財分少也。

賃　庸也。按庸者今之傭字，任用也，用他人之勞力而酬之以貝曰賃，今日本人猶名傭工之工錢曰賃銀。

賕　以財物枉法相謝也。

購　以財有所求也。

貲　小罰以財自贖也。

以上皆許氏說文貝部所解之字也。（其未錄者十字）其他見於徐氏新附者。如貺賜也。贍給也。賻助也。賽報也。賺重買也。錯也。（省作賺集韻云賺市物失實也）貼。以物為質也。貽贈遺也。賵贈死者也。賭博簺也。凡九字。（賊字不見說文本義謂竊人之貝傷害其所有權也引申為凡賊害之義又寶字在宀部其訓曰珍也从宀玉貝缶聲此字蓋稍後起其時已以玉與貝並為貨幣矣又說文有賣字而無賣字賣下云衒也後人省為賣也又說文無贊字贊字即含贊字義）由是觀之凡中國文字與生計學有關係者。大率皆从貝。則貝為古代最通行之貨幣。且行之最久。其事甚明。

古代以貝代表百物。其跡更有極著明者。說文員部員字下云「物數也。从貝口聲。」口（字說文別為一部訓曰回也象回帀之形其字讀為羽非切圓圜等字从之與口字異）金壇段氏釋之云。「从貝者。古以貝為貨物之重者也。」然則古代以貝指物數。問人之富。則數貝以對。此與今日計財產者。言有金銀幾何圓。無以異矣。从口者。兼象其回帀之形。後世貨幣皆以金屬鑄為圓形。名曰圜法。亦取象於貝也。

古之用貝者。皆累而貫之。說文毌字下云。「穿物持之也。从一橫毌。毌象寶貨之形。「貫字下云。「錢貝之毌也。从毌貝。」古者以二貝為一朋。漢書食貨志云。大貝壯貝幺貝小貝。皆以二枚為一朋。詩小雅既見君子。錫我百朋是也。（說文有賏字从二貝烏莖切其形與音皆近於朋竊疑百朋為百賏之譌）毌正象二貝相並之形。以一橫貫。一象繩。以繩穿二貝也。是毌字已函貫義。貫乃後起之字。加貝以明之耳。而後此變為刀。變為錢。皆穴孔以備穿而持之之便。實則皆濫觴於穿貝也。後世累千錢而貫之。而一貫遂引申為一千之名。若語其朔。則兩貝耳。（說文實字下云富也从宀从貫貫貨貝也多蓄成貫之貝則稱為富此亦貝本位制之確證）

以上所舉之字。未必皆起於一時。其為夏商周間孳乳寖益者。蓋甚多。然凡屬財富之意義。無不以貝表之。蓋貝本位制之時代甚長故也。

第二項　龜幣

說文云古者貨貝而寶龜。禮記云諸侯以龜爲寶。史記平準書云人用莫如龜。漢書食貨志云貨謂布帛及金刀龜貝。是古代以龜爲幣。（以其介爲幣也）歷歷甚明據杜氏通典言神農時已用之其信否雖不可考然漢書食貨志言秦幷天下凡龜貝皆不爲幣然則秦以前皆用爲幣甚明易曰或錫之十朋之龜然則殆與貝子母相權十朋云者謂所錫之龜價值十朋卽二十貝也。（鄭康成詩箋言五貝爲朋與漢志異未審孰是若從鄭說則値五十貝也）龜之所以適於爲幣材者（一）以其質經久不壞（二）以其得之甚難（三）以其可以割裂也以其得之較貝爲難故可高其値以與貝相權然亦以此故其用不能如貝之廣其可以割裂雖便於貝然經割裂則其價必損又不如貝之有常値也

古代龜幣

古代用龜幣以全龜爲之者固多然割裂之者亦不少蓋勢之所趨不得不爾也光緒二十五年河南湯陰縣屬之古牖里城有龜板數千枚出土皆槧有象形文字爲福山王氏懿榮所得推定爲殷代文字而莫審其所用余以爲此殆古代之龜幣也（參觀拓本）周官龜人職云旣事則繫幣以比其命繫幣之義杜子春鄭康成各異其訓雖未敢望文生義然或卜餘之龜用以爲幣亦未可知牖里出土之物或古代人民所窖積如後世之藏鏹也其所鍥

之文字。或所有者自爲標識。如今銀塊之有鑿印。期票之有裏書也。此說若信。則古代龜幣之盛行。可以概見。

第三項　皮幣

刻畫獸皮以爲貨幣。泰西各國古代。莫不從同。蓋太古人民。類以獵爲主業。皮爲其較所易得。而毛采足以供翫飾。靭質可以經久遠。又得之益需勞費。其價格變動不劇。故以爲幣材。其用尙適各國所以廣行之。蓋以此也。我國書契所記載。已自獵業時代以進於農牧時代。故皮幣之用於民間者。不甚可考見。言幣制者。亦罕道焉。（漢書食貨志通典記古代錢幣皆不及皮）然尙行之於聘享餽贈。其用亦等於貨幣。蓋皮幣之爲物。經割裂則其價大減。而獵業漸衰。得皮不易。全端之皮。所値日昂。不適於爲普通交易媒介之用。而古俗相沿。猶以爲寶。故專用之於大禮重典。而不與尋常貨幣同視也。儀禮聘禮云。官陳幣皮北首西上。又云。庭實皮則攝之毛在內。又云致命張皮。又云。受皮者自後右客。鄭康成謂天子之孤用虎皮。公之孤用豹皮。諸侯相餽。皆以虎豹皮。若聘賓覲諸侯。諸侯待使臣及使臣與所聘國之卿大夫相覿。皆用麋鹿皮。凡此皆最隆重之有價物品。卽貨幣之變相也。士昏禮。納徵用儷皮。亦所謂以貨財爲禮也。（孟子曰事之以皮幣亦以貨幣相賂贈也）

秦漢以降。獵業益衰。徵得皮益艱。而金屬之幣材漸盛。皮幣之廢。理有固然。而漢武帝時。乃以白鹿皮方尺。緣以藻繢。爲皮幣。命値四十萬。强王侯宗室朝覲聘享必用之。（見史記平準書）是爲逆人情之所習。强賦賤價之物以高價。其不能通行宜也。

第四項　粟　帛布

吾國古代。常以粟及布帛縑絹等爲幣。此雖近於實物交易。然亦有當別論者。蓋彼時之粟帛等。兼有兩種資格。其一爲直接消費物品之資格。其二則爲幣材之資格也。周官旅師職云。掌聚野之耡粟屋粟間粟而用之。廛人職云。掌斂市紋布總布質布罰布廛布而入於泉府。載師職云。凡宅不毛者有里布。閭師職云。凡無職者出夫布。孟子云。廛無夫里之布。職幣職云。掌式灋以斂官府都鄙與凡用邦財者之幣。粟也。布也。幣也。（幣即帛）皆後世所謂貨幣也。以粟爲交易媒介。其象實等於實物交易。故自古言幣材者多不及此。然稽諸經傳。其跡歷歷可見也。周官司市職云。國凶荒札喪。則市無征而作布。鄭注云。有災害物貴。金銅無凶年。因物貴大鑄泉以饒民。國語云。古者天降災戾。於是乎量資幣。權輕重。以振救民。管子云。湯七年旱。禹五年水。湯以莊山之金鑄幣。而贖人之無饘賣子者。禹以歷山之金鑄幣。救人之困。由是觀之。年凶鑄幣。三代同符。夫貨幣多。則其價賤。貨幣少。則其價騰。貨幣價賤。則百物價騰。貨幣價騰。則百物價賤。此一定之學理。古今中外所莫能外者也。然則當年凶物貴之時。而反增鑄貨幣以益之。毋乃等於抱薪以救火耶。而古代以此爲唯一之政策。且行之而灼著成效者何也。殊不知古代以粟爲幣。全國所有之粟。以一部分供民食。以一部分資幣材。當歲凶粟乏之時。而兩者之用。皆不可須臾缺。則民病滋甚。故廣鑄幣以濟其窮。使疇昔專資幣材之粟。得受代而卸此職務。舉其量以悉充民食。則一國生計賴此而蘇也。此與今世諸國當恐慌時代。多發紙幣者。同一作用。然苟不知當時以粟爲幣之制。則此理無從索解也。

中國以布帛爲幣材。其歷史最長。唐虞以前。殆已有之。（通典謂起於神農）三代及春秋戰國間。其用蓋極盛。故錢謂之布。亦謂之幣。布者布也。幣者帛也。貨幣二字。今成爲交易媒介物之專名。貨之材則貝。幣之材則兼布帛而言也。然則貝與布帛殆可稱古代幣材之二大系統矣。

漢書食貨志云「周布帛之制以廣二尺二寸爲幅長四丈爲匹」而周官載師職「凡宅不毛者有里布」鄭衆注云「里布者布參印書廣二寸長二尺以爲幣貿易物詩云抱布貿絲抱此布也」禮記雜記「幣一束束五兩兩五尋」鄭康成注云十個爲束兩者合其卷是謂五兩八尺曰尋兩五尋則每卷二丈也合之則四十尺今謂之匹錯綜諸說而參覈之則當時所謂制幣者略可見也凡布帛以匹爲單位每匹以兩端相向對卷卷合一端兩卷而成匹故匹亦謂之兩匹者匹耦之義與兩同義今從一端循摺而謂之匹非古也而其長則四丈也匹之五倍爲束故一束爲二十丈經傳所屢稱束帛者是也二分匹之一爲卷十分卷之一爲布亦謂之幣鄭衆所謂布廣二寸長二尺者是也其廣其長皆當每卷十分之一當每匹二十分之一此普通貿易所用也故曰貿易物此種布幣以二十方而値一匹以百方而値一束束帛爲典禮用不以施諸貿易矣由此觀之則當時幣制有法定畫一之單位單位之上有倍數位單位之下有補助位子母相權與今世之幣制系統極相似不可謂非時代之進化矣

古代所謂布者乃度量衡之名而非物品之名申言之則布者非與帛對舉而與卷與端與匹與兩與束對舉也就其可舒而言之謂之布就其可卷而言之謂之卷就其兩相對卷而言之謂之兩謂之匹一布一卷一匹皆一段也特其段有大小耳春秋左氏昭二十四年傳云錦二兩魯人買之百兩一布謂以普通幣帛之百兩乃能買此錦一布也卽以四百丈之帛乃能易二尺之錦言其貴也後世習用之則以帛之賤者名爲布矣

夫龜貝皮等皆爲天然產物不能隨人意以畫分其形質其伸縮力極弱貝之與粟雖其形厶小可隨時增減其量以爲計數然僕僕數省而秤量之亦滋弗便惟布帛由人工織造故可懸一定式以爲鵠以之爲量度價格之

尺度。則標準確而免鬥爭。指數易而省煩費。此與金屬貨幣之由秤量制而進爲員數制者頗相似。古代人民。便而習之。蓋有由也。布幣之用既廣。後此雖鑄金屬以代之。而仍沿舊名曰布曰幣矣。後儒因古人名錢曰布。不解所由。乃強以布散之義釋之。是未稽其朔耳。（漢書食貨志云貨布於布東於帛如淳注云布布於民間也李奇注云東聚也此皆望文生義也今者不名布而名幣寧得曰斂於幣耶）鄭司農所云布參印書者。考漢書平帝紀如淳注引漢律云「傳信用五寸木封以御史大夫印章其乘傳參封之參三也」此所謂參印書者。疑亦同此印三印於布之封面所以檢姦僞也。故晏子云。如布帛之有幅焉爲之制度。使無遷也。禮記王制亦云布帛精麤不中數幅廣狹不中量不鬻於市。夫使布帛僅爲交易之目的物。則何必於其數量斤斤焉爲制度以干涉之。而使不得遷哉。徒以其爲交易媒介物。故必須由國家檢定。俾得劃若畫一也。準此以譚。則國家造幣權之觀念濫觴於是矣。（一布之廣二寸其長二尺實不適於爲衣料然則當時此項之布殆以交易媒介爲其唯一之職務舍此以外不爲他用矣此亦與今世之貨幣性質酷相類者也）

幣制既以匹爲單位。匹亦謂之兩。故兩之名最爲通行。周官媒氏職所謂凡嫁女娶妻入幣純帛無過五兩。春秋左氏閔二年傳所謂重錦三十兩。昭二十六年傳所謂幣錦二兩。所謂百兩一布皆其例也。兩本爲布帛幅長之名。不爲金屬重量之名。後世雖鑄金作幣。然民久習於布帛之兩。不能驟易。故襲其名曰兩。秦始皇鑄錢。文曰半兩。謂此錢一枚其值半兩也。半兩即十布也。

由此觀之。則周代八百年間。幣制殆可稱爲布帛本位時代。其他物雖亦兼爲幣材。而爲用總不如布帛之廣。此實中國古代史一特色也。各國古代所用金屬以外之幣材。雖有多種。惟未聞有用布帛者。則以蠶業爲中國專有之文明故也。秦漢以後。金屬貨幣雖盛行。然布帛之用猶不廢。直至明代。而布帛始不爲幣材。徵諸唐宋明史。

其官俸皆言縑若干匹。信而有徵矣。

第五項　禽畜

泰西古代各國。多以家畜爲幣。而我國則不槪見。蓋緣彼都古史所記。皆游牧遷徙之蹟。而我則蚤進爲農國也。雖然其蹟亦非無一二可尋者。古者相見必以贄。贄之文从貝。亦所謂以貨財爲禮也。周官大宗伯職云作禽摯。孤執皮帛。卿執羔。大夫執雁。士執雉。庶人執鶩。工商執雞。皮帛既爲貨幣。則羔雁等亦爲一種之貨幣無疑。聘禮言幣或用皮或用馬。士昏禮言納徵用束帛儷皮。而納采納吉請期皆用雁。是皆古人以禽畜爲幣材之證。孟子言事之以皮幣。事之以犬馬。事之以珠玉。皮幣珠玉。既皆爲古代貨幣。則犬馬亦爲古代一種之貨幣明矣。漢武帝鑄幣鐫馬形於其上。亦猶希臘古幣鐫牝牛形。皆沿古者用畜之習。而以金屬代表之也。

第六項　器具

各國有以器具爲幣者。而我國古代之例證更爲顯著。其最盛行者。則軍器與農器也。古代部落戰爭甚烈。人人

齊法貨

所不可缺者。則護身之兵器也。然冶鑄之事。非盡人所能。故人多欲出他物以易取之。久之遂成爲交易媒介之用。其後雖錯金以鑄。專供幣用。而猶沿其名。且模其形。故古代錢謂之刀。而齊太公所鑄法貨。（如上圖文曰齊法貨）作刀形而小之。後儒不察本末。乃謂刀之名取義於利民。（漢書食貨志如淳注云名錢爲刀者）

以其利於民也失之遠矣。民習於以刀爲幣。故雖鑄新幣。而猶作刀形。凡以代表刀而已。其意若曰。此幣一枚。即與刀一柄同值也。

農器亦然。爲人人所欲得之物。而非人人所能造。故咸欲以他物易取之。久之遂成爲交易媒介之用。其後雖鑄專幣。亦沿其名。且模其形。徵諸錢字之語源。而可知也。說文錢字下云。銚也。古者田器。詩周頌臣工章庤乃錢鎛。毛傳云。錢銚也。然則錢之本義。與銚轉注。絕不含有錢幣之意。甚明。然則銚果爲何物乎。銚字爾雅釋器作斛。郭注云。古鍬字。方言云。斛謂今鍬也。然則錢即銚。銚即鍬。古者以農具之錢。爲一種交易媒介之要具。後此鑄幣。仍象其形。而襲名曰錢。觀古代之錢。其形與今之鍬酷相類。則其命名之所由。可以見矣。錢爲本字。周代或稱曰泉者。乃同音假借字。後儒妄以如泉之流釋之。亦見漢志如淳注實嚮壁虛造也。後世之錢。圓周方孔。此乃鑄造技術之進化。形雖變而稱不改。於是錢鎛之名。遂爲錢幣所奪。而世無復知錢之本爲何物者矣。

錢

吾嘗考古代地中海沿岸人民所用銀幣。有作魚形者。印度洋沿岸人民所用銅幣。有作刀形者。其形略似我古代刀幣而尤類澳洲土人所用石刀又其銀銅幣。有作海藻形者。魚刀海藻。皆其地前此一種幣材。及鑄金爲幣。仍象其形以代表之。說本德人羅查生計學原論因以悟吾國錢刀之得名。亦同此理。東西一揆。人情固不甚相遠也。

第七項　珠玉

管子稱古者以珠玉爲上幣。漢書食貨志言。秦幷天下。始不以珠玉爲幣。則珠玉之充幣材久矣。然其爲物所值太奢而毀壞極易。一有破損。價值全失。實幣材中之最不適者也。故雖在前代已不普行。羣治稍進。遂受淘汰。遺跡所存無甚可考。大率以供藏襲之資備享餽之用耳。朝覲會盟聘饗必以圭璧爲禮。蓋猶是玉幣之遺意。而爾雅釋器云玉十謂之區。郭璞注云雙玉曰瑴五瑴爲區。是則古代用玉計數法之可考見者也。

結論

由此觀之。古代之貨幣。非自始卽能用金屬以爲材也。金屬之用。實最後起。然遂能淩駕諸品獨占優勝者何也。吾固言之矣。貨幣有四種職務。惟最能完此職務者最適於爲幣材。欲完此職務奈何。是當具八德。一曰爲社會人人所貴而授受無拒者。二曰攜運便易者。三曰品質鞏固無損傷毀滅之憂者。四曰有適當之價格者。五曰容易割裂且不緣割裂而損其價值者。六曰其各分子以同一之品質而成。七曰其表面得施以模印標識者。八曰價格確實而變遷不劇者。而前此所用龜貝皮粟布帛禽畜器具珠玉諸品。於此八德者。或具彼而闕此。或具此而闕彼。終以資格不備而見淘汰。惟金屬則悉備之。故其用獨專也。而金屬之中。賤金之資格。又不逮貴金。故銅鐵不如金銀。銀又不如金。（非以其價值之鉅也謂其具幣材之諸德耳不然珠玉鑽石之值豈不更鉅於黃金哉）夫金則八德咸備矣。銀亦幾於具體而微。而其所缺憾者。則以晚近數十年來全世界銀塊之出產太盛。而需要之增進不能與之相應。故其價漲落無常。而於第八項所謂價格確實之德。蓋闕焉。故二十年前各國尙有以金銀兩種並爲主幣者。今則惟金獨尊。而銀則夷而爲從。與銅同位。原則所支配。大勢所趨赴。雖有大力。莫之能抗也。今者交通盛開。生計無國界。欲爲國民謀樂利。終不容逆時以取敗亡。我國方承圜法極敝之末流。我后我大夫亦旣知頒定幣制之不可以已。顧頗聞廷臣之議。猶復有主銀而不主金者。此猶生秦漢以降。尙矜矜然欲貨貝而寶龜也。蔑有濟矣。吾因考古。縱論及此若主金鬬銀之議。他日更當爲專篇以闡發之。

張恰鐵路問題

張恰鐵路問題之沿革

張恰鐵路者。由張家口經庫倫以達恰克圖之一大鐵路也。張恰鐵路問題惡乎起。曰俄人謀之久矣。至光緒三十二三年間。我始瞿然思自爲謀。而蹉跎未有成議。其成爲目前一緊急問題者。則錦愛鐵路導之也。俄人之經略中國。其塗有三。西則擣西藏。東則掠滿洲。而中則貫蒙古也。初西伯利線既成。俄人一方面得東清路之敷設權。一方面卽垂涎張恰及京張一路。曾派著名技師哈羅哥夫測勘蕆事。計自張家口至賽爾烏蘇爲十一站。自賽爾烏蘇至庫倫爲七站。自庫倫至恰克圖爲十站。都凡二十八站。三千二百七十里。本擬與東清線同時並舉。以急於求海口。乃先彼而後此。然光緒二十五年。已要求我政府欲由西伯利亞之伊爾庫斯克分支綫接續建一橫斷蒙古鐵路。由張家口逕達北京。蓋今日之京張線。並入其範圍矣。賴我政府之警敏。與英人之助力。京張線得自辦告成。而俄人鯨吞滿洲之鋒。爲日本所挫。則其眈眈於蒙古也愈厲。我政府亦知之。乃於光緒三十三年秋冬間。先後決議自辦張庫庫恰兩路。其張庫路工費。則擬每歲由京漢京奉兩路餘利項下各提五十萬兩。由度支部撥五十萬兩。合爲百五十萬兩。其庫恰路工費。則擬由恰克圖茶稅項下指撥。其不足者。仰給於度支部。雖然國會未開。財政監督權不能確立。凡所指撥。轉瞬已作他用。奏報所稱。悉爲具文。故此兩路雖計畫已定。

終以籌款無著．遷延至今．值美人承辦錦愛線之事起．於是俄人得所藉口．索此路以爲償．而當道遂益以旰食矣．

張恰鐵路之工程及其形勢

此路自張家口西北行．越山西省北鄙．經內蒙古西二盟地而至於外蒙古土謝圖汗部之庫倫城．復由庫倫北行．經右翼右末旗右翼左末旗買賣城等地以達於中俄互市之恰克圖租界．所經皆高原．拔海四五千英尺．而張庫間有千餘里之大沙漠．驟視之則其工程之艱難．殆可想見．然按諸實際．乃大不然．蓋所經無高山大河．故穴隧架橋之鉅工皆可以省．光緒二十二年俄工程師哈羅哥夫嘗謂天下最易之工程．莫此路若云．今據其所報告者略舉如下．

第一段　凡十一站　千三百七十里

一張家口至哈諾爾壩	六十里	山路
二哈諾爾壩至布爾嘎素	五十里	丘陵
三布爾嘎素至哈柳圖臺	六十里	平原
四哈柳圖臺至奎素圖	百十里	平原
五奎素圖至察哈爾	百六十里	平原
六察哈爾至布毋巴圖	二百十里	平原
七布毋巴圖至烏蘭呼都克圖	百七十里	丘陵
八烏蘭呼至吉思洪呼爾	二百五十里	平原
九吉思洪呼爾至布龍臺	百三十里	平原

十布籠臺至圖克里克	百八十里	丘陵
十一圖克里克至賽爾烏蘇	九十里	平原

第二段　凡七站　八百八十里

一賽爾烏蘇至蘇魯海	百二十里	平原
二蘇魯海至巴彥和碩	百二十里	丘陵
三巴彥和碩至莫敦台	二百里	有河川
四莫敦台至他拉布拉克	百六十里	平原
五他拉布拉克至吉爾噶朗	百五十里	純沙漠
六吉爾噶朗至布庫克	百三十里	丘陵
七布庫克至庫倫	百里	平原河川

第三段　凡十站　九百二十里

一庫倫至庫依臺	八十里	河川
二庫依臺至布爾噶勒臺	五十里	平原
三布爾噶勒臺至博羅諾爾	八十里	丘陵
四博羅諾爾至呼齊干臺	七十里	平原
五呼齊干臺至他沙爾	百二十里	沙漠
六他沙爾至伯特格臺	八十里	沙漠
七伯特格臺至庫特勒那爾	百三十里	平原
八庫特勒那爾至噶薩那	八十里	平原
九噶薩那至努克圖	百二十里	丘陵
十努克圖至恰克圖	百十里	平原

都凡三段二十八大驛三千二百七十里

（右表據日本人所著支那經濟全書譯述我政府所擬築之綫路有變更否不能確知大約不甚相遠）

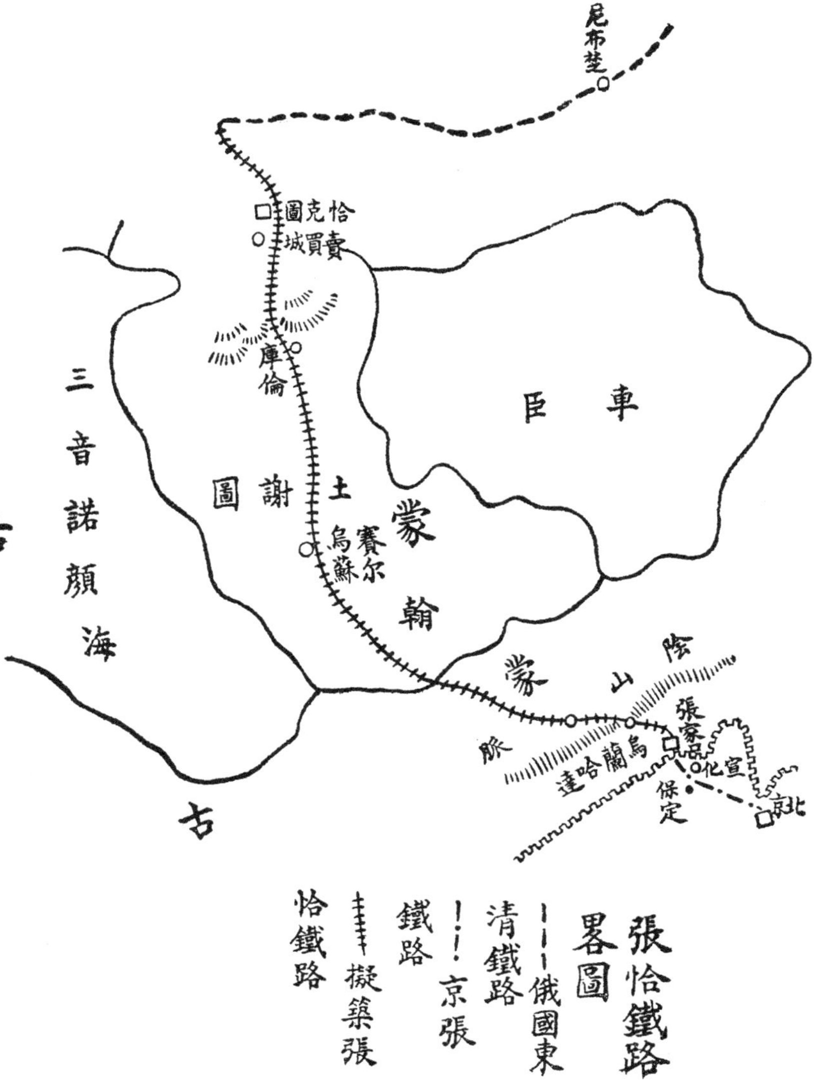
尼布楚
恰克圖
賣買城
庫倫
土謝圖
賽尔烏蘇
車臣
三音諾顏
蒙
翰
海
古
古
陰山
蒙
脈
烏蘭哈達
張家口
宣化
保定
北京
張恰鐵路略圖
俄國東清鐵路
京張鐵路
擬築張恰鐵路

此路所經之地皆人煙寥落物產稀少雖云內外蒙古富源賴以開發然收效抑至遼緩故就生計上論之其價値蓋至有限若就政治上論之則其關係之重大有不可思議者蓋此路居全國東西之中南接京張更南接京漢更南接粵漢蜿蜒萬里成一直線舉禹域而縱貫之此路權若爲俄人所握則咄嗟數日間可以大軍壓我境列國未及爲出兵準備而俄師已達北京且衝武漢矣此與東淸鐵路未割南段以歸日本時其危險之程度正同故張恰鐵路問題實中國之生死問題也

張恰鐵路與錦愛鐵路

此路與錦愛鐵路在生計上同爲不生產的其收支皆不能相償雖然張恰線之關繫大局其輕重非錦愛線所得同日而語也使在十年以前則錦愛之價値誠有過於張恰今乃得其反矣蓋錦愛之目的雖號稱開發東蒙實則以抵制日俄兩國在滿洲之勢力而已顧吾嘗言之矣今日之滿洲已成覆水日俄已張之羽翼終無從摧之使鎩補苴一二其與幾何若內外諸蒙古雖强俄日眈眈乎然至今猶是一片乾淨土故滿洲譬則已墮溷之花也蒙古譬則一靜女雖惡少之目挑心招有年幸未失身也顧雖未失身而危機則一髮矣詩曰鴟鴞鴟鴞旣取我子無毀我室徒欲追已失之子而不急護將毀之室君子謂爲非智矣况滿洲雖曰處兩姑之間然正以鷸蚌相持莫敢獨逞故其危險之程度以視十年前反爲稍殺若張恰路權爲俄所獨占他國莫能掣肘於其旁則將來禍之所中實有不堪置想者且卽以國家財政論之錦愛線五千餘里工事極艱所費當在一萬萬金內外張恰線三千餘里工事極易所費不及半而足等是不生產也等是負債也而此之仔肩視彼爲輕矣吾疇昔嘗

極論錦愛路之非計．而懼日俄兩國必索他種權利以爲償．豈期前稿甫脫．乃不幸而言中．遂至遺我以此至艱極鉅之問題．天耶人耶．

應付此問題之法

然則今日應付此問題之法當如何．曰．惟有嚴拒而已．然嚴拒非空拳所能濟也．必當迅速自辦．自辦又非無米所能炊也．必當籌有的款．夫至此則吾蓋亦難言之矣．今日無論欲辦何事．必以整頓財政爲根本．欲整頓財政．必以飭治官方爲根本．吾以爲我政府當道．苟猶有絲毫愛國之良心者．則現在內治外交上日日所發生之問題．蓋無一不直接告語以財政之當整頓．即無一不間接告語以官方之當飭治．其亦可以瞿然稍有動於中矣．即此次之張恰鐵路問題．亦其一也．然此乃對於全局爲治本之法．誠恐遼緩不及事．若專對於此問題而治其標．則惟於不得已之中有二法焉．一曰．光緒三十三年所奏准指撥之款．應請嚴旨禁作他用．而專以供此路之工事費也．如此則工事雖未必遽能全舉．而先可開工以杜口實．雖然．此款之確能有著與否．所不敢言也．即曰有著．而其不敷仍甚鉅也．更不得已而思其次．則亦惟有仍用近年慣用之小慧的外交政策．借甲國以抵制乙國．一面將錦愛借款．公諸英美日俄諸國．同時亦將張恰借款．公諸英美日俄諸國．則其禍雖不可終免．然目前尚可以稍紓．夫此種政策．固吾生平所最不喜者也．今則無可如何．而亦不得不贊之．以爲彼善於此而已．嗚呼．謀國者眞不可以不愼．如奕棋然．雖下甲著．其目光當同時注及乙丙丁諸著．吾論此問題．而於錦愛問題轉有無窮之感也．

城鎭鄉自治章程質疑

光緒三十四年十二月所頒之城鎭鄉自治章程。大率取日本之市制及町村制綜合而迻譯之。其果能適用於我國與否。蓋各條中應商搉之點甚多。未暇具論。今專就其大體而評騭之。則吾所最懷疑而亟思質正者有三端焉。

第一　自治章程之名稱。果適當否乎。

第二　城鎭鄉三者。能同適用一種之章程乎。

第三　城鎭鄉之名稱及其分類。果適當否乎。

第一　城鎭鄉爲地方自治團體固也。然同時又爲國家行政區域。故其所辦之事。可分爲兩種。一曰本團體固有之事務。二曰國家所委辦之事務。國家委辦事務者何。如代收國稅。執行徵兵令。執行國會及諮議局乃至廳州縣議事會之選舉。執行各種民事商事之注册。乃至以鄉董而兼爲刑事上之起訴人等類。凡此皆與本團體之利害無關。而以國家行政區域之資格。受委任而行之者也。故日本但稱爲市制町村制。而不名爲市町村自治制。所以避罣漏也。今名曰自治章程。得無意義不甚明瞭。而易起權限之爭議。或致職務之放棄乎。

第二　日本市制與町村制。畫然區爲兩種。蓋以兩者之性質。有大相異之處。勢難併爲一談也。市制與町村制最不同者有二。一曰市之行政爲合議機關。町村之行政則獨裁機關也。二曰市之上惟有一重之監督機關。卽達於政府。町村之上則有兩重之監督機關。乃達於政府也。今我國中有二三百萬人之城。有不滿千人之鄉。而自治章程僅有此一種。此章程而能適用於二三百萬人之城。則必不能適用於千數百人之鄉。能適用於千數百人之鄉。則不必能適用於二三百萬人之城。蓋不必問其內容如何。但以題目論之。而其窒礙難通之情。已可想見矣。然立法者亦似略有見於此。故將城鎮董事會與鄉董分爲兩章。其城鎮行政則采合議制。其鄉董行政則采獨裁制。亦取法於日本。用意似爲精密。而獨至其受監督於廳州縣。則城鎮鄉三者毫無差別。此吾所最不解也。夫日本所以於市之上省去一重監督機關者。良以近世生計界之趨勢。集中於都市。都市之立法行政。其影響於全國者甚大。非下級機關所能監督。且其事務既已繁雜。則其治之也不可不求簡易。而無取重重牽掣爲也。故歐美各國之大都市。多有直隸於民政部。而絕不受地方官之監督者。即日本政府前此亦曾提出都制案。擬將市之大者。改名曰都。直隸內務大臣。而不仰監督於府縣。雖未見諸實行。然大勢所趨。略可察矣。今我國城鎮鄉之上有廳州縣。廳州縣之上有省。而省與廳州縣之間。復有道府。道府在法律上之位置如何。今雖未定。即以現制論。則已經兩重監督。乃達中央矣。其在鎮鄉。或非得已。若在大城。得毋多此僕僕矣乎。況吾國大城。往往兼屬兩州縣以上。如京城則屬大宛兩縣。杭城則屬仁錢兩縣。粵城則屬南番兩縣。蘇城乃至屬長元吳三縣。其他省會。率皆類是。夫多一重之監督。則政務之冗雜澀滯。已增一度。況此一重中復分數支乎。顧立法者似亦有見於此。故本章程第一百零二條云。其分屬二縣以上者。或直隸州與縣管轄者。由各該州縣會同監督之。其措詞頗巧妙。雖然。吾不知所謂會同監督者。果以何種形式而得行之耶。將用合議制耶。合議制之原則。以多數決可否。故非單數則不能行。今國中大城。惟蘇城分屬三縣。其他多屬兩縣。兩縣則安從合議耶。然則會同殆即和衷之意耶。夫和衷云者。事實上之名詞。而非法律上之名詞也。

萬一不和衷之事實發生。則將如之何。例如有一分屬二縣之城於此。其議事會或董事會之舉措。甲縣長官允准之。而乙縣長官指駁之。則究將何所適從耶。其究也必至仰判斷於督撫或高級長官而已。若是則州縣監督之條。不幾成具文也哉。況乎監督下級自治團體之權。非惟地方長官得行之而已。卽上級之地方議會。亦得行之。本章程第四十一條第六十九條所謂移交府廳州縣議事會公斷者是也。然則彼分屬二縣之城。其議一事也。則日日往來蹀躞於甲長官與乙長官甲議事會與乙議事會之間。卽使甲乙和衷。固已疲於無謂之奔命。遇有衝突。則遷延愈無已時。若是。其復何一事之能辦乎。以上所舉章程中之兩條文其意義亦有甚不可解者第一百零二條云直隸州與縣管轄者則該州縣會同監督之所謂直隸州與縣管轄殆指縣之屬於直隸州者也若是則知州實爲知縣之長官知縣惟當服從知州之命令耳而何會同之可言然則此監督權果屬知縣耶抑屬知州耶此法文甚不明瞭者也且直隸州之地位實與府等直隸州於所屬縣之城鎭鄉既得行其監督權而府於所屬州縣之城鎭鄉反不能行其監督權此何理耶若謂舉直隸州以該府無論天下無此不通之法文且舉國千餘州縣豈有一爲不轄於府與直隸州者然則無論何種之城鎭鄉苟非受直隸州與縣之會同監督卽須受府與州縣之會同監督矣何其不憚煩耶又第四十一第六十九兩條移交府廳州縣議事會公斷云云夫現在官制府與直隸廳直隸州爲上級官廳散廳散州及縣爲下級官廳四者非平等也若因其舊而認爲自治團體則亦有上級團體與下級團體之分矣上級團體之議會例得監督下級團體之議會故縣之議會非受府議會之監督卽受直隸州議會之監督二者必居一於是而城鎭鄉則既受監督於州縣之議會更進而受監督於府及直隸州之議會者也今據法文謂移交府廳州縣議事會不知其爲不服州縣之公斷乃再移於府州耶抑同時並移耶若如前說則第四十一條第三項又云不服公斷時得呈由地方官核斷是明相衝突也若如後說則同時請兩個議事會公斷又何理耶凡此之類皆由草定章程之人漫不經意所以罅漏百出在彼固以爲無關宏旨而不知一到實行時則處處窒礙矣近數年來所頒新法令大率皆此類何怪民之迷惑哉願後此立法者稍留意竊以爲導民期於毋惑。而立法貴於可行。照本章程所定。不惟使人民疲於簿書期會。躑躅迷罔而已。而施諸實際。窒礙更不知凡幾。蓋如京城及各大省之省城。其居民之多。殆可比一小國。苟自治發達以後。其所辦事業範圍。可以大至無量。動則影響於全省或全國。例如築港口布電車收入市稅募公債等事。雖屬於本城之固有事務。而間接之利病至繁。其斷非一州縣官或一州縣議會所能專斷也明矣。其一切直接受成於民政部或督撫。事勢所必至也。然則徒立此無謂之條文。增事務之冗雜壅滯。果何爲也哉。竊以爲京城及各大省省會之自治團體。當別爲立一名稱。而別制章程。略仿歐美各國大都市之制。省其監督之階級。然後自治之實克舉也。

第三　大都市之行政。所以必用合議制者。爲其事務多且規模大。故加慎重也。小鄉村所以用獨裁制者。爲其事簡無取冗員。且人材難得也。其地方已具都市之資格者。不宜以鄉村之法治之。其地方僅具鄉村之資格者。亦不能以都市之法治之。惟所適而已。故日本之制。市町村得變爲町村。町村亦得進而爲市。今本章程以城鎮爲一類。模倣日本之市。以鄉爲一類。模倣日本之町村。而第二條云。凡府廳州縣治城廂地方爲城。是城之資格有一定。而其定之也。以行政官所駐在地爲唯一之條件。夫山州下縣。其城廂人口不過千數百。而財政一無所出者。往往有矣。黑龍江省之省城。尚一望可盡。況下此者哉。而使之設多數之總董董事名譽董事及二十名之議事會員。無事可辦。而徒耗薪水費時日。且獎厲人民以華而不實之風。甚無謂也。竊以爲此分類之標準。極不適當。若不以此爲分類之標準。則並城之名稱。亦不能用矣。

以上所舉。不過就本章程之題目。略質所疑。其他各條。缺點尚多。當別評之。所舉三項中。尤以第二項爲最要。蓋今日欲獎厲自治。非先從各省會及繁盛之都市下手不可。以其民智較開通。而籌辦經費亦較易也。而本章程則於此種地方之自治。最爲窒礙也。願當局者有以處之。

論各國干涉中國財政之動機

中國將來之險象不一。其最劇而不可治者。則各國之綰握我財政而限制我軍備也。國中稍有識者。憂之久矣。嗟乎痛哉。不幸而其第一事乃駸駸乎將現於實也。

據各報所稱述。則我國駐箚某國使臣某君曾以電達政府。謂各國將於下次海牙平和會議商擬會派員監督財政。此事之信否。吾不能言。即信矣。而果能決議以見諸實行與否。亦所不敢言。要之吾國於此二三年內。苟不能將行政機關與財政基礎。從根本處改革而建樹之。則此不祥之妖夢。行將急踐。而決不能待至實施憲法召集國會之時。此吾所敢言也。

或有疑吾爲杞人之憂者。雖然。苟求其故。則當有以明其不然也。今日全世界之大問題維何。亦曰經濟問題而已。各國對內對外之政策。日新月異。法令如毛。載書充棟。要其歸宿。則皆以圖己國國民經濟之發榮也。雖然。經濟者無國界者也。當今日交通至便之世。一國經濟若有劇變。其影響不旋踵而波及於他國。故無論何國。苟其經濟界含有杌隉不安之種子。則非獨其國之私憂。實世界之公患也。而我國今日又各國經濟競爭之集點。而與全世界之經濟關係最深切者也。然則中國之經濟界。苟含有杌隉不安之種子。必尤爲各國之所不能坐視。此事理之至易睹者。

夫一國之政治。固無一不與其國民經濟有連。而因緣最深者。莫如財政。財政紊亂。則其經濟界日即彫敝。且恐慌之現象。必相續而起。（恐慌者經濟學上之一名詞其大意則一人破產而牽累及於全市全國全世界也）此事勢之無可逃避者也。夫他人誠非有愛於我而視其經濟之日榮也。雖然。十年以來。各國之投資營業於吾境內者。已不啻幾億萬。我國經濟之實力。彼實占其中堅。彼雖有種種特權。避吾政治上之干涉。然吾國財政紊亂所生之結果。彼等斷不能不蒙其影響。抑甚明矣。藉曰直接無所蒙。而其間接所蒙者。殆不可紀極。何以言之。蓋今者各國。無不以吾國爲其貨物之尾閭。使吾國國民生計彫敝。則其購買力必歲減。各國過羨之生產。無與消受者。而無論何種之製造公司。皆受其敝矣。我國中諸大市鎭。其金融機關。（卽銀行）率皆外人握之。恐慌一起。則此等機關。首當其衝。而牽一髮則動全身。將全世界之金融機關。悉爲所撼搖。夫至全世界之金融機關爲所撼搖。則影響之相引於無窮者。豈復可思議哉。是故各國誠非有所愛於我。而我國經濟界既含有杌隉不安之種子。則各國必思排除之而後卽安。此情理之常。毫無足怪者。各國又誠非有所憾於我。而我國之財政既足以陷全國經濟界於杌隉之域。則各國必思奪吾魁柄而代斡轉之。又情理之常。毫無足怪者。

然則前此曷爲而久不行此。曰一國獨行之。必他國之所不許也。諸國共行之。則某國某國當列於此團體之中。而某國某國當擯於此團體之外者。此一疑難也。列於團體之中諸國。當以何國權利較重。而何國權利較輕者。此又一疑難也。一國政治。無鉅無細。而無不與財政有連。若所綰者僅在度支部之會計。則財政無整理之時。若舉其有連者而悉及之。則發難未免太鉅。此亦一疑難也。夫欲紾一國之臂而奪其太阿。謀之固不可以不愼。況益以聯雞之勢。各相猜而莫敢執其咎。此所以盤馬彎弓而久不發也。抑又見乎吾國頻年以來。日以改革立憲諸名義號於天下。亦庶幾其果出於至誠。則必將有道焉。拔吾經濟界於杌隉之域。而厝諸磐石。與萬國交享其相當應得之利者。則亦何必市怨犯怒。而爲此擾擾也。是故各國之久不行此者。非有愛於我。有憚於我。彼蓋有所謀有所待也。雖然。改革立憲諸美名。非可以久假不歸者。苟無其實。而襲其名。掇拾敷衍。以塗民耳目於一時。吾民雖或易欺。抑安足以逃眈眈者之炯鑒耶。況乎託百度更始之名。愈以增司農仰屋之歎。當嗷鴻徧野之會。

乃更爲矢魚竭澤之謀。自今以往。財政之有日棼而無日整。抑可見矣。則其直接以貽害於本國之經濟界者何可勝道。則其間接以貽害於全世界之經濟界者又何可勝道。勢必至使各國雖欲坐視而終不能以坐視。乃胥謀捐棄其猜忤。開前古未有之例。萃十數國之代表。而公置一合議機關於我京師。以代行我冢宰制國用之權。而凡一切政務之待帑而行者受悉成焉。則我四百兆神明之胄。乃終爲天下之僇民矣。嗚呼。吾豈好爲不祥之言哉。（宣統元年十月二十九日記）

此稿方成。而連日讀外國報章。有美國大統領所下國會敎令宣言各債權國當助中國改良政治之一事。又有英國泰晤士報著極長之論說。論中國國債擔保物不可恃之一事。未幾又遂有美國通告列國欲代我贖回滿洲鐵路而置諸各國共同監督之下之一事。警報頻仍。劌心怵目。嗚呼。事變之來。急轉直下。其相煎迫者未知所紀極。而其勢且將予我以不及防。我政府我國民其尚能飮食衎衎以遨以嬉。而不亟思所以自處耶。至此諸事之始末及吾國所以待之者。吾將更詳述而貢所懷。（宣統元年十二月初六日補記）

飲冰室文集之二十一

發行公債整理官鈔推行國幣說帖

竊惟各國中央銀行之設。平時則以統全國金融之樞機。有事則以助政府財政之運轉。苟辦理得人。則國力緣此而充實。國權藉此而伸張。法至良意至美也。國家設立大清銀行。原欲師各國成法。以期官民交利。竊常熟審情形。統籌全局。以爲改良辦法。雖有多端。然莫不有先決問題。與之相麗。蓋新幣制未經畫一實施。則金融機關無從運用。兌換紙幣制度未確立。則新幣制之完全實施。終不可期。紙幣發行。非統於一機關。則制度無從完善。非有確實之保證準備品。則無論何機關。皆不能發昭信之紙幣。再四思維。謂必須將貨幣政策。銀行政策。公債政策。三者同時并舉。庶足以植大基而責全功。擬請先定大清銀行紙幣之保證準備額。因發公債五千萬元。由大清銀行承募。卽以此款收回各省官錢局之舊鈔。謹將理由及辦法。瀝陳以備采擇。

請部發公債由大清銀行承募充兌換劵保證準備藉以整頓官鈔推行國幣

說帖

甲　辦法

一　請由內閣提出募集內債案。移交資政院議決後。奏准施行。

二　該公債總額五千萬圓。息率六釐。自募足後第六年起。至第二十年止。由政府任意償還。

三　該公債票面分爲五十圓。一百圓。五百圓。一千圓。一萬圓。五種。

四　用折扣發行法。政府對於每票面百圓實收九十五圓。

五　用間接發行法。將該公債總額責由大清銀行全行承受。再由銀行隨時相機向市場轉售。

六　當發行公債之前。先將兌換紙幣則例改正。定兌換紙幣保證準備額爲三萬萬元。該銀行承受公債全額後。即以充保證準備。得發兌換紙幣五千萬元。按照折扣數目。以兌換紙幣四千七百五十萬元繳部。

七　同時頒發整頓官鈔條例。將各省官錢局所有官鈔。定期收回。換給大清銀行兌換紙幣。

八　整頓官鈔事宜。其在已有大清銀行分行之地。則責由該分行辦理。未有分行之地。由督撫派委員代理。

九　請設一國債局。使行減債基金法。編爲特別會計。二十年完結。

乙　理由

第一。實施新幣制。必藉兌換紙幣之理由。

金融本義。不外融通貨幣。苟幣制未定。則銀行終無發達之期。此實共明之理。無勞詞費者也。然考各國當改革幣制之時。又恆必責成於銀行。然後能完其業。蓋無論何國。終不能徒恃硬幣。謂足充市場流通之用。而當新舊幣制青黃不接之頃。尤非賴兌換紙幣不足以承其乏也。今欲推行新幣。首當估算全國約需貨幣幾何。欲測一國需幣之多少。其一。當以工商業之盛衰爲標準。其二。當以期票支票等代用之多少爲標準。以前說論之。則我國需幣宜少於他國。以後說論之。則又宜多於他國。今統計未備。雖無從點斷其額。試以鄰邦日本例之據彼明治四十二年報告全國流通之硬幣紙幣合計共五萬一千七百九十七萬七千元以彼人口五千萬分之每人共需十元强我國工商業發達不逮日本而彼國期票支票之發達亦過於我國兩者相抵則我國每人所需貨幣應與彼不甚相遠果爾則我四萬萬之戶口應有貨幣四十萬萬圓始足敷用就使折半計之仍須二十萬萬圓使一一仰給硬幣則無論用金用銀皆必須由國庫吸收現金銀漸足此數乃可望推行普及現在鼓鑄新幣黽勉經年增成千萬內外供給不逮需要百分之一似此推算當以何年始克相劑新幣既萬不足以給人之求而市面易中要具又須臾不可缺則舊幣外幣及生銀等既無從禁而益以新幣與之幷行徒使幣制愈增紊亂其與國家厲精改革之本意不亦相反耶於是有創爲畫地推行之說者謂儘現有新幣從京畿一帶先行改起驟視之若不失爲權宜之計然按諸實際窒礙滋甚西儒有恆言生計無國界國界且無況於一國內而畫地以界乎卽以京師論其與津奉滬漢等處之匯兌往來每日不知凡幾今改革幣制而域以京畿卽與不改何異況此區區千萬在京畿猶虞不足乎且卽以逐漸推行而論仍不能不預定一全國普及之期而試辦之與普及爲期相去又安容太遠以造幣局過去一年成績例之苟非有紙幣爲之補助則普及之期恐淸難俟耳竊以爲今日不欲整理幣制則已苟誠欲之則必以兌換紙幣爲之樞紐而國家既將發行紙幣之特權賦予大淸銀行則大淸對於推行紙幣一事自有相當之職責而確立兌換紙幣基礎卽其第一義也不特此也今當改革伊始靑黃不接政府既禁人民用舊幣外幣及生銀而又無新幣以承其乏萬一外國銀行利用此時機盛發與國幣法價相等之鈔票行諸市場吸收實銀彼其準備愈豐信用愈厚數年之後恐將蠹蝕我權致無復自發紙幣之餘地現在東三省正金華俄之票其前車也事苟至此雖有

善者。無能爲矣。此尤今日所當防之於豫者也。

第二　推行紙幣必須先立保證準備額之理由。

謹案度支部奏定兌換紙幣則例。第三條云。大清銀行。應照發行紙幣數目。常時存儲五成現款。以備兌換。其餘亦須有確實之有價證券爲準備。將預備兌換之款項。分爲現款準備保證準備之二種。揆諸學理及各國成例。誠爲合宜。但據此條文。則大清銀行。能發紙幣若干。一以其所吸收現款若干爲斷。使銀行吸存之現款。僅得一千萬。則所發紙幣不能過二千萬以外。明矣。試據前條所估算中國每人需用貨幣四圓計之。則非有幣十六萬萬不能敷用。而斷不能少於二十萬萬元。既需幣二十萬萬元。則出紙幣十萬萬元。殊不爲多。然大清銀行欲發此數。則必須先儲現款五萬萬元。以我國現情。何時能致。夫各國中央銀行之吸收現款。必藉兌換紙幣爲之樞機。紙幣不能廣行。則現款決無集中之日。現款既稀。紙幣更無從多發。兩事遞相牽掣。則一國通幣之供給。終無從與需要相劑。而民之用舊幣外幣生銀。終不可得禁也。查英德日本之制。皆以法律先定出紙幣之保證準備額。在此額內。可以無須存儲現款。但以有價證券代之而已足。（英國定額一千八百十七萬五千鎊德國定額二萬五千萬馬克日本定額一萬二千萬元）其所以如此者。以國中所需用紙幣。不能更少於此數。在此額內。決無人持來求換也。然則我國欲定保證準備額。當以何爲標準乎。法當先測定全國所需貨幣之總數。次乃於總數之中。測定其需硬幣若干。紙幣若干。次乃於紙幣之中。測定其可用保證準備之最小額。試又以日本爲例。查日本明治四十二年。全國流通幣五萬一千七百九十七萬七千元。內其硬幣占一萬五千九百二十一萬四千元。其紙幣占三萬五千二百七十六萬三千元。每人約用硬幣三元强。紙幣七元强。而其保證準備額一萬二千元。每人應得二元四角。我國若援爲標準。則國中應需硬幣拾二萬萬。紙幣二十八萬萬。而保證準備可定爲九萬萬六千萬。今復折半計之。仍可以發紙幣十二萬萬元以上。其保證準備額。仍可定爲四五萬萬之譜。今暫擬定爲三萬萬。則每人平均所持者不過七角餘耳。此眞最低限度。可以無現款而發行者也。大清銀行旣得此特權。而又不驟然盡用之。僅先發數千萬。徐圖吸集現款。吸集旣多。發行餘力益豐。然後中央銀行之形漸成。足以語於外競矣。

第三。保證準備必賴公債之理由。

保證準備者。謂存儲有價證券以爲準備也。夫使舉國中無一有價證券。則銀行雖有此特權。亦安從用之。今據兌換則例第三條。雖許以五成之保證準備。然今者舉國中有信用之有價證券。雖盡收之。爲數幾何。大部亦知此苦。故有許將銀行資本公債併算之一條。然充其量。亦不過千餘萬。其不足以完調劑全國金融之職務也明矣。查各國中央銀行之保證準備品。不出國債地方債公司股票公司債及商業短期票之數者。而尤以國債爲中堅。一國中而無國債。非惟於燮理財政。動多窒礙。卽調劑金融。已苦無術。今當凡百新政待舉。在在需財。外債交涉旣極艱辛。輿論且動生疑謗。何如舉辦內債。由大清銀行自行承受。國家旣藉以舒竭蹶。銀行亦賴以展回旋。近之旣以收整理幣制之功。遠之復以資發榮產業之助。一舉而數善備。孰過於此。夫大清銀行旣有三萬萬元之保證發行力。今承受公債五千萬元。用其六分之一。將來辦有成效。則第二次公債及自治團體之地方債。隨時皆可承受。則豈惟金融界之福。抑大有裨於財政也。

第四。發行公債宜委諸大清銀行之理由。

中國前此所以不能舉辦內債。固由人民信用未孚。抑亦公債用途不開使然也。各國之公債。在市面爲不可少之物。營業者爭欲得之。我國公債則惟藏諸篋底。以待國家之按年派息定期還本。人民之挾有資財者。何樂而投之於此。查各國公債用途雖不可勝計。而尤以銀行之保證準備。放借抵押兩者爲大宗。據日本統計報告。其內債十一萬萬餘。而常有八九萬萬在各銀行之手。他可推矣。且各國募集公債。恆委各銀行爲間接機關。蓋銀行承受此債後。固得以善價轉售於市面。就令一時未能售出。而爲本銀行營業生息計。亦良得。故每遇公債條件利益稍優。各銀行輒趨之若鶩也。中國至今未嘗覩一有力之銀行。既無消納公債之尾閭。復無發行公債之樞紐。其屢次募集無功。宜也。今試舉辦五千萬元之公債。責令大清銀行承受。就國家一面觀之。其利益蓋不待言。就大清銀行一面觀之。苟能立刻轉售。吸集現款。厚其實力。固最善也。就令永遠扃諸銀行庫中。而年得七厘之息。但使國家信用不墜。則銀行之獲益已豐。詢謀股東。孰不樂受。況國家既辦公債。自應有種種推廣用途之法。以隨其後。他日風氣既開。全國市面所需公債。何啻什伯此數。區區五千萬。恐大清銀行雖欲韞而藏之。亦不可得耳。

第五。以公債充保證準備不憂搖動兌換基礎之理由。

或疑大清銀行驟發五千萬之紙幣。雖曰對於其法定發行力。僅用六分之一。然以現在所吸現款校之。兌換基礎甚爲薄弱。初時民信未孚。兌者踵至。一有動搖。其何以支。此實發端應有之疑問也。考各國中央銀行所以吸集現款之法雖甚多。而其最有力之後援。則在代理國庫。今據奏定統一國庫章程。既已將此重務責成大清銀行代理。全國歲入三萬萬兩。雖非全以硬幣交納。然硬幣要過半數。各官署收得此款。即以存入銀行。

隨時提支。夫國家既有提倡紙幣之誠心。而復信用大清銀行。委以此任。則當其提支時。必無索取硬幣之理。但責銀行照數交出紙幣。以備支銷已耳。則銀行經一年數月後最少亦能由此途以吸集現款至一萬萬元以上。同時即將一萬萬元之紙幣。交納政府。此即有現款準備之紙幣也。再加以五千萬元之保證準備。是實以一萬萬之現款。而發一萬五千萬之紙幣。兌換基礎之鞏固。孰過於是。今試爲政府計。既將存款換取一萬萬紙幣。復益以新借公債五千萬。共一萬五千萬。其支用之途。則官俸兵餉等類是也。官吏兵士日用所需。立將此紙幣散諸市場。初時市民信用未孚。必紛紛持來兌換。固也。但使兌出一二千萬。則輿情立當大洽。夫人情孰不惡笨重。而樂輕便。數月以後。必仍紛紛持現款來易紙幣耳。故以常理論。就令大清銀行。別無他法。以吸收現款。但使國庫支出。全用紙幣。則一二年後。自必有三萬萬兩之現款。存於大清銀行所代理之國庫中。換算新幣爲四萬五千萬元。而同時代之以四萬五千萬元之紙幣。通行於市場。此事理之至易覩者也。再益以三萬萬之保證準備。計其全額則現款準備尚在六成以上。基礎之强。豈有過此。而初期五千萬之保證準備。斷不困於兌換。亦從可推矣。況紙幣既推行後。其所以吸集現款者。正多術耶。夫中央銀行苟辦理得宜。則除輸出超過頻年賡續外。絕無實幣外流之患。而兌換基礎可以常固。正不必鰓鰓過慮也。

第六。收回各官錢局舊鈔。宜用公債之理由。

各省官錢局自發鈔幣。因沿已久。既以制度龐雜。妨金融之統一。且實幣準備與保證準備兩皆薄弱。殊不足以昭信用。今大部亟圖整頓。洵屬本原至計。欽佩莫名。然驟議收回。則各省固無此財力。立虞破裂。即徐圖收縮。亦恐各該市場緣通幣缺乏。惹出恐慌。蓋現在全國所有硬幣。實不足以充市面易中之需。而賴各官鈔及私家之銀鈔票。以補充之。民既舍此無可用。故雖信用稍乏。仍不得不暫時通行。今若收縮官鈔。則承其乏者惟有三途。一曰照數速頒硬幣以代之。二曰外國紙幣及私家之銀錢票乘機而代之。三則以中央銀行確定之兌換紙幣代之。苟三者皆缺。則該市面錢荒之現象必立起。而恐慌之波動將不可收拾。夫照數速頒硬幣既爲現在所萬難辦到。外國紙幣及私家銀錢票乘機蔓衍。愈非國家之福。則除卻以大清銀行紙幣代之更有何法。政府既向大清銀行借得數千萬之公債。銀行隨卽照數將紙幣繳足政府。政府則按照各省現行舊官鈔若干。隨將所收得之大清銀行之兌換紙幣發往代之。就政府方面而言。則緣此可以漸舉金融統一中央集權之實。就各省督撫方面而言。則不必代各官錢局負繁重之責任。而一省金融可以漸趨於豐潤。就人民方面而言。則前此官錢局之鈔票。僅恃本省行政長官之保障。而資本有限。準備薄弱。在在堪虞。今易以中央政府賦予特權之紙幣。法律之規定既嚴。議會之監督尤密。而資本及其所陸續吸收之實幣。尤足以擁護兌換基礎。而不致搖動其信用。程度相去。自不啻天淵。就大清銀行方面而言。則紙幣緣此可以推行。而中央銀行之職責。得以漸舉。此所謂一舉而四善備也。或疑大清銀行既以本行所發之紙幣盡代官錢局之舊鈔。則其對於舊鈔立卽生兌換之義務。恐非本行所克堪。不知大清銀行既代辦國庫。當辦理得宜。隨時可以就地吸收實幣。自可斟酌情形。而分置準備金於各省。兌換基礎。固萬不至搖動也。

第七。 公債所以用折扣發行法之理由。

公債發行法。或用平價。或用折扣。各有短長。驟難軒輕。今所以擬用折扣法者。利用人民見利之心。銷售較易。且銀行轉售之時。可以用競賣法。而得善價。獎勵銀行使樂於承受也。

第八。公債所以定六釐息率之理由。

歐美各國。公債息率僅二三釐。即我國近年所借外債。亦無過五釐者。今定爲六釐。則政府負擔似嫌過重。但現在我國市場息率最低者。猶在一分以上。爲推廣公債起見。非稍高其息。不足以勸。且爲銀行計。使之放款與國家較諸放款與私人。獲息僅遜一等。庶銀行樂於承命也。此非徒爲大清銀行計。蓋他日全國銀行業之發達。皆須以公債爲之媒介。故條件不得不稍優也。較諸外債負擔雖加重。然楚弓楚得。其利民正不少耳。

第九。所以采用減債基金法之理由。

減債基金法。近世言公債政策者。多斥其非。然各國仍多行之者。謂其最足以堅人民信用。且政府欲行買回銷債法。爲道甚便也。今所擬之大清銀行之保證準備。以公債爲中堅。苟公債之信未孚。則銀行之信亦墜。故當發行公債伊始。便當指定歲入的款數項。名爲減債基金。以特別會計司之。其應用某項的款。今雖未能具指。約略言之。則大清銀行營業稅及奏定兌換則例第十條之發行稅。其一也。印花稅。其二也。證券懋遷公司稅。其三也。其第一項與茲事關係最密切。用之最宜。其第二項之印花稅。非賴有價證券盛行後不能多收。第三項之懋遷公司稅。尤必俟證券盛行。始能出現。公債爲各種有價證券之母。故以此兩種稅充公債費。於義極圓。今請在度支部中設一國債局。專司此項特別會計。以二十年爲特別會計完結之期。每年以上列三項所入移交該局。由該局員隨時臨機謀生息殖利之法。前五年但有收入無支出。自第六年以後。使每年平均銷却債券三百萬內外。其或抽籤償還。或買回燒棄。由該員斟酌情形辦理。苟立法既密。用人復當。則人民咸覺政府之可信。非徒初次之債不憂滯銷。而將來陸續再應募者。更恐後矣。

第十。公債案必當提出資政院之理由。

國家既定爲立憲政體則違憲違法之舉。萬不可由政府開其端。資政院章程既有議決公債之條。政府自宜恪遵之以免物議。且初辦公債必須深得人民信用。乃可爲續辦之基。而大清銀行之紙幣既恃公債爲唯一之保證準備。苟公債之信用不立則紙幣之信用亦隨之而隳。夫欲堅人民信用則資政院之議決實其最良之手段也。或疑事屬草創。恐資政院不予協贊則末從圖成。竊計全國人民望幣制之實施與金融之統一既已載飢載渴。今所擬辦法。不過襲各國之成法而收效可以無窮。但使得才辯之委員向院中說明利害。其得多數可決固意中事耳。

論國民宜亟求財政常識

縱觀數千禩史乘。橫覽五大部洲。國家之嬗興嬗亡於其間者何限。其得失之林。雖殽雜糾紛。不可悉指。而筦其機者未始不以財政。在昔赧王築臺辟債而周鼎遷。孝靈鬻官充帑而漢社屋。乃至唐宋元明之季。類無不因司農竭蹶。仰屋無計。聚斂四出。竭澤而漁。豺虎横路。餓莩載途。民迫救死。鋌而走險。萑獮既盡。國隨以亡。故堯之咨舜曰。四海困窮。天祿永終。而舜亦以命禹。誠畏之也。若乃英國以占士查理兩代財政之紊亂。而克林威爾之難作。法國以路易十五十六兩代財政之紊亂。而撼天震地之大革命興。民相枕藉死者什而六七。日本以德川末葉財政之紊亂。而三百年幕府之業。隨靑史而灰燼。又如埃及之縣於英。朝鮮之役於日。南美諸共和邦之羈軛於列强。迹其所自。大率皆財政不振致之。而他族所以能扼其吭而永墜諸九淵者。其太阿之柄則亦在財政由此言之國家之所以立於天地者。其樞機可知矣。易曰。天地之大德曰生。聖人之大寶曰位。何以守位曰人。何以聚人曰財。自古有國有家者。未嘗不以此爲亟也。今者國家歲入一百三十兆。曾不足以當歲出之半。而稽其所謂歲出之數。則償債於外者五而居一。耗於不能戰之兵者四而居一。朘於不事事之官吏者二而居一。其所資以治國事民事者。抑尚餘幾。夫國事民事固終非可委諸不治。而當道爲民所具瞻者。方且蚤作暮思。汲汲焉議禮攷文制度以文致太平。尾閭之洩日博。而泉源之涌久竭。司農疆吏內外交奪。狀如小兒競彼殘餠。夫以今日中國財政之實相。雖政府拱手。不復興作一業。百官枵腹以服公役。其勢猶岌岌不足支數稔。而況於浮慕新政。日不暇給。其所費更什伯於今。而未有已者耶。不取於民。將焉取諸。取之不以其道。則晚漢晚唐晚宋晚明之覆轍。不旋踵而相襲。不則爲埃及朝鮮波斯突厥之續已爾。變法云。立憲云。適以速國家之滅亡。而外此更何所得也。矛頭淅米。瞎馬臨池。以此思險。險可知矣。

記曰。有人此有土。有土此有財。有財此有用。廣土衆民如我國。而猶患貧。非天之貧我。而我之樂與貧相卽也。善治財者如良牧然。蕃息羣羊。而以時伐其毛。毛莫或棄於地。而羊弗病也。故有羊蹄躈千。則比諸素封。不善治財者反是。旣無術以豐殖其毛。而一羊之毛能收爲用者。復不逮二三。及懲於得毛之寡。則尅減水草。雖羸毋恤。甚或屠而貨之以取盈。羊歲羸歲減。而業且隳。牧者亦與之俱敝。我國之司財者。蓋有類於是也。夫財政者一種之技術也。然凡百技術。其精進也。皆根本於學問。故曰不學無術。不學操縵。不能安絃。不學操刀。不能割雞。雖以至瑣末之業。而欲善其事者。猶不能舍學。況財政爲國計民生所攸託命者乎。先民有言。不知來。視諸往。又曰。他山之石。可以爲錯。財政學者。實統鑑古今中外成敗得失之跡。求得其所以然之故。而泐爲可信據之原則。示當軸以率循之軌者也。雖各國國勢民情萬有不齊。其所以應用此原則者。爲道殊不一。顧不能以應用之殊方而謂原則之可蔑。此猶善用兵者。雖不專恃兵學。而不明兵學之原則者。終不能立於不敗。善製器者。雖不專恃工學。而不明工學之原則者。終不能有所創作也。準此以談。則夫國之大臣。掌一國最高之財政機關者。思酌盈劑虛於其間。以長國家而利元元。苟不明於財政學。將安適而可哉。

又非徒一國之最高財政機關爲然耳。國家一切政治。其舉之也。罔不需財。故不問任何職司。苟於財政學之綱要一無所知。則終末由以善其事。或不量國家財力所能及。而妄事興作。則中途竭蹶。而不克底於成。或國家刻不容緩之政務。徒以無術以求得相當之財源。廢而不舉。兩者有一於此。國遂緣以病矣。不寧惟是。一國理財之司。非一二人所能悉躬親也。其佐理分任之屬吏。散在內外者。何啻數萬。雖曰其職在服從法令。不必自有所計畫。然會計出納之間。皆有一定之原則以綱維之。不明此原則。將無往而不貽誤。又況乎爲財政之主體者。不獨國家而已。國內多數之地方自治團體。莫不各有其財政。而此地方財政。一方而既爲該地方利害所關。一方而又爲全國利害所關。故凡各地方大小官吏。於財政學之原則。皆不可以不粗知其概。此各國之所同也。而在我國更有甚者。則以我國中央集權之實未舉。財政出納。其什九皆由各省尸之。各省財政紊亂。則中央財政更無整飭之期。故使各省官吏咸解財政學。實今日謀國之第一義也。

又非徒官吏而已。財政設施之得失。其利害之及於國民生計者。如影之斯隨。如響之斯應也。一租稅之舉廢。而民業緣之以爲榮悴。一公債之募償。而金融（金融者一國資財流通變動之狀態也此東國通用名詞不得善譯姑存之）緣之以爲促舒。其他大小節目。皆一一與民瘼相麗。造端雖簡。將畢乃鉅。淺見者流。以謂個人所負之義務爲數至纖。豈必計校。豈知洪者纖之積而個人之利害合之乃卽國民全體之利害也故今世立憲國其最重要之精神則曰使國民監督財政而已今中國旣奉明詔尅期實施憲政則將來上自國會兩院議員下至各省諮議局議員各廳州縣各城鎮鄉董事會員議事會員皆各因其職而有監督中央財政地方財政之責苟於財政學懵無所知則監督曷由得當或於不當協贊者而率爾苟同或於不當反對者而故爲阻撓其貽誤大計則一也是故憲政實施以後凡爲國民代表者其財政上之學識萬不可以缺而代表國民之人其資格由選舉而生司選之權則一般國民共同行之者也苟財政之普通知識不廣被於一般國民則所選決不能得人而監督之實終不克舉由是言之則宜學財政者豈直有司哉

夫財政學關係之重大旣已若是而試問今日舉國中上自執政下逮氓庶其能略具此學之常識者果有幾人又豈惟俗吏與愚氓爲然耳卽號稱先覺之士主持一國言論者亦罕能好學深思以深知其意毋亦以此爲專門之學非就傅受講末由窺其堂奧乃相與望洋興歎已耳殊不知此學在諸種科學中實比較的簡明易曉而富於趣味苟得一二良著而獨學之則明其原則而適用於實際爲事實絕非難烏可以無師而自棄也愛國君子其知所勉矣

予夙病斯學不能廣被謂爲國家之大戚兩年以來廢百業以著成一編名曰財政原論百餘萬言以卷帙太繁剞劂不易殺青問世尙當期諸數月以後將擷其要節先刊布之冀以爲浸灌常識之一助焉　著者識

各省濫鑄銅元小史

近數年來。以各省濫發銅元之故。致物價騰貴。民生彫敝。實爲全國人民切膚之痛。朝野識者。亦漸知之。而亟亟謀補救矣。然於其濫發之實狀。及其影響於全國生計之危機。或有未深悉者。吾故博考內外人所記載。著爲此篇。以促政府及國民之警醒焉。

銅元者貨幣之一種也。貨幣最要之職務。在於爲價格尺度。凡一切物價。皆比於貨幣以爲標準焉。夫必先自有其一定之價格。然後能爲一切價格之尺度。此不易之理也。故既名曰貨幣。則其價格必當從法律所規定。無絲毫之變遷差忒。然後可以全其用。凡讀此文者。當先知此義。

凡貨幣所以能有一定不變之價格者。以其名價與實價相應也。例如法律所命爲一兩之銀幣。其每枚必含足色銀一兩。但使銀塊之價無變動。則銀幣之價亦無變動。其以金爲幣者亦然。若此者謂之主幣。（亦稱本位貨幣）主幣者充其國力之所能及。雖多鑄焉而不爲病。亦有名價大於實價者。此則借以代表主幣。而輔助之以便民用。故謂之輔幣。（亦稱補助貨幣）輔幣者行使當立限制。而所鑄萬不能多。以僅敷輔助所需而止。若鑄太多而行無限制。則幣制必緣而大亂。凡讀此文者。又當先知此義。

是故國家之鑄幣也。萬不能視之爲籌款之具。無論財政若何支絀。祇能向他處設法籌補。而斷不容求諸鑄幣局。蓋國家之鑄主幣。只有耗費而無贏利。其鑄輔幣所得贏利。適足以彌補鑄主幣所耗費一部分。若彌補耗費之外而仍有贏餘。則亦偶然之事。而國家鑄幣之本意。固絕非在欲得此區區也。若視鑄幣爲籌款之具。則惟有濫鑄輔幣之一法。而濫鑄輔幣。則其流毒視增徵惡稅剝奪民財。且將十倍也。凡讀此文者。又當先知此義。

右三義者。相因而至。實則一義也。我政府當道惟不知此義。故有濫鑄銅元之舉。我國民惟不知此義。故有任政府濫鑄銅元之舉。

銅元者所以代制錢也。其法律上之價格。以一當制錢十。故欲知銅元。必當先知制錢。今於正文之前。略述制錢之性質及其歷史。雖似駢枝。實非得已也。

我國數千年來法律上之貨幣。惟銅錢一項。故政書稱曰錢幣。卽所謂制錢是也。歷代政府。皆以不諳貨幣之原則。往往因鑄發失當。召亂致亡。而論世者幾視爲棼絲之不能理。覆轍相尋。可勿具論。我朝康雍之間。百廢具舉。康熙初元。定制以制錢千文當銀一兩。而制錢一文重量一錢。千文之重量共爲六斤四兩。所含之質。銅六鉛四。其時銀價甚賤。銀一兩之值。恰與制錢千文不相上下。及康熙四十年以後。銀價漸騰。則增鑄新錢一種。每文重一錢四分。仍以每千文準銀一兩。則舊錢重一錢者。則以每千文準銀七錢。如是常相調劑。務底於平。使民食其利。故言幣制之完美者。唐開元以外。必數康熙。民康阜而國尊榮。有自來矣。其時蓋以鑄錢爲國家行政上之一義務。絕未常有借以牟利之心也。歷雍正以至乾隆之初。此意未改。及乾隆五年。始破此制。定每錢所含質爲銅五鉛四錫一。重量亦僅得康熙錢十之七五。而法定之價。仍以千文準銀一兩。其時銀價益騰。非復康熙之比。而以質劣量輕之錢。欲强命以高價。此生計學原理所萬不許者也。於是銀與制錢之比價。壹隨市場爲轉移。不復從國家所定法價。政府禁之不可。只能任其所之。聖祖所定子母相權之幣制。自茲紊矣。自時厥後。戰亂頻仍。帑藏竭蹶。政府始藉鑄錢爲籌款之一法門。質日劣。量日輕。私鑄日多。而錢價日落。今據英國上海領事某氏報告乾隆以後制錢重量日減之概如下。

乾隆錢	百文	重一二・一九安士
嘉慶錢	百文	重一〇・七三安士
道光錢	百文	重一〇・八〇安士

咸豐錢	百文	重九・〇〇安士
光緒舊錢	百文	重九・八〇安士
光緒新錢	百文	重六・八〇安士

此不過略舉大概耳。其實每朝之錢亦各各不同。蓋鑄錢局分設於各行省。而又無造幣試驗之法。任各督撫之自營其私安有畫一之理。且政府既恃鑄幣以牟利。則民間私鑄者亦蠭起。而行政機關不整。又無術以坊之。以故惡錢日滋。而據格里森貨幣原則。凡良幣在勢必爲惡幣所驅逐。此理之無可逃避者也。以故康雍乾三朝之錢。次第絕跡。蓋自道光末葉。而幣制淩亂之象。識者已深憂之矣。及咸豐軍興。海內鼎沸。復洊以外憂。司農仰屋。窮無復之。乃鑄爲當千當五百當十當五等銅錢。復鑄當十鐵錢及當一小鉛錢。欲藉此以救燃眉。然實價低劣之貨幣。必不能保其所浮之名價。此一定之理。非國家威力所能强也。以故此種錢絕不能推行。惟有當十一種。數十年來行於京都。而外省無聞焉。卽京都行之。亦僅以當二。而國家所定當十之法價。依然無效也。而全國所行之制錢。日以惡劣。至二千文易銀一兩。其價僅値康雍之半。幣制之糜爛。自是不可收拾矣。

然自同治末葉以降。錢價之比於銀。反日見其漲。此則別有原因焉。今先據稅務司所報告。示其漸漲之跡。而復論其所以然之故。自同治九年至光緒三十年。銀與制錢之比價變遷如下。

同治	九年	海關銀一兩	一八七五文	上海銀一兩	一六八三文
	十年	海關銀一兩	一八七五文	上海銀一兩	一六八三文
	十一年	海關銀一兩	一八七五文	上海銀一兩	一六八三文
	十二年	海關銀一兩	一八〇〇文	上海銀一兩	一六一六文
	十三年	海關銀一兩	一八〇五文	上海銀一兩	一六二〇文

光緒				
元年	海關銀一兩	一七七八文	上海銀一兩	一五九八文
二年	海關銀一兩	一七二二文	上海銀一兩	一五四五文
三年	海關銀一兩	一六五五文	上海銀一兩	一四八五文
四年	海關銀一兩	一五九八文	上海銀一兩	一四三四文
五年	海關銀一兩	一六二〇文	上海銀一兩	一四五四文
六年	海關銀一兩	一六五三文	上海銀一兩	一四八三文
七年	海關銀一兩	一六九〇文	上海銀一兩	一五一七文
八年	海關銀一兩	一六八五文	上海銀一兩	一五一三文
九年	海關銀一兩	一六八五文	上海銀一兩	一五一三文
十年	海關銀一兩	一六五一文	上海銀一兩	一四八二文
十一年	海關銀一兩	一六五〇文	上海銀一兩	一四八一文
十二年	海關銀一兩	一六四八文	上海銀一兩	一四七九文
十三年	海關銀一兩	一五五七文	上海銀一兩	一三九七文
十四年	海關銀一兩	一五八〇文	上海銀一兩	一四一八文
十五年	海關銀一兩	一五八五文	上海銀一兩	一四二三文
十六年	海關銀一兩	一四八八文	上海銀一兩	一三三六文
十七年	海關銀一兩	一四九六文	上海銀一兩	一三四三文
十八年	海關銀一兩	一五五二文	上海銀一兩	一三九三文
十九年	海關銀一兩	一五五二文	上海銀一兩	一三九三文
二十年	海關銀一兩	一五〇八文	上海銀一兩	一三五四文
二十一年	海關銀一兩	一四六五文	上海銀一兩	一三一五文
二十二年	海關銀一兩	一三七八文	上海銀一兩	一二三六文

二十三年	海關銀一兩	一三七八文	上海銀一兩	一二三六文
二十四年	海關銀一兩	一三〇五文	上海銀一兩	一一七一文
二十五年	海關銀一兩	一三二五文	上海銀一兩	一一八九文
二十六年	海關銀一兩	一三二八文	上海銀一兩	一一九二文
二十七年	海關銀一兩	一三五〇文	上海銀一兩	一二一二文
二十八年	海關銀一兩	一三四五文	上海銀一兩	一二〇七文
二十九年	海關銀一兩	一二七八文	上海銀一兩	一一四七文
三十年	海關銀一兩	一二二五文	上海銀一兩	一一〇〇文

夫同治光緒間所用之制錢。其質與量皆非有加於舊也。而錢價乃能逐漸騰漲。幾於以一千文能易一兩。駸駸乎復康雍之舊。則又何也。蓋自南京淪陷以後。政府見鑄錢無所獲利。各省錢局率皆閉歇。即間或鑄。亦時作輟。且爲數甚微。而前此佳錢。銷燬已盡。所餘惟沙板鵝眼之屬。民間私鑄亦無利可圖。故錢之供給日少。而國中人口每年平均約增加百七十萬。一切交易大半以錢。故錢之需求日加。咸同之間。通商初開。入口貨多而出口少。銀之流出者多。而國內銀價騰。及大亂既定。休養生息。對外貿易漸保平衡。銀稍稍來歸。加以光緒十七年以後。全世界銀價驟落。二十二年以後益甚。至二十八年則銀價之對於金價。僅得咸同間三之一。其對於銅價雖不如對金價之甚。然大勢則固日趨低落矣。合此諸原因。故制錢易銀之市價。無端而逐年漸進。幾於與康雍間法定比價接近。其時適值義和團變亂以後。各國商約要求我以更改幣制。而以我國民現在生活程度論之。則最下級之輔幣。實應爲主幣千分之一。故制錢一項。實爲我幣制系統所不能缺。前此價格太落。編制頗難。今幸而有此現象。苟能利用之爲最低級輔幣。先定主幣之質量。而於主幣與制錢之中間。別鑄小銀元銅元諸品。視人

民所需之數。而供給之。毋使過多。於以整齊幣制。興民樂利。爲事至順。無所於閡。此眞千載一時之機也。而不料當局者漫無學識。惟利是圖。乃演出此濫發銅元之歷史。而流毒至於不可收拾也。

銅元之濫觴何自乎。光緒二十八年冬間。天津市面因銀根緊而起恐慌。其時袁世凱爲直隸總督。謂此由錢荒所致。於是始鑄銅元以救之。夫錢荒則誠是也。然銀根所以日緊之故。尙有原因多端。錢荒僅居其一。苟思治本則固不容僅致力於此。然此固不足以責望於世凱也。而錢旣爲原因之一。則鑄銅元誠亦足以小爲補救。當時國人旣苦於流通之乏制錢。又見夫銅元式樣新穎。攜帶便利。咸樂用之。需求日盛。官局所鑄幾於應接不暇。僅閱兩三月。而鑄出者數千萬枚。獲利百數十萬兩。世凱驟獲此意外之利。喜不自勝。以爲此源可以挹之不竭。益日夜鼓鑄。不遺餘力。夫我國現行之成例。各督撫之視國家財政。其猶羣姒娣之眈眈於其姑嫜之篋笥也。利之所在。孰肯相讓。於是爭先恐後。百事廢置。而惟鑄銅元之爲務。各省財政忽加腴潤。大小官吏咸藉辦新政之名以餕其餘。而非有奧援。莫能得銅元局差使。苟得之者。在局數月。一生喫著不盡矣。光緒三十一年。實爲銅元局全盛時代。計有局者十二省。其爲局十有五。直隸則曰北京局。曰天津局。山東則曰濟南局。河南則曰開封局。江蘇則曰蘇州局。曰金陵局。曰揚州局。曰清江局。安徽則曰安徽局。江西則曰南昌局。浙江則曰杭州局。福建則曰福州局。四川則曰重慶局。湖北則曰武昌局。湖南則曰長沙局。廣東則曰廣州局。舉其所有機器之數。則湖北最多。凡百五十具。直隸次之。凡百具。次則杭州九十六具。四川八十二具。廣東八十具。蘇州七十四具。清江六十具。上海四十五具。湖南四十具。福州三十四具。金陵三十二具。安慶二十具。江西十七具。山東十二具。河南六具。都爲八百四十有六具。據上海西人商業會議所所計算。則此八百四十六具之機器。每年能鎔鑄銅塊十萬八千七百噸。每銅塊一噸。能製銅元十五萬零一千枚。若此機器全數開工。則每年應製出銅元一百六十四萬萬零一千三百七十萬枚。分派之於中國四萬萬人每人應行用四十枚。嗚呼前此各國專制時代。其濫鑄惡幣之覆轍雖多。若乃中風狂走若我國各督撫之甚者。則開闢以來未之前聞也。藉非有各國干涉。而聽其勢之所之則年年增鑄此百六十餘萬萬。行之十年。數當幾何。況乎各省之紛紛續購機器者。且未有已。充其量必將盡購世界之銅以爲原料。而我民非悉舉其所食之粟所衣之帛所居之室乃至所產之子女盡以易銅而投諸洪爐以銷鎔之焉而不止也幸也此八百餘具之機器已開工者不過十之六其十之二則尚未安置又十之二則定購而未運到。而外國之干涉已起。

試考銅元每枚所含實價則何如。各局之鑄銅元。其原料每銅一千斤而摻以亞鉛五十斤。銅之市價。每擔約三十五兩內外亞鉛每擔則一兩內外故銅元原料每擔所值實不及三十五兩。而可以鑄八千枚故龍圓每元應得百六十九枚庫平每兩應得二百二十八枚。更以制錢比較之現行制錢一千文中含有純銅量二斤八八專就銅以求其比價則銅元百枚等於制錢六百九十四文。而制錢現在之市價約每千五百文而易一兩故銅元當二百十三枚而易一兩。每百枚應値銀四錢四分八釐。此其大較也。夫使有一種名實相應之主幣以立乎銅元之上。而鑄造行使皆有限制。則銅元之實價雖儉。原不足以爲病。今既不爾。而欲强附以每百枚值一元之名價勢固必不可得者也。然當初鑄伊始所出無多。雖法律上不設限制。而事實上則未達於應限制之點。加以當時國中制錢缺乏已極。市面零碎交易無以爲媒介之具。新鑄數千萬枚之銅元若注水於旱熯之土瞬息而消納無餘。故其得價也甚高。蓋需要過於供給之物其價恆漲。理勢宜然也。故光緒二十九三十兩年間每龍圓一元僅易銅元八十餘枚。而銅元百枚其價格恆在庫平銀八錢以上。苟於彼時而嚴立鑄造之限制。以後若有不給。乃酌量增鑄。以時謹其收放而均其分配於各地則幣制健全之基礎於此立矣不料各省督撫如飲狂泉與影競走。於光緒三十一年之一年內向外國購入銅二十五萬七千擔。鑄成十七萬萬枚明年更購入銅七十四萬九千擔鑄成四十六萬萬餘枚。於是供給遠過於需要。而價值遂一落千丈矣。

於是光緒三十一年十二月上海各西商覩此形勢。愁然憂之。乃由商業會議所上書於領事團。由領事團上書於公使團由公使團忠告於我政府時三十二年正二月間也我政府初猶漠然置之幾經交涉始以其年五月。命各省銅元局悉行閉止。七月復命廣東福州南京武昌開封五局再行鼓鑄。而以之直隸於中央政府彼其意非眞有見銅元之殃民病國。而亟思補救也。不過前此各省所得之公利。欲攫而歸諸中央前此各省候補道府所得之私利。欲攫而歸諸度支部司員已耳故此五局既得再鑄之權利。自三十二年七月至三十三年十二月。合共又鑄成四十五萬萬枚。而至今猶未已焉此則此最近六七年間濫鑄銅元史之大概也。

今將光緒三十年至三十四年凡五年間所鑄銅元之數。略爲統計如下。

三十年	原料銅	二五五、七七一擔	鑄成銅元	一、七四一、一六七千枚
三十一年	同	七四九、〇〇〇擔	同	四、六九六、九二〇千枚
三十二年	同	二一三、六七三擔	同	一、七〇九、三八四千枚
三十三年	同	三五六、四〇〇擔	同	二、八五一、二〇〇千枚
三十四年	同	一七八、五〇〇擔	同	一、四二八、〇〇〇千枚
合計		一、七五三、三四四擔		一二、四二六、六七一千枚

右表所列雖未必十分正確然雖不中當不遠由此觀之則此五年間所鑄銅元數實在一百二十萬萬枚以上而光緒二十八九年及宣統元年所鑄者尚不在此數民間及外國人所私鑄者尚不在此數合而計之則我國現有銅元額總應在一百四十萬萬枚內外夫以前此僅有十餘萬萬枚而供求適相劑者數年之間驟增十倍則其價格之一落千丈又豈足怪故於光緒二十八九年間每銀一元僅換銅元八十枚三十年末則換八十八枚三十一年六月間換九十六枚其年末換百〇七枚三十二年正二月間換百一十枚中間因各省一律停鑄者數月故能維持此價者一年有奇及五局再鑄所出益濫而一瀉千里之勢乃愈甚三十四年正二月間換百二十枚以後幾於每月落十枚至去年末遂至每銀一元換銅元百八十枚今年一年內大率來往於百七十五枚與百八十枚之間蓋視四年前之價不及其半幾於與所含銅價相接近政府雖欲更藉以牟利而亦有所不能矣

夫以今之銅元行使絕無限制則與輔幣之性質恰相反既非輔幣則民之用之也只能從其實價銅元之實價則每百枚值銀四錢四分八釐也今每銀一元換百八十枚以銀元所含純銀量計之則每百枚約值銀五錢七分也今其下落之量猶未極也苟猶濫鑄不已必將有每元換二百二十枚之一日自去年二月二十七日度支部再有停鑄之命或者其遷流所屆止於此乎然此五局者猶或以餘銅未盡爲辭或以錢荒如故爲請詩曰鴟鴞鴟鴞既取我子無毀我室嗚呼稍有人心之君子尚其一念此言哉

論曰銅元之殃民病國則近一二年來中外奏議及報館論說多能言之不復覼述吾嘗見有日本人所設支那經濟調查部之報告書曰淸國有百二十萬萬之銅元分布之於四萬萬之人口每人通用額三十枚而現在價

格下落至六割六分五釐。以銀換算。則所損失者無慮五千八百八十萬元。而受害最劇者。則內地之小農小工也。夫小農小工。國之石民也。而其胼手胝足終歲勤動之所得。僅數月間。而爲政府之惡政。取去其泰半。其禍烈於洪水猛獸。而其慘過於凶荒兵燹矣。嗚呼。吾聞其言。而栗栗焉。不自知其齒之擊而膚之粟也。彼各省督撫之初有事於此也。亦豈嘗自料其流毒之一至此極。而不知當其奏摺之初上章程之初頒局所之初開。而數千萬人之財產生命與國家數百年所培養之元氣。已斷送於一刹那頃矣。孟子曰。殺人以梃與刃。有以異乎。無以異也。以刃與政。有以異乎。無以異也。況乎梃刃所殺者。不過一二人。而惡政所殺者。且數千萬人而未有已也。誰生厲階。至今爲梗。當局者試一誦孔子作俑無後之言。縱不爲國計爲民計。獨不爲身家子孫計耶。夫今日政府之舉措。其類於濫鑄銅元者何限。而惜乎曲突徙薪之說之終不能入也。

論中國國民生計之危機

中國亡徵萬千。而其病已中於膏肓。且其禍已迫於眉睫者。則國民生計之困窮是已。蓋就國家一方面論之。萬事皆有可補救。而獨至舉國資本涸竭。馴至演成國家破產之慘劇。則無復可補救。所謂四海困窮。天祿永終。雖有善者。亦無如之何也。就個人一方面論之。萬事皆可忍受。而獨至於飢寒迫肌膚。死期在旦夕。則無復可忍受。所謂鋌而走險。急何能擇。雖有良善。未有不窮而思濫者也。嗚呼。今日中國之現象當之矣。

士農工商。國之石民。我國之士。向惟分利。隨社會之饒瘠。以卜坐食之豐嗇。可置勿論。至於小農小工小商。前此恃手指之勤動。守分安業。苟非遇大災變。恆足以自贍。雖生事至觳。然固可以優游卒歲。豳風七月之氣象。在鄉野間常彷彿遇之。今則何如。以幣制紊亂百物騰踊之故。民每歲所入與前相等者。今則資用效力不及其半。加以人口孳殖。求業日艱。故中人之家。恆苦不贍。食力小民。豐歲猶且飢寒。一遇水旱偏災。則餓殍塞途。轉徙而之四方者。常數萬計。其稍悍者則迫而爲盜賊。日戮一人猶不能止。若夫通都大邑。十年前號稱殷富之區者。今則滿目蕭條。而商號之破產。日有所聞。金融緊迫。無地不然。自上至下。皆有儳然不可終日之勢。蓋晚元晚明之現象。一一皆具見於今日。愁慘之氣。充滿於國中。嗚呼。凡百險狀。蓋未有過此者矣。

論者動曰。吾國政府財政雖極竭蹶。而富之藏於民者不知凡幾。此讆言也。謂吾國今尚藏富於地則可。謂吾國今尚藏富於民則不可。夫以一國四萬萬人之衆。亦豈嘗無稱素封者若干戶。然所謂國民生計者。就全國國富之總量而校其盈朒。不得以最少數人爲標準也。今且語富之性質。富也者。以其所孳殖之財。校諸其所費耗之財。而常有贏餘之謂也。箇人生計有然。卽國民生計亦有然。然則欲驗國富之消長。則亦以貨財之來往於國際間者。校其數量及其種數而已。今請先就近三十年來通商貿易表一比較之。

年次	輸入額（海關兩）	輸出額（海關兩）	輸入超過額（海關兩）	輸入超過額對於輸出百分比例
光緒六年	七九、五〇四、二四三	六九、一二五、八六一	一〇、三七八、三八二	一五
光緒十一年	八九、四〇六、八八二	六六、二一二、五七六	二三、一九四、三〇七	三五
光緒十六年	一二八、七五八、二九〇	八八、八〇九、三八九	三九、九四九、〇〇一	四五
光緒二十一年	一七二、八五三、一四五	一四三、二九三、二一一	二九、五五九、九三四	二〇
光緒二十六年	二二三、七九一、八八八	一五八、九九六、七五二	六四、七九五、一三六	四一

光緒三十一年	四四七、一〇〇、七九一	二二七、八八八、一九七	二一九、二一二、五九四	九六
光緒三十二年	四一〇、二七〇、〇八二	二三六、四五六、七三九	一七三、八一三、三四三	七三
光緒三十三年	四一六、四一〇、三六九	二六四、三八〇、六九七	一五二、〇二〇、六七二	五七
光緒三十四年	三九四、五〇五、四七八	二七六、六六〇、四〇三	一七一、八四五、〇七五	四三

據右表所列則自光緒八年以後每年輸入超過者（輸入超過謂入口貨物所值除以出口貨相抵外而所餘不足之額也）約一千萬兩十一年以後則進爲二千餘萬兩十六年以後則進爲四千餘萬兩二十六年以後進爲六千餘萬兩三十一年更驟進爲二萬萬餘兩最近四五年則來往於一萬五千萬兩之間蓋自互市以來六十餘年間無一年非輸入超過愈至近年而其勢愈甚至如最近五六年來每年超過之額乃過於政府總歲入（現在政府總歲入年約一萬三千餘萬）蓋自光緒三十一年至三十四年僅四年內而吾財之漏卮於外者將及六萬萬兩溯初互市以迄今其數之鉅豈更可思議哉

而或者曰國富之來往於國際間者不能專據貿易表以爲衡蓋國際債權債務之關係其在貿易表以外者尚多也斯固然也雖然嘗考各國之歷史及現狀凡輸入超過者恆爲債權國（債權國者其國民以有餘之資本借出於他國而收其息者也）如英國是也若債務國則宜輸出超過（債務國者其國民借入他國之資本而須償其本息者也）如二十年前之美國是也蓋債權國前此已將其資本貸出於外國至今應年年收還本息而所收還者不必其爲現金也而即以外國入口之貨物作抵蓋人之得金者亦不過持之以易其所需之物耳然又必須以自己之勞力作成物品然後有所持以爲易個人生計有然即國民生計亦有然國際貿易者不外以己國人勞力所產之物品易取他國人勞力所產之物品而已而債權國之輸入超過則吸取外國人勞力所產之物品供我享用而我則不必自出其勞力所產者以與爲易也如

是則雖輸入超過而不爲病。彼英國自千八百五十五年以迄今日年年皆輸入超過。而最近十年間。每年超過之額。多者約二十萬萬兩。少者亦十二三萬萬兩。而英人不聞以瀕厄爲病者。有債權足與之相抵也。若債務國則宜反是。前此貸金於人。今則年年須償其本息。而所償者亦不必以現金。但以己國人勞力所產之物品。多輦致於外。而所易取他國之物品。不逮此額。則所餘之額。卽以之抵銷債務。如美國當四五十年前。一切殖產興業之資本。俱仰給歐洲。負莫大之債務。而亦前後五六十年間。年年皆輸出超過。直至最近十餘年。債務消滅漸盡。然後輸出入乃略均平。是其例也。由此觀之。輸入超過。惟在債權國爲宜然。若夫債務國。苟非輸出超過。則不足以維持於不匱。此生計學不易之公例也。吾中國則何如。國民未嘗有一銖之資本投諸海外以收其息。而公私所負外債。都爲十三萬萬餘兩。在理宜每歲輸出超過之額六七千萬兩。然後僅足以相抵。今不惟無此。而輸入超過者且倍之。且三之。自庚子迄今。每年償外債本息恆四千萬乃至七千萬兩。而輸入超過額恆六千萬乃至二萬萬兩。兩項合計。每年國民財力瀕厄於外者。平均二萬萬兩。庚子迄今十年。爲二十萬萬兩。而前此已耗蝕者尚不在此數。試問我國富每年所能增殖者幾何。今若此。夫安得不舉國以陷於窮餓也。

問者曰。若此。是殆我國所有之金銀外溢以盡乎。曰是又不然。夫國之貧富。非以其所有金錢之多寡而積算者也。今請稽近年來我國金銀出入之數而論之。

年次	輸出（海關兩）	輸入（海關兩）
光緒十八年	一〇、六七二、五三三	二三、三九五、七七五
二十一年	四七、二四五、七六八	一八、二〇一、八五九
二十六年	四五、三八〇、三五七	二八、七〇五、〇六〇

三十二年	二六、四三四、〇八一	四一、一八五、七八八
三十三年	一五、四六九、五五九	四四、一〇八、六六四
三十四年	二一、六三二、九三三	四五、四一五、五二八

蓋自光緒二十六年以前。我國金塊輸出者雖多。而銀塊輸入者其數足以相抵。金銀合計。則出入所值。大略平均。而輸入超過之時反更多焉。（其詳表可查海關冊今不具列）惟自二十七年以後。然後金銀合計。出多於入。其最甚者爲三十三年輸出超過二千八百六十三萬兩。餘年則在二千萬兩之間。然此不過最近數年來之現象耳。此現象之起。原因雖多。而以濫鑄銅元爲格里森貨幣原則所支配。致驅逐金銀出境。實其最接近之一原因也。雖然中國所病者尚不在是。蓋以校每年漏卮之總額。此則其細已甚矣。即以光緒三十三年論之。其年貿易表之輸入超過額一萬五千二百餘萬兩。各種公債之本息約四千萬兩。合計將及二萬萬兩。而金銀流出者二千餘萬兩。僅當其十之一耳。然則自餘之一萬六七千萬兩。果何所自出乎。豈吾民竟可以無償而得外國入口價值萬萬餘兩之物品乎。此決不然。是當求諸國際借貸總表而後能知之也。

光緒三十一年國際借貸總表

出款	海關兩
外國貿易輸入額	三一〇、四五三、四八八
正金銀輸入額	三七、〇〇一、一六五
外債及償金本息支出	四四、八一〇、四〇〇
在外本國公使館及領事館費	一、三二〇、〇〇〇
在外留學生及旅行者所費	三、〇〇〇、〇〇〇

外國人匯寄彼國之收益金	一六、〇〇〇、〇〇〇
外國公司所得水脚及保險費	六、七五〇、〇〇〇
軍器購入費	五、〇〇〇、〇〇〇
合計	四八三、七三四、九九三
入款	海關兩
本國貿易輸出額	二三六、〇二五、一六二
正金銀輸出額	三三、〇四六、五三二
鐵道及礦山建造費	二七、〇〇〇、〇〇〇
本國境界貨物輸出超過額	四、〇〇〇、〇〇〇
在本國之外國公使及領事館費	五、〇〇〇、〇〇〇
外國兵營費	七、五〇〇、〇〇〇
外國軍艦及水兵所費	一五、〇〇〇、〇〇〇
外國商船及水手所費	二〇〇、〇〇〇
外國船在本國修理費	一、〇〇〇、〇〇〇
外國教會病院學校費	六、〇〇〇、〇〇〇
外國人旅行費	六、〇〇〇、〇〇〇
海外僑民匯回本國之收益金	七三、〇〇〇、〇〇〇
合計	四二七、七五一、六九四
出款超過額	五五、九八三、二九九

據右表則出款之數。除入口之貨物金銀外。以國債利息爲最鉅。入款之數。除出口之貨物金銀外。則以外國人投資本以承辦礦路之費及海外僑民匯回本國之收益金爲最鉅。合此兩項。恰爲一萬萬兩。約抵出款所虧者

十之六。而尙有他項與之相補。是我國富是年所耗蝕於外者。實五千五百餘萬兩也。此外前後各年。雖其項目有出入。而其大較則亦類是。而右所舉兩項中。則惟海外僑民匯回本國之一項。在國民生計範圍內可稱爲眞收入耳。其外國人投資本於本國者。雖未嘗不爲國富之小補。而所增殖之富。大半爲外人所吸。推其遷流所極。必將於吾國中分出資本家與勞動者之兩階級。其資本家則爲外人。而我國人則皆勞動者也。夫事勢苟至於此。則我國生計之前途。豈堪復問矣。要之。我國前此生計現象。實全賴海外僑民匯歸本國之金以維持之。此項每年常七千餘萬兩。適足與輸入超過之額相抵。故雖有尾閭之洩。然尙可爲桑榆之收。及庚子以後。益以外債本息年數千萬。而生產事業。不能急起直追以與之相補。是以日益竭蹶也。

前所論者。就對外一方面而推究國富損失之大凡也。然欲確知其眞相。尤非從內部細勘之不可。請更畢吾說。夫國富之盈朒。亦於產業之榮瘁覘之而已。雖家有陶猗之富。苟其子弟無所執業。而飽食以嬉。則家之索可立而待也。而我國今日則舉國人民失業者什而六七。而其趨勢且滔滔未知所極也。謂余不信。請條舉以明之。其在工業。實憔悴現象之最顯著者也。自瓦特發明汽機。而歐洲生計界之騷擾大起。史家稱之曰工業革命時代。蓋自紡績業應用機器以後。凡百工業。次第繼之。前此恃手指以自給之小民。咸失其職。十八世紀之末。全歐餓殍乞丐相屬於道。英國則無業良民相率圍擊工廠。破壞機器。政府治以死刑。莫之能禁。而大陸諸國。且緣此起前古未聞之大革命。紛擾亙數十年。（法國大革命其動機由於政治者半由於生計者亦半此史家之公言也）至十九世紀之下半期。局勢雖已大定。而多數細民所蒙之損失。遂終不可復。馴至於今。而富者愈富。貧者愈貧。歐美社會。遂至畫分爲少數富者與多數貧者之兩大階級。若鴻溝之不可踰越。此稍明時局者之所能知矣。由此言之。則今世之工業組織。其影響於舊社會之小民生計者如此其劇也吾國百年以來閉關高臥舉國中無一人能適用此種文明利器故大規模之工廠未嘗一見曾不足以影響於民業而前此歐美諸國其力之充溢於外者未甚我國既遠隔重洋重以腹地之交通不便彼地風潮之來相簸擊者爲勢較緩以此兩原因故歐美諸國於此一世紀中生計社會變遷之劇驚心動魄而吾國人乃得晏然立於世外民猶安其居樂其業儼若豳風七月之舊蓋有由也迨最近十年間而全世界工業革命之大波遂軒然挾萬鈞之力以壓我境而吾國之石民始與十八世紀末歐洲之細民同其厄運此其故何也蓋當數十年前工業最盛者惟一英國全世界皆其市場其產業侵略之線路不必專向中國未幾而歐洲大陸諸國相繼奮起前此英人以歐陸爲尾閭者乃不得不轉而之他矣然其時美澳兩洲惟事農牧製造品悉仰給歐陸故歐陸所產猶得向彼以洩舒曾幾何時此諸地之工業且駸駸駕歐陸之上就中美國與歐洲新興之德國尤後起而勢莫禦亞洲之日本又急起直追以崛興乎其間此世界數大工業國者皆以應用文明利器之故國富日益濫衍馴至以資本過饒爲大患此過饒之資本勢不得不還以投諸工業而工業生產愈盛則其求市場愈急環顧全球舍中國外更無復展翼之餘地於是汲汲焉胥謀以闢我久閉之關爲公共之自衞政策夫以羣虎臨一瘠牛蔑不濟矣果也自五口通商以來今日進一寸明日進一尺而今日之中國遂爲萬國公市夫爲萬國公市則亦何害而無如百年前歐洲工業革命之禍自茲乃降集吾躬也昔亞丹斯密所著原富論分勞赴功及利用機器之益謂前此每人以一日之力能製針二十本者今能製四千八百本以是證工業組織變遷之劇今距亞丹斯密又百餘年據專門家所推算謂平均每人以一日之力能製針一千五百萬本蓋以斯密時代與古代相較古代二百四十人所製之針今則一人優爲之而二百三十九人之業針者緣而

失業矣。以今日與斯密時代相較。彼時三千人所製之針。今則一人優為之。而二千九百九十九人緣而失業矣。更以今日與古代比較。則古代七十五萬人所製之針。今以一人優為之。而七十四萬九千九百九十九人緣而失業矣。雖曰事物之發達。以漸絕非以一朝一夕之間。而突然增此二百四十倍三千倍七十五萬倍者。然機器之影響於民業。其大勢所趨。成此比例。實章章不可揜矣。豈惟針業。其他百工。莫不有然。夫以今日一人所優為之業。在昔乃以數百數千數萬人始能為之。則勞力之費於無用之地。不知凡幾。今茲以機器大興分業日精之故。乃得節其濫費之一部分。以移諸他業。而生事日以蕃膴。此其澤之及於社會者。至溥亦何待言。雖然。就他方面觀之。自機器大興以後。所製物品銷場之增加。必不能與產出之增加同比例。（例如前此製一針費工甚多其價貴貴則買者少今茲其價賤賤則買者多銷場增加誠事勢所必然且全世界人口其大勢固日趨於增加則凡百品物銷場皆日遞增亦一定之理雖然其增加之速率總不能與機器生產力同一比例例如前此全國中有一萬人業針每日所製針二十萬本即可以供全國之用者今即云針之用途日增增至每日用二百萬本二千萬本極矣然今茲以一人之力能製一千五百萬本苟猶是一萬人同執此業則每日所成之針當一百五十萬萬本世界上要爾許之針當作何用其他百物莫不皆然明乎此理則今世界以生產過饒為通患其故可得矣）故非有一大部分人廢舊業以從事新業。則為道日窮。然人之治一業也。世而受之。童而習之。中途改絃。事固非易。況吾方以吾之所業者人浮於事。乃思改而之他。而他業之人浮於事也亦同。蓋今日已成為『鐵與人爭業』之世界。（此泰西俊語也鐵謂機器）求業之難。萬方同慨。故論者或謂機器之興功罪參半。此雖矯激之言。然當工業革命過渡之時。多數人之幸福為其所奪。則洵不誣矣。吾國前此以國中固有之舊式工業。供一國人之用。百工之居肆者。雖用力甚劬。獲報甚嗇。然苟將之以勤儉。未嘗不足以自給。太史公所謂無凍餒之民。亦無千金之家。即生事稍觳。固熙熙然有以自樂也。而不料馴至今日。遂為歐美工業革命之洪水所淹沒。而迫我至於無所逃避也。吾粵人也。自吾少時居學之省會。蓋省會凡二百餘萬人。而工居十之七。

最盛者織工也。其次攻玉之工也。其次染工也。其次攻金之工也。其次贏股肱轉移執事之工也。蓋諸工分別部居。羣萃州處。常以所業名其衢。至今日則舍贏股肱轉移執事者。餘皆無有矣。此其故至易明也。吾以手工所造者。質窳而值昂。人以機器所造者。質良而值賤。是故不相接則已。接而相競。蔑不敗矣。彼歐美百年來中產之家。所以日卽淩替。馴至悉夷爲資本家之奴隸者。胥以此也。然在歐美各國。雖多數人蒙工業革命之害。而少數人實大受工業革命之利。蒙其害者固本國人也。受其利者亦本國人也。合全國之收益以計之。則此少數人緣工業革命所新得之利益。足以償彼多數人之所損失者而有餘。故國富之增殖歲進。就國民生計上論之。利實遠餘於害。而以工廠大興之故。勞力之需要益繁。傭值因以歲昂。而所謂多數人蒙損失者。亦未嘗不可以相補。若今日之中國則何有焉。近世所謂新式企業之組織法。吾國人至今莫能運用之。加以在現今腐敗政治之下。不容此種工業以發達。故雖日日言獎厲實業。抵制外貨。皆不過紙上空談。新工業之建設。杳無其期。而舊工業之衰落。日甚一日。今試任入一人家。觀其日常所服用者。無論爲必要品爲奢侈品。其來自他國者。蓋恆十而八九也。夫前此國中之恃工以自贍者。不下數千萬人。今見逼於此種風潮。此數千萬人者緣而失業。瀕於窮餓。事勢之最顯著者也。而疇昔此數千萬人每年從事工業之所得。除所消費外。尚能儲其贏以爲母財者。今且悉歸於無何有矣。故就目前論之。則國中一大部分人全失其資生之具。就將來論之。則國民生計資本之總額。大耗損而永不可復。夫此趨勢既二三十年於茲矣。而將來之愈轉愈劇者。且滔滔未知所終極。循此以往。更歷十數年。則我國境內之生計現象。必將分爲兩階級。甲階級則資本家。而其人則皆外國人也。乙階級則勞働者。而其人則皆中國人也。嗚呼。我國人亦知現今歐美各國之勞働者。其境遇之慘酷。果何似乎。若全國人而夷於勞働

者之一階級則我國眞永無復見天日之時矣

其在商業我國數千年來不以此爲重其發達原屬幼稚自今以往將並其萌蘖而牧之矣請言其故商業也者立乎生產者與消費者之間而爲之介者也生產者爲供給貨物之人消費者爲需求貨物之人而運此地所不需求之物以致彼地貯現時所罕需求之物以待他時於地差與時差之間而取其利則商業之職也由是言之則欲一國商業之發達當有兩前提焉一曰先求一國生產力之發達二曰先求一國消費力之發達所謂生產力者何農工礦林諸業是也此諸業之供給者既豐則其託商人爲媒介者自多商業自隨之而興（此諸業中其最能助長商業之發達者惟工與礦若農業則比較的與商業之關係稍淺者也蓋農家大半自耕自食生計學者名之爲自足生計我國鄉居之民大半未脫此狀態夫在自足生計時代商業未有能發達者也我國鄉居之民雖不能稱之爲純粹的自足生計然農夫糶其餘粟易取他品不過赴鄰近數里之小市集耳蓋我國農產物除茶豆兩項外其交易之範圍大率皆限於百里內外故與商業關係較淺也）我國過去現在之生產力以較他國本已極形薄弱而自今以往尤必日趨萎悴蓋可豫想也蓋一國生產力所以能增進者一在其經營技術之精一在其挹注資本之雄我國兩者皆缺而與兩者皆備之他國相遇百業皆爲所追擊而無術以自存前所固有之業今且中廢遑論新業生產之萎悴今既有明徵矣生產愈萎悴則資本愈涸竭資本愈涸竭則生產力愈彫瘵以至於無中國此種現象蓋計日可待夫產力既彫瘵以至於無則商業更安所麗以存也所謂消費力者何人類之欲望本自向上而有爲之節者凡人欲得一物必先須有能購買此物之資力否則過門大嚼無當也故國民富力日充實者則其生活程度必日趨高華而國中所消費之物品日加國民富力日憔悴者則其生活程度必日趨觳薄而國中所消費之物品日減此消費力之說也而消費之物品恆藉商人爲之懋遷故消費力強之國則商業盛消費力弱之國則商業徵此一定之理也夫所謂一國之消費力者萬不

能以少數豪侈者爲標準也。而必當以中產以下之家日用飲食所需平均之程度爲標準。我國中紈袴騃儈。其以奢靡相尚而歲費無藝者。豈曰乏人。顧微論此種爲不正當之消費。其在一國生計主體中爲有害而無益也。即舍此勿論。而一國中能爾爾者果得幾人。而一般人之生活程度。其觳薄可憐。蓋萬國罕見其比也。歐美人之爲勞傭社會請命者。摹寫其顚連之狀。以爲地獄幻相於現世。顧以吾經遊地所覩聞者驗之。覺以吾國中人之家與彼勞傭校。而有生之樂時或不逮彼。蓋彼中凡能賃一廡以居者。則地必敷毯。牆必施紙。室中必有食具。能饗十客以上。每來復休暇。必能舉家御新潔之服。以謁禮堂而游公園。試問吾國人能得此者幾何。蓋號稱小康者猶望此若仙。等而下之。則鶉衣菜色。室若雞棲。而食同豕牢者。蓋什而七八也。此其故何耶。蓋國民消費力與國民所得成比例。所得豐則消費力不期強而自強。所得嗇則消費力欲強進之而勢不可得。吾昔嘗游美。見吾民之餬口於彼者。或業澣衣。而每來復可得十七八打拉。（一打拉約當我二圓）或業庖人。而每來復可得二十餘打拉。蓋吾國官吏教習之薪俸。未或逮之也。賤業如此。等而上者可知。歐洲日本之勞傭。雖視美差薄。然要皆歲有增進。而又以工業發達之故。雖婦女兒童。皆有業可執。故人各自養。而生活程度日引而向上。蓋國民消費力之日漲。實現今文明國共同之現象也。若我國人則何有焉。全國勞傭最高之地。莫如上海與廣州。其所得者僅足供饔飧而已。而衣服居住之費。已苦不給。教育費更勿論。自餘則沿江一帶。雖至勤者。已僅得半飽。而腹地交通愈窒者。並半飽猶不得矣。（國民正當消費其最小之限度則供一身及家族之衣食住費及償其本身前此之教育費且給其子弟之教育費是也所得不足以給此則未有不趨於彫落者）消費力之憊一至此極。雖復百貨闐肆。民祇得過門大嚼。而何力以自致。故前此本國生產之貨雖少。然懋遷外貨以灌注。則居間轉運之商人。猶可沾其餘瀝。自今以往。將並此而無之矣。

我國前此固有之商業。僅小販耳。在今世商業中已成附庸。其裨補於國民生計者原至有限。而其號稱最大之商業。蓋有三端。一曰壟斷業。二曰厚息舉責業。三曰賭博業。壟斷業者。如鹽商及前此各省承辦膏捐諸商等是也。蓋國家許以特權。而不許他人與之爲自由競爭也。厚息舉責業者。如當鋪及山西票號等是也。其外形雖與他國之金融機關略相似。而精神乃極相反。蓋金融機關所以增加全國資本之效力。而厚息舉責業。則蠹全國之資本以自肥者也。賭博業者。如廣東之闈姓番攤山票諸商各省之彩票商是也。本非商業。而固已冒商名也。若於中國而求大商。則不出此三者矣。而此三者。則皆以不法之行爲弋不當之利益。其於國民生計全體有損無益。正孟子所謂賤丈夫。而今世文明國所懸爲厲禁也。雖使能繼續發達。抑已非國之福。況彼輩所恃者原在吸他人之脂膏以自封殖。夫必尚有脂膏。然後吸之之技乃得施。若舉國悉成枯腊。又安從制吸之。如食木之蠧。木盡而蠧亦槁必矣。故自今以往。並此等商業亦歸彫謝也。

以現今全世界生計之趨勢論之。獨立之商業。幾於無所麗以圖存。何也。商業也者。本居於生產者與消費者之間。執周旋之勞。而受其償者也。而今則生產者與消費者日相接近。故居間周旋之業。漸至失其所憑藉矣。所謂日相接近者何也。就生產者之一方面言之。自近年各種大公司及託辣斯之興。凡各種製造廠所出之物品。前此批發於各行號。託其代運代售者。今則將此權攬回於己。到處自立行號。自行販運。於是生產者自進以與消費者直接。而商業之範圍。見蝕其半矣。就消費者之一方面言之。近今有所謂消費聯會者。盛行於各國。（消費聯會者譯英文之Cooperative Stores德文之Konsumgmossen Ghabtencder Konsumnene日本人譯爲消費組合者）凡各人日用所需之物品及小資本家企業所需之原料。皆各聯合爲一會。自向各製造廠或原料出產地購買之。不復以託諸居間者之手。於是消費者自進以與生產者直接。而商業之範圍。又見蝕其半矣。故自今以往。欲營大商業者。必須從生產方面有立脚處。否則亦須從消費方面有立脚處。若兩者無一。則必歸於淘汰之列。殆無可疑。而今日我中國人之眼光。尙無一人能見及此者。更安望其應時勢以趨之。故衡以此等事實。我國之商業。斷無術以免於淩夷衰微也必矣。

此種趨勢。在今日之歐美。其銳洶已不可當。然在我國。苟商業界及今有人。其地位猶未遽全墮落也。蓋中國天產極豐。而言語習俗。素與外人隔絕。無論外國之生產者消費者。其自進以與我直接也。皆不易。故仍不得不假於居間商業之一階級。我商人苟稍有能力。則憑藉此便利之地位。與外商爭而勝之。實事理之至當者也。而無如我國之商業家。無一人能有生計學上之常識。無一人能諳近世企業組織之方法。以至與外人遇。無往不敗。他且勿論。卽如絲茶兩項。我國生產品之最大宗也。數十年來。殆立於無競爭之地位。全世界之需求此物者。殆無不仰給於我。（近二十年來爲人侵略情形大變姑勿論）而試問我國商家。曾有一人能自設一行棧於各國市場。而與彼之消費家稍相接近者乎。蓋轉輸之於外以獲奇贏者。皆在外商。而我商不過爲外商之輿臺。沾其餘瀝已耳。又如近數年來東三省之豆。各國需求者驟加。販運於內所得可以不貲。我國人有一焉能自占此利者乎。無有也。又如外貨每年輸入者。常在四萬萬圓內外。試問其經我商之手販諸生產地而致之我市場者。果能有幾。質而言之。則我國現存商業。不過爲外商之補助機關而已。其傭於洋行爲之買辦及其他職役者。固彼之補助機關也。卽自立一行號代彼採買或分販者。亦彼之補助機關也。夫補助機關。不過餕人之餘。就令能繼續常存。本已味同雞肋。況乎位置之能保與否。其權又操諸人。彼前此以不諳我言語習俗之故。不得不藉我之補助。今則必需補助之程度。日漸減矣。不見夫茶業豆業。外商皆已直接向我農家采辦乎。不見夫日本之小販業。日瀰漫於我內地乎。

循此以往更閱數年竊恐我國人除列攤挑擔外更無一商業容我插足於其間也
工商業之立足地剗滅無餘既已若此其所餘者則農業而已我國人民業農者什而七八但使農業常能保持滋長則吾民固可賴以無餒而試觀我國農業之現狀及其將來之趨勢則又何如

凡農業有純然以天產物爲財貨者吾假名之爲狹義的農業有將天產物再加工製然後成爲財貨者吾假名之爲廣義的農業今中國人所能繼續從事者惟狹義的農業耳若廣義的農業不惟未有者末從發生即已有者殆亦同歸澌滅矣試舉一二例以明之卽如茶業固農業之一也自與俄通商以來二百年間全世界之茶皆仰給於我及今而爲印度茶錫蘭茶臺灣茶侵蝕過半矣又如種蔗製糖亦農業之一也近十年來香港兩製糖公司起臺灣一製糖公司起而國中無復一塊一粒之糖爲我所自出矣蓋疇昔長江一帶及福建之業茶者廣東福建之業糖者其數合計蓋在千萬人以上而今則皆失業矣此言乎舊有之業也若其未開之業例如種樟熬腦亦農業之一也日本以區區臺灣而樟腦專賣歲獲利千數百萬我國宜樟之地過臺灣數倍我民莫能經營也種橡熬膠亦農業之一也近兩年來南洋此業驟興大利震全世界我國上海之官紳緣投機此業而喪其資者且不知凡幾矣我國宜橡之地至多我民莫能經營也此不過略舉數端其他類此者更僕難盡要之我國人企業上之技能缺乏過甚稍有待於人工之事業皆非所能舉故廣義的農業今殆已無復可望所足置論者惟狹義的農業而已

狹義的農業卽樹藝五穀果蓏之屬者是也此實我國五千年來固有之恆業而全國大多數人所恃以託命也而今後國中農民之位置則何如

凡人之執一業也。必須其每歲由本業所得之收入。除供本身及一家衣食住費之外。尚小有贏餘。得儲之以爲來年復營此業之資本。然後其業乃可以持久。而我國現在之農業。則其決不能得此者也。夫我國之農自古本爲至彀之業。大抵平歲差足以資事畜。一遇旱乾水溢。則有菜色矣。故歷代明王罔不汲汲務保農。而凡有虐政。則農之受其禍也亦獨烈。今也以種種惡政之結果。以致百物騰踴。小民日用飲食所需。其價皆視十年前兩倍。農民非僅恃食粟而他無所待於外也。衣服居室器用蔬饌之費。牛種糞漑之費。兩倍於昔。必所入亦兩倍。庶足以全其軀命。米價雖以同一比例以俱騰。旣苦不給矣。而米價之爲物。國家又常以特別之政策壓制之。使其騰落不能悉劑乎供求之率。於是農益病。然猶不止此也。凡租稅制度之組織分配。影響於民業者至鉅。此財政學之通義也。故各國善理財者。咸察各階級人民之負擔力孰強孰弱。而均劑之。斷不肯畸重於一業。我司農旣闇於此理。舉國家凡百經費。悉以責諸農民之仔肩。農民負擔之重。旣已爲世界所無。（國中新學家動言我國負擔租稅甚輕此大謬也凡負擔之輕重不能據表面上之數目字遽爲武斷當比例於人民所得以爲衡甲國人民歲入千金而納租稅百金乙國人民歲入百金而納租稅二十金論數目則乙僅納甲五分之一論實際則乙重於甲一倍矣故我國民負擔租稅實已視他國爲重而農民又其尤甚者也）然猶未也。現在國庫每歲入不敷出者已逾萬萬。後此將更益甚。勢固不得不取盈於租稅。而司會諸公。又絕非能遵守學理。別求正當之稅源。以彌其闕也。只有因襲原有稅目而增其率耳。而原有稅目則舍朘削農民外無他術也。其或新創稅目。則亦不過將各種國產而課其消費稅。其負擔仍轉嫁於農民也。不寧惟是。城鎭鄉則辦地方自治。府廳州縣則辦地方自治。自治經費。無非取諸附加稅。而負擔此種種附加稅者亦農民也。究其極也。罄農民一歲所入以償租稅而猶不足。更安所得事畜之資者。更安所得牛種之資者。農民終歲勤動。其結果乃不過爲政府作牛馬。普通之牛馬。主人猶豢養之。而農民之牛馬於政府者。乃不免尫瘠以底於死亡。則良懦者有束手待死。而驍桀者有鋌而走險耳。故循今日之政治現象而不變。則我祖宗五千年來世守之農業。不出三年。必全滅絕。何也。民皆廢田不耕。農業斯不期絕而自絕也。夫豈民之好惰。國家政令迫之使不得不然耳。

夫以今日農民之境遇。本既已歲暖而號寒。年豐而啼飢矣。則稍遇災祲。益以速其槁餓。此五尺之童所能知也。然以今日之政治現象。則災祲祇有歲增。有可斷言也。或疑災祲之來。出於氣數。非人力所能抵抗。則亦非人力所能召致。今併以此府罪於政治。毋乃太刻。雖然。苟一察因果相嬗之律。則當有以證吾言之不誣也。凡地力用之太勤。則菁華耗竭。必須有所以休養而培補之。否則良田可變爲瘠壤。此稍諳農事者所能知也。夫雍冀之地。昔稱厥田上上者。今乃強半不毛。正坐是耳。農民既饔飧不給。更無餘力以從事於改良土壤。豈惟不能改良。必過用之以趨於敝耳。則是雖無天災地變。而所收歲嗇固已爲事勢所必至。況乎水旱之爲物。苟非其大且劇者。則未始爲人力所絕對不能抵抗。若造林浚井以防旱。築堤疏濬以防水。凡農國莫不務之。即吾民亦豈皆見不及此。然事業無論大小。舉之皆賴資本。其利害範圍廣而工程大者。政府既漠不置意矣。即下之本爲私人之力所能逮者。而以租稅煩苛。負擔太重。物價騰踊。生計不給之故。民更無私資本之可投以自衛其產。則安得不俛首以聽造化之虐。今勿徵諸遠。即如前年之江北水災。苟能濬淮。則安有是。昨年之廣東水災。苟能濬新興江。則安有是。今年之湖南水災。苟能浚洞庭湖。則安有是。其他准此可推。是知災變不能盡諉諸氣數。而強半由人事使然也。而現在之政治現象。則直接間接以導災變之發生者也。循此不變。則災變必日益頻仍。農民必日益顛沛。而廢田不耕者。乃不得不日益多耳。

生計學家之類別生產業。大率不外農工商礦林牧之六者。礦業林業。我國所本未嘗發達者也。牧業則本非今世之主要業。而我國本部諸省。尤不恃以爲重者也。故皆可勿具論。所餘最重要者。則惟農工商三種。而其一切衰落澌滅。則既若是矣。由此言之。我國產業尚有一存焉者乎。我國人民尚有遲焉足以自聊其生者乎。自今以往。他更何有。恐慌耳。破產耳。災變耳。飢饉耳。盜賊耳。屠殺耳。此卽吾民於今後二三年間所受之果報也。富者就貧。貧者就死。因窮召亂。因亂益窮。四百兆人。何一能免。直至外人筦我財政。爲我設種種產業機關。盤據而自運用之。則其現象蓋必有異於今日。而享其樂利者。固別有人在。我喪亂孑遺之子孫。則男爲人臣。女爲人妾。伺主人之嚬笑。而幸得一飽者也。嗟夫嗟夫。人生到此。天道寧論。我后我大夫我父老昆弟甥舅。其忍而與此終古也。

公債政策之先決問題

嗚呼。今之政府。其無術足以五稔矣。今之政府。其營魄之澌滅也。蓋已久。顧猶能屬一絲之息以迄今日者。則恃敷衍延宕搪塞已耳。諺曰。得過且過。此語也。實爲現在我全國人共通之心理。而政府其尤甚者也。夫使長此可以得過。則彼之懷抱此種心理者。曷嘗非善自爲謀。而無如至竟終有不能得過之時。今則其時已至矣。夫國民之所以不能得過者。則國民生計破產之問題是已。政府之所以不能得過者。則國家財政破產之問題是已。國民生計問題。且勿具論。若夫國家之財政。其險狀既爲天下所共見。中智以下。知其無幸矣。國家歲入一萬三千萬。曾不足以當歲出三之二。而各省之入不敷出者。無省不在一二百萬以上。其多者乃至四五百萬也。問中央政府何術以免破產。惟有簡書嚴厲。責各省以貢獻而已。或竟紾各省之臂而奪之食而已。問各省何術以免破產。惟有仰首哀鳴。求中央之撥補。望鄰省之協助而已。有經手者。則要於路而奪掠之而已。究其實際。則貢無可貢。撥無可撥。協無可協。而其所紾臂而奪要路而掠者。始終亦不過此數。如合百數十巨魚以競此蹄涔之水。縱復得之。其能延殘喘者幾何。夫今之現象。則既若是矣。重以民生彫敝。官廉掃地之故。將來租稅所入。年絀一年。固在意中。而彼盤據要津之老悖童騃數十輩。見夫非多立名目。不足以開肥己之門也。乃今日曰籌備甲事。明日曰籌備乙事。而歲出之增。至於無藝。今年歲入不足三之一者。明年必及其半。又明年必及三之二。事勢所趨。洞若觀火矣。於萬萬不能得過之際。而猶欲行其得過且過之政策。其策維何。則曰舉債。舉債而民莫應也。則設爲種種新式以自欺而欺人。於是有昭信股票式之公債。其實則賣官也。有農工商部式之公債。其實則賭博也。其稍稱文明者。有郵傳部式之公債。則歆民以鐵路之餘利。實則假名贖路以資挪用也。有袁世凱式之公債。則遞增息率以誘民。遺負擔於後而供其一時之揮霍也。罔民之術。亦既無所不用其極。而民之莫應如故也。爲政府者。心勞日拙。既窮而濫。憤懣無所得洩。則投龜詬天而呼曰。東西各國。其人民皆負擔應募公債之義務。我國蚩蚩者氓。等是食毛踐土。今乃於國家之區區稱貸而不余畀。人之無良。一至此極也。嗚呼。吾聞之。雖盜亦有道焉。不以其道。即欲爲盜臣。亦安可得。吾得正告袞袞諸公曰。公等而欲舉債以救死耶。則當知欲辦公債之前。有種種先決問題。苟此先決問題有一不舉者。則公等其毋望能得一文之公債也。嗚呼。吾固知袞袞諸公。斷無一人有閑心閑日以讀吾此文也。吾又知其雖讀吾此文而吾所主張之政策。斷非彼等所能辦到也。顧吾猶不能已於言者。欲灌輸常識於我國民而已。國民而有此常識也。則吾之政策。其或有終見實行之一日也。

東西各國財政學之著書。汗牛充棟。其中必有一大部分論公債。其所論者。則有若公債之性質。公債之種類。公債之利益。公債之弊害。公債之發行法。募集法。整理法。借換法。償還法。莫不言之綦詳。若夫前此未有公債之國。當以何法能使公債發生。（此專指內債也）則徧讀羣書。未有言及者。然此實我國人目前相需最殷之問題也。夫今日東西各國。其公債之現存者。多或百數十萬萬。少亦十數萬萬。政府與人民。皆安之若素。彼其汲汲研究者。則處置此公債之方法何如耳。至其若何而始有爾許之公債。則歷史上過去之陳跡。更無待嘵嘵詞費也。則其存而不論。亦固其所。我國則不然。全國中除外債外。政府與國民。無一毫債權債務之關係。政府屢欲募集而無一次不敗績失據。故居今日之中國而論公債。一切問題。皆隔鞾搔癢。其開宗明義所當講者。實爲公債以何因緣而始能發生之一問題。本文即對於此問題而思所以解決之者也。

第一　非國家財政上之信用見孚於民則公債不能發生

公債必以信用爲基礎。此至淺之理。中智以下所能知也。我國當局。亦有感於是。故經息借商款之後。（此甲午戰役時所借也。其數凡一千餘萬）知民之不吾信也。則特標其名曰昭信股票。經昭信股票之後。知民之益不吾信也。計無復之。則思爲種種方法以自明其必信。於是農工商部之富籤公債。則聲明由大清銀行作保。郵傳部之京漢贖路公債。則聲明以鐵路作保。而直隸湖北安徽三次所募地方債。皆指明的款若干項存於官錢局以作保。其意謂似此當足以明大信矣。而不知所謂財政上之信用者。實不在是。傳不云乎。信不由中。質無益也。譬諸私人然。苟其人本屬素封。而信義夙著者。偶有借貸。則一諾而假千金不難也。而不然者。雖信誓旦旦。重之以質劑。而莫或應矣。國民之對於國家。何獨不然。夫惟財政之基礎穩固。予天下以共見。人民知國家萬無破產之患。而貸母取子。其可恃莫過於國家。則不待勸而共趨矣。東西各國所以每募債一次。而應者恆數倍乃至十數倍。凡以此也。而不然者。財政紊亂之狀。已暴著於天下。此如式微之家。其子弟飲博無賴。而欲稱貸於人。雖有抵押品。而自愛者決不肯與之交涉明矣。且如農工商部之富籤公債。云由大清銀行作保。而大清銀行。民又能信之耶。其內容之腐敗漂搖。有識者早窺其隱矣。又如直隸湖北等省公債。指明若干項的款以作保。而所指之款。民又能信之耶。彼固言無論何項要需。不許挪用也。而挪用與否。民安從而稽之。藉曰果不挪用。而能保政府之必得此款耶。他勿具論。即如直隸湖北兩省所指之的款。皆以銅元餘利爲大宗。當其募債之時。固明明有此的款可撥。初意固非欺民也。而一二年來。銅元局已無復餘利矣。頒定幣制之後。則直隸湖北並鑄銅元之權。而無之矣。則此款又安著者。又如湖北作保之款。則籤捐彩票餘利亦其一也。今彩票亦議廢矣。而此款又安著者。是知財政之基礎不立。則雖現在所有之款。實乃不知命在何時。而欲假此以立信於民。民之必不信如故也。此僅舉一二以爲例。他可推矣。

然則欲國家財政上之信用能孚於民。其道何由。曰其條理萬端。而筦其樞要者。則有二焉。

一曰確立完善適宜之租稅系統　國家欲得正確之收入。必恃租稅。租稅者所以應經常費之用也。夫募集公債之目的。雖本藉以支辦臨時費。及其已募得之後。而按年派息。則經常費隨而增矣。使其公債而屬於定期定額償還之種類。則派息之外。再加以遞年償本。經常費益隨而增矣。而此所新增之歲費。其財源非求諸租稅焉而不可得也。（或所借公債用之於生產事業則其事業所生之利益亦足以增國家之歲入然其事大率不能求速效且各國編製預算之通義凡官業所收入皆編入總預算中與租稅相補則其與租稅系統之關係固甚密切也此事當別論之）是故租稅系統本已爲財政基礎之中堅。而既舉辦公債以後。國庫之負擔比例於公債之分量而加重。而租稅之歲進率。不容不與之相應。或舊稅能自然增收。或改稅率增稅目以求新財源。二者必當居一。於是而若何然後保歲入之可恃。則言租稅系統者所有事也。苟租稅而無系統。或系統不能適宜完善。則或自始而所入不能及歲出之額者有之。或預算以爲及額。而實收時不能及額者有之。或初年雖及額。而後此以惡稅之結果。涸竭稅源。馴致不能及額者有之。有一於此。則財政之基礎必爲之動搖。而國家之信用乃寖以墜地矣。

二曰確認國會監督財政之權　凡一國之財政。苟非有國會監督其旁。則斷難臻於鞏固。此萬國之通義也。而欲募集公債。尤非恃此權之保障。決無從以集事。蓋租稅爲強制徵收的性質。國家可以權力行之。所謂『不出代議士不納租稅』之一格言。非民氣極昌之國。未易實行也。公債則爲合意契約的性質。民不樂應。無自強之。欲民樂應。非先使之對於國家財政基礎深信不疑焉不可也。民何以能深信國家財政而不疑。必國家公布其歲出歲入。而由人民選舉而成之一強有力機關。幾經討論。而證明其基礎之不至搖動。則民信之矣。故今世各立憲國之募公債。非經國會協贊。則政府不能擅行。其各國公債之發達。亦恆在既開國會以後。而無國會之國。其內債罕能成立。凡以此也。

由此觀之。則吾所謂財政上之信用者。略可識矣。今我國既無國會。而租稅則更鹵莽滅裂。絕無所謂系統。公債之募作何用。人民毫無所知。所知者則惟政府年年歲入不足。藉此以彌補已耳。其所告我以派息償本之款。皆挖肉補瘡已耳。以此而欲人民之樂於應募。能耶否耶。

第二　非廣開公債利用之途則公債不能發生

吾國人聞公債之名。則以為人民之應募者。惟出於愛國之熱誠而已。即稍進焉。亦以為人民之應募者。其目的在將來收還本錢。每年例得利息而已。此大謬也。夫公債之為物。國家為債務者。而持有債票之人為債權者。其權利義務純然為私法上關係。而非有公法的作用以殺乎其間也。（公債與私債之性質固不能無區別然此乃生計學上所謂公生計與私生計之區別非法學上所謂公法與私法之區別也）民之應募者。不過以此為生計行為之一種。（質言之則謀利也）而絕非恃國家之觀念以為動機也。乃今者一知半解之新學家。動輒曰應募公債為國民愛國之義務。則試問今世歐美各國。其甲國人民購買乙國公債者不知凡幾。得毋甲國人民有愛乙國之義務乎。不寧惟是。甲國政府購買乙國公債者不知凡幾。（普法之役普政府得償金於法即以一千一百五十萬元購巴威倫公債以九百二十萬元購美國公債以二十萬元購英國公債以八百八十萬元購俄國公債大抵凡國家設有非常準備金者則以此金購外國公債最為得策此財政學者之通論也）得毋甲國政府亦有愛乙國之義務乎。是故應募公債者。凡以公債之有利於己。而絕非緣愛國心所激發明矣。（公債中亦有愛國公債之一種乃國家以比較的有利於政府之條件發行之應募者所得利益雖不如普通公債之優而本國人民以愛國之故則亦有應之者雖然此不過比較的利益稍減耳非絕無利益而強民以義務也而此種公債財政學家猶極力攻詆之）然則公債之有利於民者果安在。謂將來國家必定償還老本決無虧蝕。以此為有利耶。則民之懷金者。擇其所深信之親友而貸與之。豈憂其不償還。存貯之於最穩固之銀行。豈憂其不償還。若更慎重者。則窖而藏之。虧蝕之患。乃更絕耳。今以貸諸國家。彼歐美各國行永息公債法者。國家自始未嘗約言償還。其終還與否。不可知也。藉曰還矣。而其期在若干年以後不可知也。即在行約期償還法之國。（公債有永息公債約期償還公債定期定額償還公債之三種）而所約期大率以五六十年為限。民之貸金者。必五六十年而始復其母。果何樂於此。謂公債能得確實之常息。以此為有利耶。則無論何國。其公債息率。皆視市場普通息率為低廉。民之懷金者。苟以之自營工商諸業。所獲息必能倍蓰於公債。藉曰營業含有冒險性質。盈虧不能預必也。而長期存放之於銀行。得息亦總優於公債。民之用母求子者。其必不於公債明矣。準此以談。則人民應募公債。既非出於愛國心。而將本求利。公債所得又至微薄。顧何以東西各國之人民。嗜公債若渴。每國家發行一次。應募之額。動數十倍。此大不可解也。夫惟能解此。乃可與語公債矣。

天下之物。惟有效用者為能有價值。此生計學上一大原則也。錦繡雖美。以入裸國。莫之或顧。膾炙雖甘。以入齋鄉。則望而卻走矣。凡百品物。莫不有然。公債也者。一種之有價證券。而今日文明國生計社會中一日不可離之物品也。故東西各國之民視若布帛菽粟。苟其無之。則其生計社會須臾不能以自存也。吾國人驟聞此語。將茫然不解其所謂。吾得略舉實例以證明之。

第一綱　公債最適於為保證金之代用品也　凡一國中公私交涉。其需用保證金之時甚多。若一一用現金

交納則納者既坐虧利息而收者亦將貨幣死藏損其效用惟代以公債票則兩受其利試舉其例

第一目　現在各國法制凡官吏之主會計者大率須納身元保證金於國庫所納者可以公債票爲代此項所需用公債不少

第二目　凡包辦國家及地方團體之大工程者例須納保證金惟得以公債票爲代工程愈多則其所需公債票愈多如我國京都之木廠承辦陵工及其他內廷工程又如北京現建築造幣廠各省建築諮議局及各種官廨各種學堂等在外國則皆須納保證金或以公債票爲代者也我國若仿行之所需公債票豈少也哉

第三目　各國關稅制度皆有所謂保稅證金者蓋爲獎勵本國產業起見對於外國入口之原料品常分別免稅而所免之稅仍須先行照納待他日乃由國庫交還之也例如日本紡績公司購買外國棉花製糖公司購買外國粗糖皆分別免稅蓋將棉花織成布以輸出外國者將粗糖製成精糖以輸出外國者則將其輸出之部分豁免其稅所以輕其成本使能與外國競爭也然同一公司每年購外國原料若干其所製成之品物果有若干輸出於外國有若干留用於內地乎不能預定也故當原料入口時仍照率收足稅金待其製品出口時始將此出口品所用原料核計幾何而照數給還其稅金此保稅證金所由起也　而此項保稅證金例得以公債票爲代故製造業盛之國公債之用於此途者甚多　我國現行關稅雖不知有此種保護政策然亦未嘗無保稅證金也蓋關稅條例中有所謂復出口半稅者其所餘之半例須納保稅證金若舉辦公債後可以債票爲代也

第四目　各國行專賣制度者人民若欲向政府賒取此專賣品例須納保證金而此金例得以公債票爲代例如國家行鹽專賣制度則人民買鹽者例須求之於政府固不待言然政府必非能徧地開設廛肆論升論勺而零賣也必躉售之於販行之人然販行之人若先交現銀然後得鹽耶則挾有千金之資本者持向

政府買得值千金之鹽總須三數月乃能銷罄銷罄後然後再買則一年能販三四次極矣如此則資本之運用甚滯獲利甚微民必莫肯從事然則政府將賠給之耶經手官吏又安肯冒險以代任此責故以公債票作保則賠給之實兩便也故此亦爲公債用途之一大宗也。

我國鹽政窳敝極矣欲廓清而更新之非仿各國之專賣制度不可。汰除鹽商而代以公債保賠之制此吾黨素所主張也。試思以我國之大全國食鹽需消幾何則即此一端而公債用途之廣豈可量哉。況乎煙專賣鴉片專賣等皆可次第舉行。而其需用公債亦猶是也。

第五目　在行國民銀行制度之國。銀行納公債票於國庫以作保證。則許其比例於票面金額以發行紙幣。國民銀行制度者與中央銀行制度相反者也中央銀行制度惟一中央銀行得有發行紙幣之特權現今英德法日俄等國皆行之國民銀行制度則凡以公債作保者皆得比例於所保以發行紙幣日本當明治三十一年以前行之現今則美國及英屬加拿大尙行之。故銀行業愈發達。則需用公債之途愈廣。美國公債息率僅二釐而民爭購之者以有國民銀行爲一大尾閭也。據吾黨所主張。謂我國若不采用國民銀行制度則銀行業斷無發達之期若一旦采用此制度則公債用途之廣。吾實無以測之。

第六目　人民買賣交易其須先交定金者不少。定金即所以爲保證也。若有公債則以債票代用最宜矣。就中若外國所謂取引所者。吾譯之爲懋遷公司其每日定期交易所需之定金。動千數百萬殆悉代以公債。則公債用途之廣爲何如哉。我國現時未有懋遷公司。故此項用途稍狹。然即以尋常買賣論其所需定金。亦豈得云少。況乎爲發達全國國民生計起見。則懋遷公司固不可不亟亟提倡耶。試思以中國之大。人民之衆。苟商業日昌以後。當有公債若干千萬始能敷此用者。

第七目　其餘人民職業上及其他之交涉需用保證金之時甚多。如彼傭職於銀行及大公司或各商店者。

賃田而耕賃屋而住者。其類不遑枚舉。而皆可以公債票作代。合而計之。其用途亦正不少也。以上各項。例須以現金爲保證。不獨吾國爲然。卽東西各國當未有公債以前。亦莫不然。然用現金則坐虧其息。其吃虧至易見也。若不用現金而思以他物爲代耶。苟非有價證券之類。人必不樂受。（如田園房宅及什器等必不足以代保證金之用也）而有價證券中之公司股票等項。（有價證券可大別爲三一公債票二公司股份票三公司社債票也）其信用總不能普及。且與政府交涉尤爲不適。惟用公債票作代。則納之者既可以仍得常息。受之者亦不憂徒抱空質。故對於此項用途。其便利無出公債之右。持有現金。不如其持有公債。民之重之。固其所也。

第二綱　公債最適於爲借貸之抵押品也。

第八目　欲發達國民生計。必賴銀行。銀行者。以借貸金錢爲業者也。而貸金與人。例須索抵押之品。我國現行習慣。大率以田園房屋等不動產充之。然以不動產作抵稱貸。治銀行學者實懸此爲厲禁。蓋抵押之始。評定其所值價格。動費時日。且需費用。其不宜一也。評價或誤。動至虧損。其不宜二也。借者屆期不還。例得沒收押品。而沒收田房等項。經理需費。且不能得確定之收入。其不宜三也。沒收後欲售賣之。買主非立刻可得。若欲急賣。其價必落。其不宜四也。（頗聞大清銀行貸出之款。其用田房等爲抵押品者。値數百萬。此犯銀行家之大忌。果爾。吾甚爲其前途危之）舍此若以商品作抵。則不惟有霉爛毀損減其原値之虞。而笨重轇轕。且滋甚。故借貸之抵押品。其適用者實限於有價證券。而諸種有價證券中。以公債爲最良。此又至易覩之理也。我國銀行業不發達之原因。雖有多端。而市面上缺此最良之抵押品。以致放款不能圓活。亦其阻力之一也。故爲獎勵銀行業起見。不可不有公債。而銀行業既漸盛。則公債之用於抵押品者愈多。爲廣銷公債起見。又不可不恃銀行。外國銀行業之盛若彼。

其公債安得不等於布帛菽粟哉。

第三綱　公債最適於爲公積金之用也　無論何國。其公私之公積金。種類皆不少。而在生計發達之國爲尤多。此種公積金若用以營他種生利事業。或爲法律所不許。或雖許矣。而營業盈虧不常。總含冒險性質。殆非所宜。若積以現銀乎。則與窖藏於地無異。積之者既坐虧其息。而爲全國金融計。爲梗亦滋多。此非有公債不能爲功也。試舉其例。

第九目　國家之公積金。現在各國。行之雖少。然亦非盡無。即如普魯士國。自腓力特列大王以來。設立所謂非常準備金者。專積之以爲大戰事起時之用。平時不許他挪。惟已宣戰乃得支用。至今不廢。其數已逾五萬萬馬克。在平時何以殖利。則用以購買本國及外國公債也。此種準備金以購外國公債爲宜。普國亦內外並購。顧此勿深論。要之爲消受公債之一途也。此本頑舊之法。近世學者。已極言其害。我國將來。固不必更效顰。然現在皇室之公積不少。據道路所述。孝欽顯皇后之私蓄。其力可以興一艦隊。若國家創辦公債時。舉此以購買之。歲收其息。猶愈於窖藏而貫朽也。

第十目　國家普通之公積金。除普國外。殆皆盡廢。至特別之公積金。則猶有行之者。普國現有恤養廢兵之公積金。凡三萬八千萬馬克。以一部分購買鐵路股份。以一部分購買本國公債。日本則有補充軍艦公積金。三千萬圓。敎育公積金一千萬圓。災害準備公積金一千萬圓。其第一項則購外國公債以保存之。其第二第三兩項。則購本國公債以保存之。蓋此種公積金其性質只許每年用息而不準動其本。然由何道以得息。則惟公債最爲穩固矣。此亦消受公債之一途也。

第十一目　國家之公積金。其例雖希。至於地方自治團體之公積金。則無國無之。而其運用之以取息者。大

都在公債也我國現在此種公積金不少若有安全之公債出現則此亦其一尾閭矣

第十二目　財團法人之公積金更以公債爲唯一之用途財團法人者謂募捐款以辦慈善事業其公積金則只許用息而不許動本者也各國通例大率以購公債取其最穩也我國此種財團法人現存者甚多如各市鎮之善堂各府州縣之義學義倉及近十年來所辦之學堂率皆有多少公積金徒以無公債之故存放諸一私人或一店號之手動有吞蝕倒虧之虞若以置買田房諸產則常息有時不可必得而經理尤難得人若公債辦理得宜其爭趨之必矣

第十三目　各國之懋遷公司（懋遷公司有二種一曰商品懋遷公司二曰股份懋遷公司）實爲一種重要之金融機關夫懋遷公司之性質不過居間買賣原無須有大資本也然非有大資本則不爲人所信且國家法律亦不許之故各國之懋遷公司其資本率在數十萬元以上多者或千萬元以上然公司挾此資本將何用乎若窖藏之則所虧之息安可紀極若以營他種生利事業則不得復爲本公司之資本而法律且禁之矣故各國通例皆以法律規定此種資本只許購買公債不能作別用故此種公司又爲消納公債之大尾閭也我國人現在雖不知懋遷公司爲何物然非有股份懋遷公司則公債斷無從辦起而欲使一國商業交通便利則商品懋遷公司亦不可少其必須設法獎厲殆無疑義計全國應設懋遷公司之地最少不下五十市每市設株式懋遷公司一所商品懋遷公司二所每公司之資本平均以五十萬圓計已應得七千五百萬元矣而此資本則皆須投之於公債者也

第十四目　各國之保險公司（有水災保險火災保險人壽保險諸種）其性質亦略與懋遷公司同本來不必要大資本而非有

大資本則不爲人所信。故其資本與公積金合計。率極雄厚。此種資本及公積金。雖法律上未嘗限定用之何途。然保險公司例須常備的款。以便忽然遇有災變。得供賠償之用。此款若扃諸篋笥。則坐虧利息。若以置產。則變賣不易。故大率以其一部分購買公債。亦勢使然也。我國保險之業。發達尚幼稚。除通商口岸僅有一二公司外。內地則絕無。固由風氣未開。抑亦以未有公債以運用其公積金。則此業殆甚難辦也。然則欲辦公債。當獎此業。此業既盛。則公債用途亦隨而廣矣。

第十五目　商民之稱貸於銀行者。固藉公債作抵押。而銀行自需用公債之時。抑更多也。蓋銀行本以存放金銀爲唯一之業。倘遇存入者太多。而放出者太少之時。銀行對於存銀之人。須給以息。而所存之銀。不能得息。則業將隳矣。若不擇人而濫放耶。其危險更不可思議。於斯時也。舍購買公債外無他術矣。故銀行亦公債之一尾閭也。若夫各國之中央銀行。常以收放公債爲操縱金融之一妙法者。此法極有趣。但不便枝蔓。以述之。更無論矣。我國若銀行業發達之後。此種現象。亦當常有。故亦爲公債利用之一途。

第十六目　普通銀行既若是矣。若夫積儲銀行。其需用公債之處更多。蓋積儲銀行之性質。本以攢集貧民及婦女兒童之所蓄。爲之生息。以獎勵其貯蓄心也。故國家所以監督之者。特爲嚴重。設爲專律以閑之。恐其一有虧蝕。則貧民婦孺之受累者。其結果有不忍言也。然貯蓄銀行收得存款。勢固不得不轉放之以取息。而放諸他途。慮有危險。故以法律規定。使必將其一部分購買公債。此國家保護細民之意也。而貯蓄愈發達。則公債之用愈廣矣。我國現在各大城鎮。亦漸有所謂積儲銀行者萌芽其間。然國家法律之保障不嚴。危莫甚焉。以吾論之。苟非俟有安全之公債發生。則積儲銀行之弊。餘於其利也。

第十七目　又不徒積儲銀行爲然也。現今各國。皆行郵便貯金之制。其進步一日千里。各國郵政局所收貯金。多者至二三十萬萬圓。少者亦數千萬圓。郵局既須給息與人。自不能不運用之以取息。而運用之途。則投諸公債者過半。（各國且有以法律規定此款只許運用之於公債不得他用者）則其公債用途之廣。從可思矣。聞我國亦有議辦郵便貯金之說。此事苟辦理非人。則厲民將甚於盜賊。以今之政府。吾黨固不敢晝諾也。然使能善辦之。則固於公債政策大有裨矣。

第十八目　不寧惟是。各國郵便貯金。每人名下所貯。例設限制。（日本不得過五百元以上）逾限則改給以公債。此亦足廣公債之用也。

第十九目　無論何種公司。每年除派息外。其所贏餘者。例須劃出一部分以爲公積金。而此公積金。僅能以一部分爲固定資本。而必留出一部分以爲流動資本。固定資本者。如增築廠舍添置機器等是也。此項資本一經投下之後。則不便變易。故此外仍須有浮銀若干。以備隨時擴充營業或彌補虧空之用者。即流動資本也。而此流動資本之一部分公積金。欲使其不虧利息。而又隨時得以提用。則非投諸公債不爲功也。我國公司漸興。若公債辦理得宜。則公司之公積金。舍此其又安適。

第二十目　且公司當集股已成。尙未開辦之時。其所收得之股本。亦一種公積金之性質也。暫買公債以取息。最爲合宜矣。此種用途。在我國則相需尤殷者也。我國現在未有銀行。凡公司集得之股本。率暫存於發起人之手。或任意存放於其所私昵之銀號鋪店等。非惟虧息。且危險莫甚焉。粵漢鐵路之粵股。川漢鐵路之川股。所以路未動工。而股先蝕盡者。凡以此也。苟有安全之公債。復何此之足爲患哉。

第四綱　公債最適於安放游資之用也　游資者資本之遊翔於市中而未得用之之途者也。公債對於國民生計之效力原以吸集游資爲其本能。而人民之持有游資者。亦惟安放之於公債爲最適。試言其理。

第二十一目　人民持有資本欲以營農工商等業。而一時未能選定何業者。或雖已選定。而目前機會不佳。擬稍需時日乃開辦者。則以購買公債取息爲最宜。

第二十二目　人民持有資本而不欲自行營業者。亦以購買公債爲最宜。蓋存放銀行。雖未嘗不可。然若爲浮存。則息率太微。若存長期。則萬一忽焉需用。無從取出。故不如公債之便也。

第二十三目　若當市面恐慌之時。款存銀行。慮不穩固。則凡有存款者。將紛紛取出。而游資反徧滿市中。其時必賴公債以消納之。然後鬼有所歸而不爲厲也。

以上所舉四綱二十三目。不過隨吾憶念所及。拉雜述之。未能盡也。但即就此所舉者以觀之。亦可見東西各國公債之用。眞如布帛菽粟。不可以一日離矣。使各國而忽然將其所現存之公債。一概掃數清還乎。則其金融市場。立刻凝滯。而全國沸亂。如麻必矣。夫百物價値。恆視其供求相劑之率以爲高下。此生計學之公例也。東西各國。其市面上需求公債之急若彼。政府則應其求而供給之。是以每一募集。而民之應募者若逐中原之鹿。捷足以登。惟恐不得也。今我國全國中無一利用公債之途。即有一二。而政府亦不思設法以開闢之。徒歆羨人國之有公債而欲效顰。夫供過於求。値且必落。況無求惟供。價何從來。故十餘年來所以屢次募債而無一成者。雖由信用不立爲之主因。而利用無途。則亦其大梗矣。顧吾所最太息痛恨於彼老悖童騃之輩者。其在人國。辦一事而不能成。則必深思其所以不能成之故。而務致之以底於成。易所謂不遠復无祇悔。記所謂知困然後能自強也。乃彼哉彼哉。一次失敗而猶再次三次。循此覆轍。以僥倖其成於萬一。此如蠅鑽窗紙。終不能出。而猶鑽不已。嗚呼。此悖之所以爲悖。而騃之所以爲騃歟。夫以吾所計畫。使能整備行政機關。確立財政信用。而復以種種法門廣開公債利用之途。以中國之大。數萬萬圓之公債。殊不足以供市場之求。朝募集而夕滿額。必矣。吾知彼老悖童騃者。苟聞吾言。亦未始不爲臨淵之羨也。雖然。吾勸若曹其無羨也。以若曹之所爲。求若曹之所欲。孟子所謂猶緣木而求魚耳。嗚呼。吾之政策。終必有行於中國之一日。但不知行之者爲誰氏。爲誰族耳。嗚呼。

若夫東西各國之公債。何以能生出爾許效力。則吾將更以畢吾說。

右論公債利用之法。實爲鄙人數年來所懷抱。自謂頗足以補東西各國財政學書之闕漏。其在我國。尤爲目前至要之問題。但限於篇幅。猶苦言未能盡。別於拙著財政原論中更詳之也。

地方財政先決問題

先決問題者。謂有甲乙兩問題。於此非甲問題已經解決。後則乙問題無從解決。若是者則命甲問題爲乙問題之先決問題。先決問題者。後決問題之所依據也。凡欲辦一事。或論一事。苟其事尚有先決問題橫於前。而未能決定。則所欲辦者無從下手。所欲論者無從立案。此如基礎未建而欲架空以構樓閣。必不可得也。我國凡百舉措所以絕少成效者。皆由不明此義。故吾每有所論。必先謹於是。而更附釋其義於本篇。俾覽者毋惑焉。

地方財政者。地方自治行政之先決問題也。財政之基礎不立。則行政無從設施。我國所以日言自治。而自治之實不克舉者。皆此之由。今則舉國人漸知言地方財政矣。然地方財政。又自有其先決之問題。苟漫不加察。而貿貿然騰其口說。終無當也。以吾所見。則地方財政之先決問題有三焉。

一曰自治團體之級數問題也。凡一國之自治團體。必有多級以遞相轄。如日本府縣之下。有郡有市。郡之下有町村是也。級數之多寡。與行政之利病極有關係。今勿具論。專就財政上言之。則自治體多一級。卽其地方之人民增一重負擔。此易覩之理也。我國將來之地方自治團體。果爲若干級乎。核諸現在已頒之法制。未有明文。惟據政府所擬九年預備案。自第二年至第六年辦城鎮鄉自治。自第三年至第七年辦廳州縣自治。則自治體之有城鎮鄉與廳州縣之兩級。其已決定者也。又按照諮議局章程第二十二條第一至第七項。則省亦爲一自治體。無可疑者。又據城鎮鄉自治章程第四十一條第六十九條。有府廳州縣議事會字樣。第一百零三條有府廳州縣董事會字樣。夫議事會董事會。皆自治體之機關也。據此文測之。則府似亦爲一自治體。考各國之制。其最低級自治體。大率經一級而達中央。亦有經兩級者。英美皆經一級。普法日則有一小部分經一級。其餘大部分皆經兩級。如日本之市。其上爲府縣（府縣同等）。府縣之上則爲中央。是經一級也。日本之町村。其上爲郡。郡之上爲府縣。府縣之上爲中央。是經兩級也。然日本頻年議廢郡制。不久當全國皆僅經一級矣。今我國城鎮鄉之上有廳州縣。廳州縣之上有省。省之上乃爲中央政府。則全國皆經兩級。若再加以府之一級。則全國皆經三級。夫級數多寡。孰爲適宜。此屬於政治全體之問題。暫勿具論。而要之非決定此級數。則地方財政不可得而議也。蓋城鎮鄉之居民。同時爲廳州縣之居民。又爲府（或直隸州）之居民。又爲省之居民。而亦卽爲國家之國民。而無論何級之自治體。皆不可無自治經費。而自治經費。未有不取諸其所屬之居民者也。故自治體而有三級。則人民並國費而爲四重之負擔。自治體而有四級。則人民並國費而爲五重之負擔。其負擔之重數少者。則每重所負擔之分量。不妨略多。其負擔之重數多者。則每重所負擔之分量。勢不得不少。而於其間斟酌比例。以求分配之適當。則非先定級數。無從下手也。今據已頒之法令。則城鎮鄉廳州縣與省之三級者。其爲自治體已決定矣。所未決者。則府之一級而

已夫以利病論則自治級數誠不宜太多以習慣論則府亦有應爲自治體之理由而法制中亦有公認之之迹兆故此問題不可以不早決也

二曰各級自治團體職務範圍之問題也財政所以異於私人生計者有一大原則焉曰量出以爲入此國家財政與地方財政之所同也職務範圍不定則歲出必需之範圍不能定歲出之範圍不定則歲入不可缺之範圍不能定以是而言財政未有能當者也今我國中央政務範圍與地方政務範圍絕無一正確明顯之界線故中央與地方財政之關係則既已糾紛而不可理矣然所謂地方財政者又非徒與中央示別而已也地方團體有多級而各級復遞相轄屬若各級之職務範圍不明則或相推諉或相掣肘而卒歸於叢脞其爲政治上之流弊固無論矣而冗費繁多負擔增重馴至涸國家之稅源陷人民於塗炭斯尤不可不懼也今按城鎮鄉自治章程第五條第一項至第六項其範圍似頗明顯然實際固已有爲城鎮鄉之力所不能舉者第勿深論廳州縣自治章程未頒不知其範圍何如若府亦爲自治體又不知其範圍何如至省之自治則諮議局章程第二十一條第一項議決本省應興應革事件其範圍廣至無垠殆於無復標準矣夫自治體既有相轄屬之各級則所屬居民勢必同時兼負擔數級之經費故必須將各級之職務範圍畫淸界限其範圍狹之級則撙節其經費而以附益範圍廣之級廣狹既有差別則其財政組織自不能從同或限制某級使不得直接課租稅或限制某級附加稅之項目或使某級除附徵國稅之外更有附徵其上級團體地方稅之權利或以國帑而補助某級之不足凡此皆裒多益寡有妙用存乎其間而要之非先規定各級職務範圍則無所據以神其用也

三曰國稅問題也地方財政之歲入以租稅爲大宗地方稅有附加稅與獨立稅之兩種（即城鎮鄉自治章程

第九十二條所謂附捐特捐）而附加稅實爲其中堅附加稅者附於國稅而加徵若干成也國稅未定則附加稅決無所麗以發生此事理之最易見者矣其獨立稅雖若與國稅不相屬然亦必須與國稅相避相補而組織成一租稅全體之系統然後政克舉而民不病故國稅不定則地方稅決無從置議地方稅不定則地方財政更無可言矣（可參觀次篇論地方稅與國稅之關係）況地方團體既有多級各級所入無不仰給於附加稅苟國稅之稅目太簡單或選擇不良則緣此重重附加人民之負擔益不公平而禍之中於國家者不可紀極矣故若就現行之租稅制度而使地方課附加稅或獨立稅其究也則府怨而階亂已耳

若夫關於一般財政之先決問題如貨幣問題不決定則租稅徵收法不能完善豫算表不能正確豫算編製形式之問題不決定則財政上之監督皆成無效會計年度問題不決定則豫算之編制執行審查皆多窒礙收稅官主計官之權限責任問題不決定則中飽無從防究金庫制度問題不決定則全國金融或致爲財政所擾亂公債用途問題不決定則公債無從募集諸如此類更僕難數凡此皆屬於一般財政之先決問題而皆非俟此等問題決定之後則地方財政無從著手者也此其說甚長當更以次賡續論之

論地方稅與國稅之關係

政府之立憲九年預備案定以第一年籌辦城鎮鄉自治第二年籌辦廳州縣自治又定以第二年釐訂地方稅章程第三年釐訂國家稅章程驟視之一若登高自卑由小及大秩序粲然可觀然細按之則有甚悖於學理且爲事實上萬不能行者謹竭其愚爲政府一忠告焉夫自治非財政不舉地方財政雖有庸役酬金捐輸及原有

公產等項以爲補助。而要當以租稅爲大宗。當未頒定地方稅則以前。而責人民以籌辦自治。其事固已不可行矣。又於未釐訂國稅以前。而欲先釐訂地方稅。則爲道蓋有萬萬不能致者。藉曰能致。則其所釐訂者必鹵莽滅裂。致國家與地方交受其病。反不如不釐訂之爲愈矣。請言其理。夫地方稅不外兩種。一曰附加稅。二曰獨立稅。附加稅者。就國稅中所有之稅目。擇出若干種。許各地方附麗而抽若干成也。獨立稅者。則國稅中所無之稅目。許各地方斟酌情形。擇其所能稅者而自稅之也。此兩種者。各國或專用其一。或兼用其二。而大率兼用者多。顧無論專用兼用。要之必須根據於租稅全體之系統。輕重相補。內外相維。然後其法可以期於不敝也。所謂租稅系統。其說甚長。今不能具論。若語其作用。則莫要於選擇稅目。務使全國各種階級各種職業之民。悉應於其力所能負擔。固不可病末以利農。尤不可朘貧而遺富。若夫中央與地方之關係。則或有稅目雖善良。而當其徵收之也。中央不如地方之便利。則不以爲國稅。而使爲地方之獨立稅焉。又國稅稅目中。其性質有可以用爲地方附加稅者。有不可用以爲地方附加稅者。其用以爲附加稅者。則國稅必稍減輕其率。毋使此階級之人民困於數重過重之負擔。此租稅系統作用之大凡也。故租稅系統者。合國稅與地方稅之全體言之也。然必國稅既定。然後地方稅從之。此本末先後之序。萬不能倒置之者也。今如預備案所規定。宣統三年始釐訂國稅。而二年先釐訂地方稅。吾誠不知其地方稅以何爲標準而行釐訂也。以言乎附加稅耶。附加稅者。國稅之附加也。其與國稅成主從之關係。主既未立。從將焉麗。而說者必曰。姑就現行之國稅而附加之也。夫現行國稅。於次年則將釐訂矣。曷爲而必釐訂。毋亦以其有不適者存也。既有不適者存。則於釐訂時。必將有所增焉。有所削焉。萬一前此所指定附加之稅目。而適爲後此所削。則前此之釐訂。悉爲無效矣。而擾擾焉多此一舉。何爲也。且以吾論之。現行稅目其可以爲地方附加稅者抑甚稀。蓋附加稅之性質只能附於直接稅。而決無從附於間接稅。我國現行稅則雖繁。而其直接稅則惟田賦一種而已本朝田賦。以賦役全書定率言之可云甚輕然現行成例合之以貨幣之折算陋規之需索民之所出者不得不云甚重。加以租稅系統不整若鹽課若釐金等消費稅其負擔無一非轉嫁於貧苦之農民。農之不堪命也久矣今也地方自治團體下之有城鎭鄉中之有廳州縣。而上之則有省。若財源他無所出。而一一仰附加於田賦。其勢不至率天下之農而罹於凍餒焉不止也。故田賦之附加可已則吾欲已。若不可已。則亦當俟國家改正田賦以後。乃能議及。由此言之則此惟一之直接國稅可以附加者而其窒礙難行也既若此吾不知釐訂地方稅時從何著手也。至於獨立稅。其性質與國稅不相附麗分別釐訂似無妨礙。而實亦不然。彼納稅之人民。一方面固爲地方團體公民一方面又爲全國國民。其所有納稅力非一地方所得而私也。苟於地方稅竭澤而漁。則民無復餘力以負擔國用。而國且殆矣又如一地方有特產之物。而消售於他地方或消售於外國者。苟課其消費稅。則納稅義務轉嫁於購買之人似於本地方人之富力絲毫無損雖然今天下實世界生計競爭之天下也。其競爭範圍既亙於全世界。則當以國民生計爲競爭之主體。而租稅之原則則於不阻害國民生計發達之範圍內而課之者也。故地方稅而課其地方所產物雖不至加重本地方人民之負擔。然其物苟銷於本國內則負擔仍散諸本國各地之民。而國民生計或受其害焉。即使其物全然銷售於外國。而以課稅太重。故常被別國所產同類之物或近似之物奪我銷路。而國民生計又受其害焉。故地方獨立稅其稅目之選擇不可不愼也。愼之維何則常與國稅相劑而毋或相犯是已。雖然只能以地方稅避就國稅。而不能以國稅避就地方稅。故國稅未定以前則地方之獨立稅不可得而議也。以言乎附加稅則既如彼以言乎獨立稅則又如此。然則政府預備案之舍國稅而先釐訂地方稅者。吾誠不解其操何術以能致之矣。夫天下事固未有枝枝節節而能圖功者。又豈獨地方稅爲爾哉。

國民籌還國債問題

數月以來。我國民政治上之活動有兩大事。一曰國會請願。二曰籌還國債會。此誠國家觀念發達之表徵。而國民程度最進步之一現象也。各國報紙。莫不贊歎起敬。而共揣筆以預測其前途之成績如何。雖然吾於國會請願則絕對的表同情。至於籌還國債會則惟相對的表同情而已。故不敢避愚戇。略攄所懷抱之管見。求愛國君子一省覽焉。

一　籌還國債之當急

我國現在所負外債十萬萬餘兩。除鐵路債外。其純爲不生產的者。猶七八萬萬兩。每年攤還本息。幾去歲入之半。而以銀價日落。其隨時所負擔之磅虧。尚不可預計。遺害子孫。靡有窮極。各國挾持其債主之權利。且竊竊焉議干涉我財政。非弛此負擔。則我國之旰食將無已時。苟國民能毅然奮起。一舉而償之。不徒釋狼顧之憂。且使各國瞠目咋舌。識我國民愛國心之强。莫之敢侮。而法人之驟還德債。不足專美於前。豈非天地間一大快事耶。吾所謂表同情者此也。雖然。更有說。

二　籌還國債會之辦法

籌還國債會由直隸商業研究所及天津商會發起。而官界商界學界所漸贊成者也。今略舉其辦法如下。

(一)範圍　所籌還者以甲午庚子兩役賠款為限。

(二)辦法

(甲)定各地分擔之額。由諮議局量各府廳州縣貧富饒瘠分為等級。而各比例人口以分擔之。

(乙)勸全國富民代貧民出其所應分擔之額。其應代擔幾何分別酌定之。但不得逾其財產百分之一。

(丙)隨其所捐之額。分出等級。將來奏請給與勳章等優獎。

此舉實為前此國民捐之化身。兩事同為直隸人所提倡。國民捐既奉優詔給還。而復提倡此會。其愛國血誠愈接愈厲。眞北方之強也已矣。其辦法。則以勸捐為主。而以攤派濟其窮。就其勸捐之點言之。則全屬善舉。而惟含有道德的性質。就其攤派之點言之。則微近於租稅與強逼公債。而略含有法律的性質。要之。諸賢提倡之本意。實在勸捐而不在攤派。所以不得不兼用者。以為數太鉅。恐勸捐之終不能如數耳。吾今將此事之可行與否及其當行與否分別論之。

三　籌還國債與普法戰役後法人償還普款之比較

我國民今茲之舉。固由愛國天性所激發。而實亦取師資於法人償普之役。法以彼役。使強敵咋舌。環球起敬。吾國民同是戴天履地。何渠不若彼耶。謂法人能之。而我不能。是自暴自棄也。雖然。既已取師資於彼。則彼當時之情狀若何。其辦法與我為同為異。是不可以不察也。

第一　當時法人之所以驟償此款者。乃募集內國公債而非義捐也。義捐與公債。其性質絕異。至爲易見。義捐純爲慈善性質。其財一經捐出。則不擬收回。公債含有營利性質。應募者雖將己財借與國家。而每年向國家支息焉。將來索國家還本焉。不寧惟是。彼持有債券者。若值緩急。則可以適市求善價而立沽之。故民之應募公債也。與投資本以營普通之生產事業同。雖獲利或稍微。而其安穩無憂虧蝕則過之。故當國家急難時。人民舉其資本之一部分。由各公司之股分而移諸國債。稍加激勸。則其道至順。今我國民議籌還國債。民之出財者。除效忠國家心安理得獲精神上之愉快外。則所得者惟有虛銜勳章等之獎勵。而所出之財。其本與息皆不可復。持其收條。等於廢紙。若法蘭西當時用此法。其能立集爾許鉅款以償普乎。吾不能無疑。

第二　孟子有言。民之爲道也。有恆產者有恆心。無恆產者無恆心。蓋人民生計。必其於仰事俯畜之外。更有餘裕。乃可責以急國家之急。法人以多金聞天下。四十年前。其富力尤爲萬國冠。而其民之性。又不好冒險以企業。惟喜貸財與人以坐收其息。故各國之募債者。恆適巴黎。至今猶爾。故償普之債。一呼而集。蓋公債之性質。本與投資營業無異。必其國民於日用所費之外。更蓄有資本以待生利之用。然後企業可也。應募債可也。使法人當時之富力。一如我國今日。則其能頃刻成此豪舉與否。吾不能無疑。

第三　更有一事當留意者。則當時法人之能驟償此鉅款。其財非盡由法人解囊所出者也。欲明此理。當知歐美各國公債流通之情形。歐美各國公債。無所謂內債外債之別。實與各種股分票同爲國際證券之一種。凡募公債。皆由其國之中央銀行與諸大銀行全數承受。乃轉售債券於民間。而本國銀行又大率與他國銀行聯絡。故債券一出。卽已不脛而走徧於諸國。當時法國募債條件既極優異。而復許分二十次交納。極便於貧民之零碎貯蓄者。而法國人民富力之充足。與其政府財政基礎之鞏固。復爲各國所共信。而法蘭西銀行（法國中央銀行）之司理員。又忠勤幹練。能以種種手段吸集鄰資。（其事甚長我國銀行政策所當取法也他日別述之）據公債史所紀載。則當時法人償普之款二十萬萬圓。而其債券在外國人手者。實十六萬萬餘元。此所以驟輦此鉅款與敵。而於其國內之生計界。一毫不見紊亂也。假使法人於此役。而涓滴皆須取諸本國國民之囊。則其能舉重若輕。至是與否。吾不能無疑。

四　籌還國債與愛國心之關係

由此觀之。則法人之所以能有彼豪舉者。其原因可知矣。其最大之動力。由國民有極強烈之愛國心。固也。然又必有前舉之三條件與之相輔。然後愛國心乃得發揮。（日俄之役日本人之爭購公債亦與法事相類日本則於愛國心之外更有前兩條件與之相輔而第三條件則未能幾及此日本之困難所以過於法國也）今者吾國人漸知與國休戚之義。苟得羣賢感以至誠。爲之陳說。則其愛國心之奮發。諒亦匪難。然僅恃此而謂籌還國債可以期成。則鄙人雖工諛。固未敢率爾以附和也。先哲有言。行不貴苟難。又曰。議道自己。而制法以民。凡道非普通一切人所能共由者。君子不準之以率天下也。故雖敎孝。而決不敎人以割股。雖敎忠。而決不敎人以納肝。其於畸節。固共欽之。然絕不責望於常人也。夫謂毀家紓難。爲國民應盡之義務。此猶曰身體髮膚受諸父母。割股療疾。義所宜然。夫誰得謂其非者。然能由此者幾人。不能共由。斯得謂之庸德矣乎。故各國學者之論公債也。咸抨擊愛國公債。謂非正軌。以其不可以普及。且不可以持久也。苟以愛國公債而欲使之普及且持久焉。則勢固有不得不出於強逼者矣。而弊遂不勝其利。夫愛國公債。將來固還其本或更薄給其息也。而識者且期期以爲不可。今我國民之償還國債。乃並不取公債之形式。而壹以樂捐之名義行之。少數忠俠之士。深明時局痛心國難。其踴躍以赴者。豈曰無人。然綿力不足以舉此大業。抑章章矣。諸賢之提倡者亦固有見於此。不得已而創各地分擔之議。且欲諮議局爲之主持。夫諮議局所決議之事件。固有成爲律令之資格。若厲行之。則不幾於強迫耶。吾以爲國民對於此事。若出財者有分毫勉強。則已瀆愛國心之神聖。就令能成。已末由躊躇滿志。而況乎未必能也。古之善言治者。必曰因勢而利導之。蓋自利之與利國。其道本相因而絕非不能相容。但普通人民。知自利之義者甚多。而知利國之義者抑少。善爲國者。舉利國之事。寓諸自利中。人民日由之而不知其道。而國家之受福已多矣。若公債。卽其一端也。人民之應募者。純爲自利。其出於愛國心與否。絕不必問。而不知不識之閒。已大有造於國家之財政。此眞可大可久之業也。吾國人有一謬見焉。曰應募公債爲國民之義務。此言見於奏牘上以此責民。而民亦以此自承。公債之終不能成立。雖原因多端。此亦其一大梗也。今欲舉此大業。而惟賴愛國心。專恃道德之制裁。而無一毫利益之觀念以攙雜其間。高尙洵高尙矣。純潔洵純潔矣。吾竊慮動機之有未足也。

五　籌還國債與現在國民生計能力之關係

由前之說。則謂僅恃愛國心。恐難貫償還國債之初志也。雖然。至誠所感。金石爲開。吾安敢瀆冒我神聖之國民。謂不參以自利之動機。卽絕不能爲利國之事者。顧使人人誠能愛國矣。而力能逮其所志與否。又不可不審也。孟子辨不爲者與不能者之形。而舉折枝與挾山超海爲喻。今我國民籌還此至重之國債。雖未必挾山超海之類。而決非折枝之類明矣。生計學者釋貧富之義。必以「自由財」之多寡爲衡。何謂自由財。各人一歲之所入。將其所資以維持本身及家族之生命萬不可缺之費除出。而此外猶有贏餘得以自由任意使用者是也。無論愛國心若何強烈。充其量則舉此自由財之全部分以獻於國家極矣。若更欲進於此。雖以孔墨之聖。所不能也。吾中國每人平均之自由財。能有幾何。吾不敢臆斷。但以今次籌還國債會所定之範圍。以甲午庚子兩役之賠款爲界。此款合計共七萬萬餘兩。以四萬萬人分之。每人所分擔者將及二兩。然國中有二兩以上之自由財者。吾竊料十人中不得一二也。籌辦諸賢亦見及此。故爲勸富人代捐之計。然此一二人者。其自由財之力果能代彼八九人荷其負擔與否。又不可不審也。今且不必爲此支離之計算。所一言而決者。則合我全國民之富力。果能否有七萬萬兩以上之自由財而已。夫舉其自由財之全部分以獻於國家。此充類至義之盡之言耳。語其實際。則獻其三之一。乃至獻其半極矣。故欲一舉而償七萬萬餘兩之國債。非吾國中實有十五萬萬乃至二十萬萬兩之自由財不可。而現在之決無此數。吾所敢斷言也。論者動曰。吾國之富藏於民者甚衆。然吾常衡以生計之學理。核諸各地之現狀。日夜念此至熟。竊以爲中國今日確已民窮財盡。苟政治上無大革新以爲之補救。則不出十年。必舉國皆成餓莩。而現在全國合計。果能有二三萬萬兩之自由財與否。吾猶不敢言。多則更無論也。（此說甚長他日當別著論說確舉例證）然則欲一舉而償七萬萬兩之國債。此如強羸疾之夫以扛九鼎。豈惟絕臏。必喪生耳。

六　籌還國債與將來國民生計進步之關係

藉曰吾國民各竭其現在之力。足以籌還此債而有餘也。然一舉而還爾許之鉅債。果爲政策上所當出與否。又一大疑問也。夫我國之債爲外債。動生政治上外交上之關係。原不可與各國之普通公債相提並論。雖然。若專就其影響於國民生計者論之。則同爲一原則所支配。不甚相遠也。今各國莫不負有極龐大之公債。其政府之財政亦往往歲有剩餘。然不能以一時而爲多數之償還者。蓋每當償還公債之時。其影響於一國之金融者甚大。而一國金融有變動。則生計界全體緣以變動。故不可不愼之又愼也。就令其國債全屬內債。猶當兢兢致謹若是。今吾國之債全屬外債。則其影響有更劇者矣。請明其理。譬如我國共有十萬萬兩自由財。於此我國果何以處置之乎。必也以其一大部分爲資本以投諸生產事業。以其一小部分供娛樂享用之費。而此充資本之一大部分可以生出利息。及明年而全國自由財之總額將增加焉。其供娛樂之一小部分。雖不能直接生出利息。然欲娛樂則必購其所嗜之物品。而製造販運此物品者食其賜。生產事業緣以日盛。則亦間接生出利息。如是輾轉相引。則國富與年俱進矣。今一舉而償還七萬萬兩之債。驅此自由財之大部分而放諸國外。則國中舊有之生產事業。以資本不繼而不得不停止。將辦之生產事業。以資本無著而更末由以發生。明年例應滋殖之利息。悉消滅矣。而一切人民以自由財縮小。故其購買力驟減。凡百物品滯銷。則原有生產事業。不復能得前此之利息。行且虧蝕以致閉歇。此皆事理自然之序。無可逃避者也。質而言之。則欲一舉而還數萬萬兩之外債。必致全國金融。忽若東溼。不旋踵而遂涸竭。政策上決無此辦法。雖在財力極豐之國。然且不可。況我國之久成枯腊者哉。爲今日之中國計。使誠有至誠惻怛精明強幹之人以在政府。謂宜利用現在各國息率低落之時機。更大借外債。而使國民之能者運用之。投諸生產之事業。以廉息之資本而用廉價之土地與廉價之勞力。則在全球生計界競爭之場。莫或能攖吾鋒也。夫今日之政府。吾國萬不敢以此說進矣。雖然。若謂今日宜使吾民舉其至

微至瑴之資本一旦悉以爲償還外債之用而不復計及金融之情狀與生產事業之前途此無異病者欲脫病苦而引刃以自殊也

七　籌還國債與財政之關係

其影響於國民生計前途者既若是則財政上之惡果必與之相緣此又至易見者矣夫國家之財政非能自致也亦取諸民而已有若曰百姓不足君孰與足未有國民悉爲餓莩而府庫財猶爲其財者也今者司農仰屋情見勢絀久已儳然不可終日當局者於國民生計之原則與財政之原則毫無所知絕不審上下交困之所由來卽循此現狀識者已卜其不能五稔蓋既舍借債外無所爲計矣今使舉吾民啜菽飲水之資而悉節減之以償舊債則現在預算案中每年外債本息數千萬可以驟減似於財政大有裨補而曾不思生計界之生機蒙此一擊不知何年始能復蘇全國之稅源日涸卽欲革新財政方針亦無所憑藉以爲設施不寧惟是人民將並現行之租稅而力不能任國庫卽欲求現在之歲入而不可得不寧惟是民爲饑驅鋌而走險國家不得不焦頭爛額以謀鎭撫而政費之增乃益無藝其勢不至於亡而不止也就令不遽亡而彼時非更借新債則國家機關之全部行將膠淤而不復能以轉運夫淸舊債而得新債則牛羊何擇而我國民爲此僕僕果何爲也哉夫使新舊之害相若猶覺多此一舉況還舊債時所生之損失至借新債時斷不能恢復而新債負擔之苦或反倍蓰於舊時者哉故就財政上言之吾亦終不敢謂此舉之利餘於弊也

八　籌還國債與對外政策之關係

抑我國民之激發而倡此義舉也實有其至切近之一動機焉曰各國干涉中國財政之警聞此誠至可恐怖之噩夢我國民所宜動心忍性而夙夜思所以待之者也雖然以籌還國債爲消災解難惟一之法門則以吾之愚未識其可也吾固常言之矣各國誠非有所愛於我而我國生計界既含有杌隉不安之種子其禍必將波及於彼則各國必思排除之而後卽安此情理之常毫無足怪者各國又誠非有所憾於我而我國之財政既足以陷全國生計界於杌隉之域則各國必思奪吾魁柄而代斡轉之又情理之常毫無足怪者干涉財政之動機實在於是（參觀論各國干涉中國財政之動機）夫我國以負偌大債務之故他人乃始得託名於保護債權以爲干涉之口實此誠召干涉之一原因無可疑者雖然此乃助因非主因也我國財政方針苟能確定財政基礎苟能鞏固則雖外債倍蓰於今日決無容外國干涉之餘地今世歐美各國試問有何國之政府不對於他國國民而負債務者然猶得曰彼無內外債之分也彼日本現存公債總額十八萬萬餘元而屬於外債者十一萬四千五百七十餘萬元視我國甲午庚子兩役所負之額且過之豈聞以召干涉爲憂也使我國財政紊亂每況愈下貽本國生計界乃至全世界生計界以不安則雖無一銖之外債而干涉之禍固終不免日本干涉朝鮮財政時朝鮮所負日本之債僅四百萬元耳是故財政之紊亂猶爆藥也外債猶引火線也引線固足爲爆藥驟發之媒然欲避險厄要以移去爆藥爲主若不移去爆藥而惟務截斷引線無論此引線本藏於藥中無從斷也卽能斷矣而他線可以隨時安置且百物所撞擊熱氣所烘蒸無在不藏有爆發之機防無可防終有焚巢粉身之一日故欲杜外國干涉財政之實其樞機不在籌還國債而別有在僅從事於籌還國債斯所謂不揣本而齊末也

九　籌還國債之執行機關

以上諸節，其一論此舉之難成，其二論此舉之有弊，其三論此舉之無益，狂夫之言，略具是矣。今且置此事，藉曰能成矣，有益無弊矣，然似此非常大舉，不可無執行之機關，而此機關則非政府莫能當之也。而吾國民以其節衣縮食之費，擲孤注以託諸現政府之手，則危莫甚焉。吾國民而欲成此大業也，則如何而能改造政府，實先決之問題也。

十　結論

吾之草此文也，吾滋忐忑不能即安，吾欲輟筆者屢矣。何也？以吾純潔如玉義俠如日之國民，提倡此數千年未聞之義舉，不數月而全國所至，應者如響，乃至終歲勤動之寒農，髫齔未脫之稚子，莫不銖錙貯蓄，競割舍其所以自娛養之具，以應國家之急，此其天眞爛熳，天性濃摯，實國家元氣之精英，蘊蓄既久而借此事以發攄者也。而吾乃汲此冷水以澆彼熱腸，吾獨何心而忍出此？且吾之言之，固欲吾國民聽之也。不期見聽，多言奚爲？其見聽也，則是多數國民愛國心方始萌芽，而吾乃爲牛羊焉從而牧之，則吾罪云胡可贖？此吾所以惻惻沈詳而擲筆以起者且再四也。雖然，吾思之審矣，吾正以國民愛國心不可以挫折也，故其愛國心之所寄，不可以不審愼。苟漫然寄於必不可成之事，或成矣而效果反於其所期，則恐有中道懊喪，一靡而不能以復振者，毋寧先事而犯顏諍之，使無歧趨，無分騖，無濫用，乃得遵正軌，萃全力以完愛國心之作用，此吾所以欲默而終不能默也。不然，吾雖不肖，固食國家之毛而踐國家之土者，豈其忍心害理，而於曠古未聞之報國義舉謀破壞焉？吾知國中愛國之士，必有讀吾文而戟指唾罵吾者，夫唾罵吾之人，則眞乃吾之所最敬者。雖然，吾望其於唾罵之後，而更

取吾文三復之也嗟夫使吾國民之愛國心能由感情作用而進爲推理作用則吾國之興可立而待矣吾所忠告者豈僅在此事云爾哉

然則今日外債問題遂可置之不議不論乎曰惡是何言是何言外債者國家附骨之疽也非去之則終無夜臥貼席之時但去之之道不能如此匆遽而簡單耳吾於茲事頗積研究有所懷抱其道在本標兼治直間互用我國民而諒我也則吾願更端以進也

問者曰自籌還國債會之發起薄海含生莫不奮起今認捐之數亦已不少如子之說將如前此國民捐仍以返諸捐者乎曰是固有利用之途吾亦請於旬日後更言之

再論籌還國債

國民以愛國義捐之形式籌還國債萬不足以集事且弊餘於利吾既著論以痛陳之矣藉曰能集事藉曰有利無弊而吾一旦舉此款以輦致於外人外人果肯收受與否是亦一疑問也聞吾言者且將大驚謂我有款還人而人不肯受殆天下必無之理而不知我國疇昔之公債條件固作繭自縛而當局者之自窘其民竟已若此也蓋公債之種類本有三一曰永息公債政府惟按年給息不約定償還日期而何時償還悉聽國家之自由者也二曰有期公債政府約定從舉債後之第幾年起若干年間國家有隨意償還之權者也三曰定期定額公債償還之日期及其數額均預行約定者也永息公債財政上伸縮力最強故今世歐美諸國悉趨之有期公債稍束縛矣雖然於此期內政府仍得斟酌情形移緩就急借新還舊游刃固有餘地也日本現在公債大率屬於此類

故日俄戰役。其所借外債八萬萬餘元。大率約期以二十年或二十五年內償還。而無限定某年償若干之條。故今者日政府能設法借輕息之債以換之。獨至定期定額之公債則不然。兩皆成膠柱之勢。絲毫不容假借。故國家財政雖有餘裕。不能提前償還。市場利率雖日趨微。不能借新換舊。而財政雖極窘急。又不能逾期不償。實公債中之最劣下者也。而不幸我國所有外債。乃盡屬此類。試舉現在所有之債項。考其條件以明之。

種類	債額	償還條件
第一次匯豐債	一、六三〇、〇〇〇、磅	光緒三十一年至宣統六年攤分十次
麥加利瑞記債	二、〇〇〇、〇〇〇、磅	光緒二十七年至宣統七年攤分十五次
第二次匯豐債	三、〇〇〇、〇〇〇、磅	同
甲午賠款借俄法債	一五、八二〇、〇〇〇、磅	光緒二十二年起分三十六年每年帶還本利一、二八八、六八八佛郎
甲午賠款借英德債	一六、〇〇〇、〇〇〇、磅	光緒二十三年起分三十六年每年帶還本利九六六、九五二磅且年中每月定期
甲午賠款借英德債	一六、〇〇〇、〇〇〇、磅	光緒二十五年起分四十五年每年帶還本利八三五、二三四磅
庚子賠款債五項	四五〇、〇〇〇、〇〇〇、兩	光緒二十七年起分三十九年每年帶還本利其中又分五期每年應還之數具載條約中
磅虧借債兩項	六、〇〇〇、〇〇〇、磅	光緒三十一年起分二十年帶還本利
其餘鐵路公債亦皆有定期定額之條件今不具列		

以上所舉。皆籌還國債會所指定擬籌還之範圍也。而其償還年分及每年應償金額。一一明載於條約。絲毫不能移動。則既若此。前此當局者絕無財政上之智識。致定出此種笨拙之條件以自束縛。言之誠令人痛心。但既

已定矣。今欲破約以提前償還。卽使我果有此力。人其許我乎。蓋以歐美金融現狀言之。其資本家用本求利。欲得如中國公債所給之優息實無處可以求之。而各債咸有抵押。抵押物又爲外人所管理。不憂吾之逋負。其不願吾之遽行清還。理有固然也。故各條約中間有約定可以期前償還者。則聲明按照票面數目每百鎊加價二三鎊不等。其意蓋可見矣。今使吾國民量腹爲食。竟能緫集得此七八萬萬兩之款。交政府爲償債用。政府亦毫不敢欺我民。眞舉以用之於此途。而其與各債權國所起之交涉。其困難尙不可數計。而什有九歸於不調。則我國民之心力盡付流水矣。願提倡籌還國債者孰思之。

而論者或曰。苟能交涉得宜。又安見外人之必不我應。惟吾固亦甚望其能我應也。苟能我應。斯又可以講整理公債之術。而不必以籌還爲亟亟矣。夫一時而償還爾許巨額之公債。其於國民生計上國家財政上皆蒙極大之損害。吾既已痛陳之矣。但吾國既負爾許巨額之公債。固不能委心任運而絕不思補救也。使我當局者而稍有財政上之常識乎。則整理又豈患無途。其途維何。則借換是已。何謂借換。謂借廉息之公債。以換重息之舊債也。近年以來。全世界生計突飛發達。資本過賸。而息率日趨低微。各國前此所借之債。皆以當時息率爲標準。迨息率趨微之後。則以現時之息率爲標準。而別借廉息者以償前此之重息者。直接以減輕國庫之負擔。卽間接以減輕國民之負擔。實公債政策之妙用。而財政之良劑也。最近則意大利將全國三十二萬萬元之公債前此四釐息者。今借換爲三釐半。英國則將公債之一大部分換爲二釐半。日本亦於去臘今春借換一萬萬元。由五釐變爲四釐。今又將爲第二次借換。且將行之於外債矣。考各國債之息率。其最低者爲美國。僅二釐。次則英國。二釐半。次則法國。三釐。次則德國意國。有三釐者。有三釐半者。次則日本前此五釐。今爲四釐。而一年以來以全世界金融極緩慢之故，各國中央銀行紛紛將利率引下，此眞借換公債絕好之時機也。而還觀我國所有之公債，怡和、匯豐、麥加利、瑞記諸款，其利率或七釐，或六釐。光緒二十二年英德借款則五釐，二十四年英德日借款則四釐半，三十年鎊虧借款則五釐，其餘鐵路借款悉皆五釐，內中惟庚子賠款及光緒二十一年俄法借款稱最廉，則四釐也。庚子賠款，我本未嘗受金於債主，可勿論。其餘則惟俄法一款與各國利率不甚相遠耳。雖然，尚有一義當知者，則我所有諸公債，皆名價發行，而非實價發行也。（實價發行者，如票面一百兩之債券，國庫實收到一百兩也。名價發行者，則票面雖號稱一百兩，而國庫僅實收到八十餘兩或九十餘兩也。兩種方法互有利害，大率實價發行，其息率可以稍重，名價發行，則息率比例而取輕也。）我國諸債，莫不有折兌，或八九折，（每百磅實兌八十九磅也，餘仿此。）或九〇折，或九二、九四折不等。夫九四折而五釐息者，實則無以異於五釐半；八九折而五釐息者，實則無以異於六釐矣。故我國現在諸外債之息率，平均實在六釐內外，而今日歐美市場息率，平均三釐半乃至四釐，且日趨低落之勢，猶未知所終極。公債息率，照例則應在市場普通息率之下，是以諸國以二三釐之息率募債，而應者雲集也。而今者我之息率則倍之，使當局者如有絲毫之常識耶，則銳意講求借換政策，計現存外債共一萬三千六百餘萬鎊，但使能減息一釐，則歲省一百三十六萬鎊，約値銀一千一百餘萬兩；能減二釐，則二千二三百餘萬兩矣。據今日世界金融之大勢，我國苟折衝有人，則以我確有擔保之公債，欲在歐美市場得平價發行息率四釐之新債，以行借換，應者必將若鶩然。一轉移間，每歲坐得二千餘萬兩矣。今政府即竭澤而漁，何處得此二千萬者？國民雖量腹而食，何處節此二千萬者？不此之務，而惟束手仰屋，則甚矣不學無術者之不足以謀國也。夫我之公債，皆爲定期定額償還，則欲行借換，其道本甚難，此前此當局者不學無術以誤國，其罪無可逭也。顧前事已不可追矣，使其竟不能借換耶，則亦必不能提前償還，而我國民之倡籌還國債會者，爲徒勞矣使其可以提前償還耶則亦必可以借換而借換之大利與提前償還之大害其相去豈可同年而語哉吾以爲今日欲謀借換其交涉固非易易然我國財政紊亂之結果其害中於全世界世界各國莫不知之但使我財政立有確實之計畫則以此提議於各國亦未必不得其贊成此實今日整理外債獨一無二之政策也雖然今之政府曷嘗有一人知有借換公債之法者曷嘗有一人知有所謂世界金融大勢而思利用此絕好時機者吾又將與誰言之而誰能聽之嗚呼國事本非無可爲其奈僅以委諸昏耄童騃毫無心肝者之手夫安得不亡萬事盡然豈獨一外債政策哉賈生曰醫能治之而上不使可爲流涕者此也而我國民不務所以督責政府乃反欲節衣縮食輦致鉅億鉅萬畀諸無責任之官吏以恣其所爲其忠固可敬其愚抑不可及矣

問者曰如子所言則國民籌還國債之舉既難辦到而又種種無益其說誠甚辯雖然籌還國債會既已開辦而響應者徧於各府州縣今者已捐出之款蓋亦不少矣然則仍將如前此國民捐之例舉已捐出之款歸還捐者乎夫其人之肯捐此款者則已發於愛國之至誠其不志在收回明矣今若中道易轍是無異勸勇者以脫劍也應之曰是有一辦法焉則以所捐之款作爲股本創辦一股份懋遷公司向外國市場買回我國之公債是已蓋公債本爲一種流通市面之有價證券盡人可以購買其價值爲金融狀況所左右常有漲落各國公債莫不有然即我國之外債亦用此例歐美各大市之股份懋遷所每日必將其價值報告數次甲買乙賣展轉流通而絕非爲一定之人所專有以永錮諸篋笥中者也故吾國民與其集此款交與政府使以償還之形式而直了此債不如集此款開一公司以吸買之手段而漸減此債然則必須開一股份懋遷公司者何也股份懋遷公司者英文謂之 Stock Exchange 德文謂之 Fondsborse 而日本人所稱爲株式取引所也其性質專主居間以賣

買各公司之股份及各種公債而取其酬勞金實爲現今各文明國最大最要之營業爲一國中最有力之金融機關與銀行相輔而完其功用我國即徵籌還國債之舉固已亟當設法以提倡此種公司使全國資本得藉以流通而生計界蒙其利（此其理甚長我國人無生計學之常識即告以此名目猶恐知之者百不得一遑論其功用吾他日將別著論言之此不能盡也）而今日欲行吾漸次買回外債之策非設此機關亦萬不能爲力蓋我國之外債券雖流通歐美各市場無國無之然在本國內則欲覓一張而不可得我國民若欲各各挾其所捐之款特往歐美市場各自購買其斷斷不能辦到至易見矣且購買債劵含有投機性質必專於其業有學識有經驗者始能常獲贏而無折閱故必組織公司委任得人然後事可舉也若能用吾策則其利有不可勝言者我國民籌還國債之本意無非欲免他國之常以債權臨我今用此法則逐漸收回集款愈鉅則收回者愈多而既經收回之債券則將國家對於外人之債務變爲對於本國國民之債務對本國國民債務增一分則對外人債務減一分其利一也驟然還七八萬萬兩之國債無論我國民財力不能勝也藉曰能勝而全國金融界必大生擾亂今用此法積以時日相機而行不至大影響於金融其利二也以償還之形式行之則其資本全擲於外而不可復而全國生計界益重其窘以收買之形式行之則持有此項債券者不失爲一種動產若需現銀時在本國市場可以轉售在本國銀行可以抵押反以增全國資本流通之速度其利三也我國外債皆約以定期定額償還若欲提前先償慮人不應即應矣恐不免百鎊須加若干鎊以七八萬萬兩合計其虧累豈得云不鉅今用此法照市價買入絕無此患其利四也且凡百公債其價值常隨金融之狀況而常有漲落而無論何國之金融皆不能有緩而無緊若得有學識有經驗而才智警敏之人以司其事覷準金融緊迫公債價格下落之時然後買之則能緣此而獲大利其利五也籌還國債會之辦法主於勸捐

純恃愛國的動機。而毫不以自利的動機攙入其間。其道難以普及。今集股以爲股份懋遷公司。非特其資金不擲於虛牝。而此種公司。苟辦理得宜。則利息最大而最穩。此徵諸各國成效昭著者也。以此爲勸。則應者必多。而款可大集。其利六也。既有此懋遷公司。則不徒本公司得以其資本購回外債而已。而凡國民欲以自力購此種外債者。皆得託本公司爲之經理。如是則所購回者日以益多。而與籌還國債會之本意相合。其利七也。我國內債之不能舉辦。其一由政府之不能示信。其二由國民不知利用公債之途。今各項外債。本由外國銀行經理。有關稅釐金等項作保償還本息。皆有定期。小有差忒。外人將起而爭。就令其中一部分歸於本國國民之手。而其所有權流通無定。政府無術以歧視之。信用斷不至失墜。信用既不失墜。則我國民之持此債券者。無論在本國銀行外國銀行。皆可以抵押得款。而還以供他種生產事業之用。民於是始知利用公債。其作用之妙。有不可言者。則相率購買者必日增。而外債之一大部分。不知不覺便變爲內債。夫國家之必須給息必須還本。則無內外一也。然外債則全洩之以尾閭。內債則能利用之以增殖資本於國民生計上。所得之效果適相反矣。其利八也。不寧惟是。前此國民惟以不信政府。且不知利用公債。故內債迄無應者。今既借此敎國民以利用公債之途。一度領略妙味之後。將尋繹不能舍去。而我國生計機關稍經整頓發達之後。區區少數之公債。決不足以給市場之需要。政府苟於其時能確立公債政策。則新募集一二萬萬金之內債。決非難事。吾於此事研究最久懷抱最多自謂確有見地不同空談將以次著文評論公債政策暢陳鄙見其利九也。各國之股份懋遷公司。照例皆須以其資本之一大部分購買公債存諸國庫。以爲保證。蓋此種公司。其性質本爲居間營業。無須資本。然卻非有大資本。則不足以昭信於人。且政府亦宜防其舞弊。故例須以公債爲質也。然即此一端。又已爲公債利用之一廣途。日本公債爲各株式取引所買以作按者凡一千六百餘萬其助公司之銷場多矣。而此種公司獲利豐而且穩。創一公司以開風氣。則各省之大市場。行將紛紛繼起。（此種公司每一市祇宜有一所而我國之大其大市場總在數百則可以有數百所矣）而公債需要。日以益增。內債更容易募集。其利十也。既有股份懋遷公司之後。則各種鐵路輪船礦業工業商業公司之股份。皆可在此懋遷公司中。爲之居間賣買。夫股份有限公司之性質。必須其股份賣買流通極便利。然後易於發達。我國各公司之不能發達。雖原因多端。而缺此居間買賣之機關。亦其一大梗也。今若能借此勢以創辦此種公司。其關係中國實業之前途者大矣。況利用公債。尤以買賣自由流通便利爲第一義。中國若欲確立公債政策。非先創股份懋遷公司不能爲功。今乘勢以開設之。是一舉而數善備也。其利十一也。夫各國之償還公債。不必其抽籤以償還也。往往用買入銷卻之法。償之於無形之中。蓋政府亦與民爲市。值公債價格下落時。則由國庫撥款。向市場照時價以買回前此所發之債券。買回後則摧燒之。此與償還無異矣。此其爲術利害參半。今勿贅述。要之此法爲各國所常行。此稍治財政學者所能知也。我政府若誠有意整理外債。則既有此股份懋遷公司後。不特人民可以託彼向外國市場購買也。卽政府亦可以託彼向外國市場購買。購得而摧燒之。則與償還無異矣。夫政府欲以此陰行償還外債之法。則爲數不可以不鉅。以我國財政之現狀。安有力以及此。雖然。我國今日雖非應償還外債之時。而實爲應借換外債之時。借換爲條約所束縛。實屬不易辦到。則亦惟有陰行借換之一法。若果有公忠體國才學兼優之人以在政府。則乘全世界金融緩漫息率低下之時。再借三釐半或四釐息之外債一二千萬鎊。而暗中由本國之股份懋遷所向外國市場收買舊債。則謂之陰行償還也可。謂之陰行借換也亦可。卽使債額一如其舊。而歲減之息。已不可以數計矣。其利十二也。

夫由吾前者之說。（參觀籌還國債問題篇）則直接籌還國債之難行而有害也。若彼由吾今者之說。是間接籌還也。而其可行且有利若此我愛國之國民盍一孰審而決所擇乎若猶有致疑於吾說者請致詰問吾必竭誠以相答復若以吾說爲有一節可取也則吾甚望提倡籌還國債會之諸君子遵此方針以行勿徒迷於決不可致之途以誤大計也

嗚呼國民之求常識眞不可以已不爾則以愛國之盛心而造出病國之惡果者往往有焉矣我國民前此之演此種惡劇已不知幾次今猶可以不知警耶夫以極普通之事理爲各國尋常學子所一見而識其利害者而我國民往往趨害若鶩焉吾誠深痛之

償還國債意見書

凡償還公債不外兩法曰自由償還法曰償債基金法自由償還法最稱圓妙今世各國什九行之此法雖善然我國現情末由辦到（說詳下）償債基金法盛行於十八世紀末十九世紀初今漸廢不用矣然日本當日俄戰役募集鉅債猶采此法以立償還計畫蓋當財政信用薄弱時代非此不足以孚中外之望而運畫得宜則其福國利民者又至無量也今請先敍此法之性質沿革次述我國之辦法末更附答難以釋羣疑焉

償債基金者譯英語之Sinking Fund當十八世紀中葉英國國債日增整理滋難於是有博士布黎士Bryce者著一書題曰「論國債問題敬告國民」Appeal to the public on the Subject of the National Debt其大指謂當設一特別會計由政府撥款若干以爲基本金即將此金向市場以時價購入公債儲之而歲收其息（注意）以息之所入再買公債如斯歷若干年利用生計學上所謂複息法息上加息（注意）則以最初至微之基本金

積累而利殖之。可以銷吸莫大之公債而無所苦。斯卽所謂償債基金法也。一七八六年。英國名相畢特。遂采布氏之說。將歲計餘款九十萬磅。益以新增稅源十萬磅。合爲百萬磅。充基本金。設一償債基金委員會。委使辦理。每年以四回向市場照公債額面價格以下之時價購入公債。所購公債應領之息。仍由度支部移撥該委員會。使陸續再購。至一八二九年。前後共償却公債二萬三千萬磅。此英國行此法之沿革也。英既倡之。諸國效之。法國則一八一六年頒定法律。每年撥二千萬佛郎爲基本金。次第銷卻各債。直至一八七一年。乃廢此制。奧國則以一八一七年采行。一八五九年廢止。德國各邦中。亦多有行之者。至德帝國成立後。皆廢止。日本則前此整理不換紙幣時。嘗一行之。未幾廢止。及日俄戰役起。募新債十八萬萬餘元。乃以明治三十九年頒定法律。以歲計餘款一萬一千萬元充基本金。估算閱三十年。可將此項新債掃數償還。此各國行此法之沿革也。

今我利用外債政策。擬仿用此制。定爲四十二年償還計畫。辦法如下。

假定借外債六萬萬元。撥一千萬元充償還基金。設基金局管之。

由國庫撥一萬萬圓津貼營運。分二十年撥足。第一第二年各撥二百萬。第三第四年各撥四百萬。第五第六年各撥六百萬。第七第八年各撥八百萬。第九第十年各撥一千萬。第十一至十五年各撥五百萬。第十六年第二十年各撥三百萬。都爲一萬萬。第二十一年以後。停止不撥。

其營運利殖之法。則購內債與購外債並行。第一年至第五年。以資金全購內債。第六年至第十年。購內外債各半。第十一年至第十五年。以三分之一購內債。三分之二購外債。第十六年至第二十年。以四分之一購內債。四分之三購外債。第二十年至第四十二年。全購外債。凡基金局所持內外債劵。照例向國庫領息。每年所領息及所受國庫津貼額。皆作爲本局營運資金。照前條所規定向內外市場額購各債劵。計至第五年止。能購回外債五百萬元內債二千餘萬元。至第二十年止。能購回外債一萬二千餘萬元內債八千三百四十餘萬元。第二十一年以後。停止內債不購。至第四十二年止共能購回外債五萬萬六千四百零二萬七千四百七十一元有奇。而本局尚餘資金三千三百零四萬一千九百零三元有奇。更益以一千二百九十三萬零六百二十五元。則全債掃數清還矣。其每年數目具如別表所列。

是故從國庫支出一方面觀之。則最初所撥之一千萬元。不過在外債全額中劃出耳。毋須別籌也。其實際支自國庫者。不過二十年間攤撥津貼之一萬萬元。與夫第四十二年找完數尾之一千二百餘萬元耳。而全債遂已淸償。是不啻以一萬一千二百餘萬元而銷六萬萬元之債務也。不甯惟是。基金局尚收存有內債劵八千三百餘萬元。夫此八千三百餘萬元之內債。皆國庫前此借之於人民。而曾收得其實款者也。今旣收回於基金局中。以後便不須償還。則此八千三百餘萬元。仍不得謂由國庫支出也。再將此數除去。則直接由國庫支出者。乃不過二千八百餘萬元。是不啻以二千八百萬元而銷六萬萬元之債務也。驟聞者慮無不疑爲誕。雖然。諺不云乎。說謊怕算帳。今全表具在。每年數目可實按也。

然則國庫果眞以爾少數之支出。而得償此莫大之債乎。是固非然。基金局每年所資以利殖者。皆恃債劵所得之息。而其息則由國庫支出者也。雖然。旣已借六萬萬之外債。息率五釐。則國庫每年支出之息。例須三千萬。雖無此基金局。而此支數亦安可減者。不過依前時辦法。則此項息全歸外人。所得外人還持以殖利。而我之償債終無期。今依此辦法。則息之一部分還歸於我。我營運而利殖之。而債累遂得漸脫耳。

問曰。必由國庫津貼一萬萬何也。答曰。債累太大。非有大資金不能迅速收回也。然則自第一年即多撥資金數倍交本局營運何如。曰。斯固可也。試於第一年即撥五千萬為基本金。則以後國庫毋須津貼一文。迨屆第四十年時。亦可與此表所列略得同一之效果矣。本案所以不肯如此辦法者。國家苟非有利用外資之必要。則何必借外債。既已借之矣。則必利用時間稍長。然後生產效用乃得見。若借六萬萬而先撥五千萬元此項基金。不惟第一年即少五千萬之利用而已。而最初數年間買回之債券亦嫌其太多也。

問曰。國庫津貼之一萬萬。將安所出。答曰。苟非能為國家求得新稅源。則何貴乎財政計畫者。以吾黨所見。則將來可以新闢之稅源。不知凡幾。今不必具述。他日當撥專案言租稅制度即據前次所布財政計畫意見書。則兌換鈔幣之發行稅。歲應得千萬內外。此實由善用公債政策直接發生之新稅源也。年撥若干以辦此。最宜矣。

問曰。此一萬萬之津貼款。曷為必分二十年攤撥。且每年所撥額數不同耶。答曰。其故有二。一初時國庫甚竭蹶。不能多撥。即鈔票發行稅一項當初辦時亦難盈一千萬之數以後遞年加增耳數年以後。餘裕自多也。二最初數年。不應遽收回多數債券。故資金無取乎太多。太多反窮於營運也。

問曰。此計畫本為償還外債而立。而表中曷為忽涉內債。夫我國現在市場。固無所謂內債券者存也。基金局從何處購之。且據表中所定。前五年專購內債不購外債。第二十一年後專購外債不購內債。中間之十五年購內債之率遞減。用意又何在耶。答曰。本黨財政計畫之大節目。首在變外債為內債。前此所布意見書已暢言之。若能照彼辦法。則數萬萬元之內債必能成立。既無疑義。則彼時市場中必有內債券之可購。又何待言。購內債者非以銷卻內債爲目的也。償債基金之妙用。全在收得債券。應用複利原則。以滋殖基金。而外債方始借得。旋卽廣收。殊乖利用外資之本意。旣如前述。旣暫不收外債。則非收內債。何從增資金以供營運者。且內債發行伊始。民未習其便利。流通未易遽宏。有基金局以買收之。亦維持其價格之一作用也。至第六年以後。則可以向於本計畫之眞目的以進行。著手於銷外債矣。然仍參收內債。遞減其率。則皆從國民生計方面。全盤籌畫。務使收利用外資之實效耳。蓋本計畫之精神。始終一貫也。

問曰。六萬萬之債。非惟本不易償也。卽派息已所費不貲。今基金局恃以營運殖利者。在每年領得之息耳。國庫從何處得款派此鉅息。不可不預計也。答曰。所爲利用外資者。全欲藉以發達國民生計。國民生計旣發達。則國家自不患無新稅源耳。旣主借債論。自必以此爲前題。若此前題破。則豈惟六萬萬不可借。卽六百萬六十萬乃至六萬亦不可借也。旣借而能善用之。則區區之歲息。應非所慮矣。況依吾黨所計畫。則借得此款。應以六分之五爲固定資本。存而不動。其流動支銷者。僅六分之一耳。是故以二萬萬存諸歐美銀行。以調節國際匯兌。以三萬萬存入本國中央銀行。充鈔幣之兌現準備。（詳第一次意見書說）夫旣存放銀行。則必有息。歐美銀行之二萬萬。息率約三釐。歲可得六百萬。本國銀行之三萬萬。息率約五釐。歲可得千五百萬。都爲二千一百萬。而外債六萬萬之息。歲三千萬。國庫實籌支九百萬而已足。則卽鈔幣發行稅一項。已敷支應矣。今外人慮吾所借之債本息無着也。乃設口實以要求監督財政。若遵本黨所計畫。則償本之確有把握也旣若彼。而派息之斷無愆誤也又若此。彼雖欲干涉。亦何說之辭。

夫今之言借債者。動則曰投諸生產事業。問其何者爲生產事業。茫乎不得要領也。若遵本黨所計畫。則四十二年間國家除派息外不費一錢而能掃還六萬萬之外債而此六萬萬之老本尚有五萬萬存貯銀行而未動也且所派之息又大半仍落於本國人手也則生產效力之大豈有過此者哉（聞者必疑五萬萬存放不動則國家借此何爲且國家非貧困則不借債既貧困矣借而不動用則救貧何賴者此誠正當之疑問也但此理頗複雜本篇不能具陳前次所發布財政計畫意見書已略言之倘有未盡當更爲公債用途計畫意見書詳發揮之）夫前此之外債則既派息之後仍須還本者也依吾黨所計畫則卽以派息爲還本之手段而無須別籌款以還本者也夫曷爲無須別籌款以還本卽以其本所生之息還之而已此之謂生產此之謂利用外資

問曰償債基金局之組織當如何答曰宜仿英制設委員會置委員七人或九人以合議執行職務而更聘外國財政名家一人爲顧問所以用合議制者防專斷舞弊且使事務得繼續性也是故雖政府交迭而此委員會不許隨之而動搖所以聘外人爲顧問者厥有二故其一在外國市場購買外債非得熟諳世界金融之人以相贊助恐有失誤也其二外人正疑我財政紊亂懼彼債權或有危險得彼中一聞人廁身本局則無所容其謠諑也今者監督財政之議正喧欲得外債而免險艱惟此策爲最良矣夫基金局出入款項雖不少然所辦者不過按部就班之事傭聘外人參加其間其不至有流弊甚明也

問曰行此法亦有不能殖利之時乎曰有之倘債券價格太昂則國庫或反因而損耗矣故各國通例皆規定只許購額面價格以下之債券凡以防此也我亦宜效之曰萬一此項債券價格竟騰至額面以上則奈何曰我之外債非僅此一項也苟此項債騰則以所挾資金購回前此別項外債亦未始不可夫我國外債總額倘此次成議則新舊合計二十餘萬萬矣我每年向市場購回者其數並非鉅最多之年亦不過三千萬耳此未遽足爲債價暴騰之原因也

問曰。如子所言則償債計畫似莫良於此矣。而現代各國乃皆廢而不用。則又何說。答曰。此法固良。然以之與自由償還法比較。則彼法實更爲優勝。蓋用償債基金法則國庫雖有餘款。亦不許直接多償。而必假手於基金局之購買。其弊一。國庫雖值至竭蹶之時。而撥交基金局之款。不容缺少。萬不得已。則惟增稅或別募新債以充之。其弊二。基金局存積款項太鉅。政府或强攫奪之。以作別用。則此制度遂翻根柢而破壞。其弊三。前兩弊則自由償還可以免之。彼優於此。自無待言。雖然。凡行自由償還制者。必其國財政信用久孚於內外者也。我國今日能望此乎。我國所有外債。無不爲定期定額償還者。更何自由之可言。夫是以亦無所容其比較何也。以彼制雖極善。然已非我之所能學也。其後一弊。則各國前此往往蹈此覆轍。而在我國尤爲易犯。誠不可以不慮。此則視國民監督之實力何如耳。而傭聘外人爲顧問。則亦預防斯弊之一作用也。

（1）

外債			
Year	所收存之外債	利息(息率5%)	本息總額
1	$ 5,000,000....	$ 250,000....	$ 5,250,000....
2	5,000,000....	250,000....	5,250,000....
3	5,000,000....	250,000....	5,250,000....
4	5,000,000....	250,000....	5,250,000....
5	5,000,000....	250,000....	5,250,000....
6	8,852,434.813	442,621.75	9,295,056.563
7	12,936,015.719	646,800.746	13,582,816.505
8	18,264,611.475	913,230.574	19,177,842.049
9	23,912,922.975	1,195,646.149	25,108,569.124
10	30,900,133.175	1,545,006.659	32,445,139.834
11	40,775,390.235	2,538,769.512	42,814,159.747
12	47,876,911.873	2,393,840.594	50,270,752.467
13	55,380,849.737	2,769,042.487	58,149.892.224
14	63,310,040.747	3,165,502.037	66,475,542.784
15	71,688,525.907	3,584,426.295	75,273,052.202
16	81,648,450.127	4,082,422.506	85,730,872.633
17	90,656,170.192	4,532,848.51	95,188,978.702
18	100,159,344.862	5,007,967.243	105,167,312.105
19	110,185,164.145	5,509,258.207	115,694,422.352
20	120,762,403.489	6,038,120.174	126,800,523.663
21	135,641,053.5	6,782,052.675	142,423,106.175
22	148,263,636.012	7,413,181.8	155,676,817.812
23	151,516,347.649	7,575,817.382	159,092,165.031
24	164,932,694.868	8,246,634.743	173,179,329.611
25	179,019,859.448	8,950,992.972	187,970,852.42
26	193,811,382.257	9,690,569.113	203,501,951.37
27	209,342,481.207	10,467,124.06	219,809,605.267
28	225,650,135.104	11,282,506.755	236,932,641.859
29	242,773,171.696	12,138,658.585	254,911,830.281
30	260,752,360.118	13,037,618.006	273,789,978.124
31	279,630,507.961	13,981,525.398	293,612,033.359
32	299,452,663.196	14,972,633.16	314,425,396.356
33	329,265,826.193	16,463,291.31	345,729,117.503
34	351,469,647.34	17,573,482.367	369,043,129.707
35	374,883,659.544	18,744,182.977	393,627,842.521
36	399,468,372.358	19,973,318.618	419,461,690.976
37	425,282,220.813	21,264,111.04	446,546,331.853
38	452,386,861.69	22,619,343.085	475,006,204.775
39	480,846,734.602	24,042,336.73	504,889,071.332
40	500,729,601.169	25,036,480.058	525,766,081.227
41	531,606,611.054	26,580,330.553	558,186,941.607
42	564,027,471.444	28,201,373.572	592,228,845.016

(2)

內		債	
Year	所收存之內債	利息(息率 7 %)	本 息 總 額
1	$ 5,000,000....	$ 350,000....	$ 5,350,000....
2	7,600,000....	532,000....	8,132,000....
3	10,382,000....	726,740....	11,108,740....
4	15,358,740....	1,075,111.8	16,433,851.8
5	20,783,851.8	1,454,869.626	22,238,721.426
6	24,636,286.613	1,724,540.063	26,360,826.676
7	28,719,867.519	2,010,390.726	30,730,258.245
8	34,048,463.275	2,383,392.43	36,431,855.705
9	39,696,774.775	2,778,774.234	42,475,548.909
10	46,683,984.975	3,267,878.948	49,951,863.923
11	51,621,613.505	3,613,512.943	55,235,126.45
12	55,172,374.324	3,862,066.202	59,034,440.526
13	58,924,343.256	4,124,744.028	63,049,087.284
14	62,888,938.761	4,402,225.733	67,291,164.474
15	67,078,181.341	4,695,472.694	71,773,654.035
16	70,398,156.081	4,927,870.926	75,326,027.007
17	73,400,729.436	5,138,051.06	78,538,780.496
18	76,569,454.326	5,359,791.803	81,928,246.129
19	79,910,394.087	5,593,727.526	85,504,121.673
20	83,436,140.535	5,840,529.837	89,276,670.372

（ 1 ）

外		債	
Year	所收存之外債	利息(息率 5 %)	本 息 總 額
1	$ 5,000,000....	$ 250,000....	$ 5,250,000....
2	5,000,000....	250,000....	5,250,000....
3	5,000,000....	250,000....	5,250,000....
4	5,000,000....	250,000. ..	5,250,000....
5	5,000,000....	250,000....	5,250,000....
6	8,852,434.813	442,621.75	9,295,056.563
7	12,936,015.719	646,800.746	13,582,816.505
8	18,264,611.475	913,230.574	19,177,842.049
9	23,912,922.975	1,195,646.149	25,108,569.124
10	30,900,133.175	1,545,006 659	32,445,139.834
11	40,776,390.235	2,538,769.512	42,814,159.747
12	47,876,911.873	2,393,840.594	50,270,752.467
13	55,380,849.737	2,769,042.487	58,149,892.224
14	63,310,040.747	3,165,502.037	66,475,542.784
15	71,688,525.907	3,584,426.295	75,273,052.202
16	81,648,450.127	4,082,422.506	85,730,872.633
17	90,656,170.192	4,532,848.51	95,188,978.702
18	100,159,344.862	5,007,967.243	105,167,312.105
19	110,185,164.145	5,509,258.207	115,694,422.352
20	120,762,403.489	6,038,120.174	126,800,523.663
21	135,641,053.5	6,782,052.675	142,423,106·175
22	148,263,636.012	7,413,181.8	155,676,817·812
23	151,516,347.649	7,575,817.382	159,092,165.031
24	164,932,694.868	8,246,634·743	173,179,329.611
25	179,019,859.448	8,950,992.972	187,970,852.42
26	193,811,382.257	9,690,569.113	203,501,951.37
27	209,342,481.207	10,467,124.06	219,809,605.267
28	225,650,135.104	11,282,506.755	236,932,641.859
29	242,773,171.696	12,138,658.585	254,911,830.281
30	260,752,360.118	13,037,618.006	273,789,978.124
31	279,630,507.961	13,981,525.398	293,612,033.359
32	299,452,663.196	14,972,633.16	314,425,396.356
33	329,265,826.193	16,463,291.31	345,729,117.503
34	351,469,647.34	17,573,482.367	369,043,129.707
35	374,883,659.544	18,744,182.977	393,627,842.521
36	399,468,372.358	19,973,318.618	419,461,690.976
37	425,282,220.813	21,264,111.04	446,546,331.853
38	452,386,861.69	22,619,343.085	475,006,214.775
39	480,846,734.602	24,042,336.73	504,889,071.332
40	500,729,601.169	25,036,480.058	525,766,081.227
41	531,606,611.054	26,580,330.553	558,186,941.607
42	564,027,471.444	28,201,373.572	592,228,845 016

（ 2 ）

內債			
Year	所收存之內債	利息（息率7%）	本息總額
1	$ 5,000,000....	$ 350,000....	$ 5,350,000...
2	7,600,000....	532,000....	8,132,000....
3	10,382 000....	726,740....	11,108,740....
4	15,358,740....	1,075,111.8	16,433,851.8
5	20,783,851.8	1,454,869.626	22,238,721.426
6	24,636,286.613	1,724,540.063	26,360,826.676
7	28,719,867.519	2,010,390.726	30,730,258.245
8	34,048,463.275	2,383,392.43	36,431,855.705
9	39,696,774.775	2,778,774.234	42,475,548.909
10	46,683,984.975	3,267,878.948	49,951,863.923
11	51,621,613.505	3,613,512.943	55,235,126.45
12	55,172,374.324	3,862,066.202	59,034,440.526
13	58,924,343.256	4,124,744.028	63,049,087.284
14	62,888,938.761	4,402,225.713	67,291,164.474
15	67,078,181.341	4,695,472.694	71,773,654.035
16	70,398,156.081	4,927,870.926	75,326,027.007
17	73,400,729.436	5,138,051.06	78,538,780.496
18	76,569,454.326	5,359,791.803	81,928,246.129
19	79,910,394.087	5,593,727.586	85,504,121.673
20	83,436,140.535	5,840,529.837	89,276,670.372

(3)

Year	國庫津貼額	內外債本息及津貼總額	債券以外之資金	
1	$ 2,000,000	$ 12,600,000. ..	$ 2,600,000....	
2	2,000,000	15,382,000....	2,782,000....	
3	4,000,000	20,358,740....	4,976,740....	以全數購內債
4	4,000,000	25,783,851.8	5,325,111.8	
5	6,000,000	33,488,721.426	7,704,869.626	
6	6,000,000	41,655,883.24	8,167,161.813	
7	8,000,000	52,313,074.75	10,657,191.512	以1/2購外債
8	8,000,000	63,609,697.754	11,296,623.004	
9	10,000,000	77,584,118.033	13,974,420.383	
10	10,000,000	92,397,003.757	14,812,885.607	
11	5,000,000	103,049,286.197	10,652,282.457	
12	5,000,000	114,305,192.993	11,255,906.796	以2/3購外債
13	5,000,000	126,198,979.508	11,893,786.515	
14	5,000,000	138,766,707.258	12,567,727.75	
15	5,000,000	152,046,706.237	13,279,898.99	
16	3,000,000	164,056,899.640	12,010,293.432	
17	3,000,000	176,727,759.198	12,670,899.57	以3/4購外債
18	3,000,000	190,095,558.234	13,367,759.046	
19	3,000,000	201,398,544.025	14,102,985.793	
20	3,000,000	219,077,194.035	14,878,650.011	
21		231,699,776.547	12,622,582.512	
22		244,953,488.184	13,253,711.637	
23		248,368,935.403	13,416,347.219	
24		262,455,999.983	14,087,164.58	
25		277,247,522.792	14,791,522.809	
26		292,778,621.742	15,531,098.95	
27		309,086,275.639	16,307,653.897	
28		326,209,312.231	17,123,036.592	
29		344,188,500.653	17,979,188.422	
30		363,066,648.496	18,878,147.843	
31		372,888,703.731	19,822,155.235	以全數購外債
32		403,702,066.728	20,813,162.997	
33		435,005,787.875	22,203,821.147	
34		468,319,800.079	23,414,012.204	
35		482,904,512.893	24,584,712.814	
36		508,738,361.348	25,813,848.455	
37		535,823,002.225	27,104,640.877	
38		564,282,875.147	28,459,872.912	
39		594,165,741.704	29,882,866.567	
40		615,042,751.599	30,877,009.885	
41		647,463,611.979	32,420,860.39	
42		681,405,515.388	33,041,903.309	

(3)

Year	國庫津貼額	內外債本息及津貼總額	債券以外之資金	
1	$ 2,000,000	$ 12,600,000....	$ 2,600,000....	
2	2,000,000	15,382,000...	2,782,000....	以全數購內債
3	4,000,000	20,358,740....	4,976,740....	
4	4,000,000	25,783,851.8	5,325,111.8	
5	6,000,000	33,488,721.426	7,704,869.626	
6	6,000,000	41,655,883.24	8, 67,161.813	
7	8,000,000	52,313,074.75	10,657,191.5[illegible]2	以1/2購外債
8	8,000,000	63,609,697.754	11,296,623.004	
9	10,000,000	77,584,118.033	13,974,420.383	
10	10,000,000	92,397,003.757	14,812,885.607	
11	5,000,000	103,049,286.[illegible]97	10,652,282.457	
12	5,000,000	114,305,192.993	11,255,906.796	以2/3購外債
13	5,000,000	126,198,979.508	11,893,786.515	
14	5,000,000	138,766,707.258	12,567,727.75	
15	5,000,000	152,046,706.237	13,279,898.99	
16	3,000,000	164,056,899.640	12,010,293.432	
17	3,000,000	176,727,759.198	12,670,899.57	以3/4購外債
18	3,000,000	190,095,558.234	13,367,759.046	
19	3,000,000	201,398,544.025	14,102,985.793	
20	3,000,000	219,077,194.035	14,878,650.011	
21		231,699,776.547	12,622,582.512	
22		244,953,488.184	13,253,711.637	
23		248,368,935.403	13,416,347.219	
24		262,455,999.983	14,087,164.58	
25		277,247,522.792	14,791,522.809	
26		292,778,621.742	15,531,098.95	
27		309,086,275.639	16,307,653.897	
28		326,209,312.231	17,123,036.592	
29		344,188,500.653	17,979,188.422	
30		363,066,648.496	18,878,147.843	
31		372,888,703.731	19,822,155.235	以全數購外債
32		403,702,066.728	20,813,162.997	
33		435,005,787.875	22,203,821.147	
34		468,319,800.079	23,414,012.204	
35		482,904,512.893	24,584,712.814	
36		508,738,361.348	25,813,848.455	
37		535,823,002.225	27,104,640.877	
38		564,282,875.147	28,459,872.912	
39		594,165,741.704	29,882,866.567	
40		615,042,751.599	30,877,009.885	
41		647,463,611.979	32,420,860.39	
42		681,405,515.388	33,041,903.309	

附表例說明

第一年由借款項下撥出一千萬元爲本局基本金。以一半購外債。一半購內債。用以生息。故本年本局所收存內外債。各値五百萬元。外債息率五釐。五百萬元應得息二十五萬元。內債息率七釐。五百萬元應得息三十五萬元。共爲六十萬元。益以國庫津貼二百萬元。故本年基金合計一千二百六十萬元也。內除一千萬係債券。其性質已爲固定的。此外流動資金可充營運者。實餘二百六十萬元。

第二年卽以此項營運資金盡購內債。故本局收存內債總額。合以第一年所原有者。共爲七百六十萬元。息率七釐。應領息五十三萬二千元。再加以原存外債五百萬元之息二十五萬元。共七十八萬二千元。復益以國庫津貼二百萬元。故本年營運資金。得二百七十八萬二千元。而其基金總額則加上五百萬元之外債券。七百六十萬之內債券。故共爲一千五百三十八萬二千元也。

第三年又將第二年之營運資金二百七十八萬二千元全購內債。而國庫津貼比前年增一百萬。共爲三百萬。故本年所得內外債息及津貼合計。共得營運資金四百九十七萬六千七百四十元也。如是每年利息加增。津貼額亦遞增。直至第五年。實得營運資金七百七十萬四千八百六十九元有奇。

第六年則將第五年之營運資金。以半數購內債。以半數購外債。故所收存外債得八百八十五萬二千四百三十四元有奇。其息爲四十四萬二千六百二十一元有奇。所收存內債二千四百六十三萬六千二百八十六元有奇。其息爲一百七十二萬四千五百四十元有奇。益以國庫津貼六百萬元。故本年營運資金得八百一十六萬七千一百六十一元有奇。移入次年營運。直至第十年同一辦法。故第十年收存外債券得三千零六十萬元有奇。內債券得四千六百六十八萬三千元有奇。彼時國庫所撥津貼額。亦達於最高點。故第十年之營運資金可得一千四百八十一萬二千八百八十五元有奇也。

第十一年以後債券生息漸多。國庫津貼可以遞減。於是多集力於銷外債。故以資金三分之二購焉。其購內債者三分之一而已。自本年起至第十五年皆同一辦法。故第十五年所收存外債得七千一百六十八萬八千五百二十五元有奇。內債六千七百零七萬八千一百八十一元有奇。而其營運資金得一千三百二十七萬九千八百九十八元有奇。

第十六年以後津貼額益減。而銷外債之實力益充。故僅留資金四分之一購內債。其四分之三以購外債。至第二十年所收存外債得一萬二千零七十六萬二千四百元有奇。內債得八千三百四十三萬六千一百四十元有奇。而營運資金略與第十年相等。得一千四百八十七萬八千六百五十元有奇。

第二十一年以後。不待國庫津貼。而營運資金已敷用。故亦停止內債不購。惟注全力以銷外債。故本年所收存外債得一萬三千五百六十四萬一千元有奇。內債則如其舊。而各項基金合計已得二萬三千一百六十九萬九千元有奇。營運資金亦得一千二百六十二萬二千元有奇。以後直至第四十二年皆同一辦法。是年共收存外債五萬六千四百零二萬七千四百七十一元有奇。而是年應領之息尚三千三百零四萬一千九百元有奇。即將此息或再購或直償。更益以一千二百九十三萬零六百二十五元。餘即六萬萬之外債。掃數清還矣。屆時則將局中所收存之債券付之一炬。而局亦同時廢撤。則六萬萬之債務。脫然無累。計自第一年至第二十年共由國庫撥出一萬萬元第四十二年復由國庫找足一千二百九十三萬餘元共費國庫一萬一千二百九十三萬餘元內復除銷卻內債八千三百四十三萬六千一百四十餘元此項實應作爲國庫收入故前後四十二年間通算國庫實祇費去二千八百四十九萬三千四百八十五元餘而還卻六萬萬元之外債也

論直隸湖北安徽之地方公債

自前直督袁世凱奏辦直隸公債後前鄂督陳夔龍因其成法辦湖北公債皖撫朱家寶又因之辦安徽公債今直督陳夔龍又將辦第二次之直隸公債矣此近年來諸顯宦唯一之財政政策也是以國風報載筆者比而論之

一　內債過去之歷史

吾國之內債實至今未能成立也而爲掩耳盜鈴之策謬託於成立以自欺而欺人者則自袁世凱之直隸公債始初光緒二十年八月中日戰役方酣司農仰屋無計戶部乃請息借商款一千萬兩月息七釐償還期限八年當時舉國人不知公債爲何物其無應者固不待問卒用強迫手段勒令鹽商報效三百萬兩北京四大恆（北京四大錢鋪其鋪名皆冠以恆字）合共報效二百萬兩再益以官吏廉俸各報效三成猶不足額明年復募之於各省於是廣東以闈姓及其他賭餉等名義得五百萬兩江蘇一百八十四萬兩山西一百三十萬兩直隸一百萬兩其他各省十萬兩二三十萬兩不等合計其數亦逾千萬兩然無一不出於强迫光緒二十三年右中允黃思永再奏請借內債

於是昭信股票出定總額爲一萬萬兩。据置十年。年息五釐。恭忠親王首認二萬兩。特旨獎厲以爲天下勸。而民卒無應者。內外官吏用盡手段以行勒索。經年餘而僅得四百萬。最多者江蘇百二十萬。次安徽五十萬。河南奉天各三十萬。山東二十五萬。湖北十萬。其餘不能悉記。除勒令官吏及富商報捐外。人民絕無應者。此事殆消滅於無形之中。其後用之以移獎官階。然後民趨之若鶩。然於公債之性質。則背馳已遠矣。及光緒三十年。袁世凱創募直隸公債四百萬兩。其奏摺中極陳前此公債辦理之失宜。謂以利國便民之政。轉爲誤國病民之階。今當由公家嚴守信義。使民間利便通行。方足挽澆風而示大信於天下。且有挽回民心恢張國力皆在此舉之語。蓋毅然以矯積弊開風氣自任。其意氣有足壯者。此實後此各省地方債之模範也。今先述其條件。次乃評其得失。

二　直隸公債辦法及成績

直隸公債辦法大略如下。

一債額　直隸公債四百八十萬兩

自光緒三十一年二月初一日起至八月初一日止每隔月收銀一次凡四次每次收百二十萬兩

一利息　第一年七釐以後每年遞增一釐最後之年增至一分二釐

一償還　自光緒三十一年起每年帶還本利六年還訖利息則自第一年之三十三萬六千兩至第六年九萬六千兩合計爲百四十五萬六千兩

一償還財源　償還財源以下列各定款作保

一直隸藩庫提存官吏中飽每年三十萬兩　一直隸銀元局餘利每年四十萬兩　一長蘆運司庫提存新增鹽利每年三十五萬兩　一永平府以下七處鹽利銀每年十五萬兩　以上合計一百二十萬兩專儲備償此項公債本息無論如何要政不許挪用

一其他條件摘要

一債票分為兩種大票每張百兩小票每張十兩　一凡本省之田賦　關稅　釐金　鹽課　捐款皆得以滿期之債票交納　一債票任展轉買賣　一債票持換現銀不許加減尅扣　一許持債票至官錢局抵押現銀　一持債票五萬兩以上者准其每年十二月初一日赴官錢總局調查存付之作保款項或約各票主湊成五萬兩公舉一人亦可　一經手官吏如查有留難侵蝕等弊分別參革監禁仍將侵蝕之款加二倍照罰

此種條件之是非得失當於下方別論之惟袁氏之初辦此債也其意氣蓋不可一世以為以彼之威望此區區者必可一呼而集也乃結果反於其所期奏准之後袁氏親邀集天津豪富勸其擔任而應者僅得十餘萬卒乃復用強逼之法硬分配於各州縣令大縣認二萬四千兩中縣一萬八千兩小縣一萬二千兩官吏借此名目開婪索之一新徑時甫經團匪之後瘡痍未復怨聲載道至第二次收銀期屆應募者猶不及一百萬兩袁氏坐是為言官所劾計無復之卒乃向日本正金銀行借三百萬兩以塞責猶有不足則強上海招商局及電報總局承受之此直隸公債辦理之實情也袁氏於正金之三百萬諱莫如深其颺言於中央政府則曰此四百八十萬兩皆由直隸人民及各省行商所應募而不知其曖昧情形固歷歷在他國之方策也（直隸公債由正金銀行承受三百萬兩之事實詳見日本

東亞同文會所輯支那經濟全書第一冊第八百九十葉至第八百九十三葉而後此郵傳部辦京漢贖路公債。農工商部辦勸業富籤公債。以及湖北安徽等省辦地方公債。其奏摺皆極誦美此次直隸公債。謂爲成效卓著。可謂夢囈。不知其爲於此等實情未有所聞耶。抑明知之而姑爲此以相塗飾耶。

三　湖北安徽公債辦法及成績

至宣統元年九月。鄂督陳夔龍以湖北歷年籌辦新政。息借華洋商款。已三百萬。償期已屆。而費無所出。善後局常年經費。收支復不相償。則奏准借公債二百四十萬兩。宣統二年正月。皖撫朱家寶以安徽年來因擔認海陸軍費及崇陵工程費以至籌備各種憲政。歲出入不敷者百餘萬。乃奏准借公債一百二十萬兩。此湖北安徽兩種公債之所由來也。此兩省公債。其條件悉依直隸公債。如陋儒之墨守其師說。故不必別舉。惟舉其債額及償還年限償還財源如下。

湖北公債

一債額　二百四十萬兩

自宣統元年十一月初一日起至二年四月初一日止每月收銀一次凡六次每次收四十萬兩

一償還期及利息

宣統二年　第一年　償還本銀　四十萬兩　利息七釐　十六萬八千兩

宣統三年　第二年　同　同　利息八釐　十六萬兩
宣統四年　第三年　同　同　利息九釐　十四萬四千兩
宣統五年　第四年　同　同　利息一分　十二萬兩
宣統六年　第五年　同　同　利息一分一釐　八萬八千兩
宣統七年　第六年　同　同　利息一分二釐　四萬八千兩
合計　二百四十萬兩　七十二萬八千兩

一償還財源
一湖北藩庫雜款每年六萬兩　一湖北鹽庫練兵新餉每年十萬兩　一江漢關稅每年六萬兩　一新增稅契項每年八萬兩　一官錢局盈餘項下每年二十萬兩　一籤捐局盈餘項下每年三萬兩　以上共計每年五十三萬兩

安徽公債
一債額　一百二十萬兩
自宣統二年三月初一日至八月初一日每月收銀一次凡六次每次收二十萬兩
一償還期及利息
宣統三年　第一期　償還本銀　二十萬兩　利息七釐　八萬四千兩
宣統四年　第二期　同　同　利息八釐　八萬兩

宣統五年	第三期	同	同	利息九釐	七萬二千兩
宣統六年	第四期	同	同	利息一分	六萬兩
宣統七年	第五期	同	同	利息一分一釐	四萬四千兩
宣統八年	第六期	同	同	利息一分二釐	二萬四千兩
合計			百二十萬兩		三十六萬四千兩

一償還財源

一每年由藩庫撥十四萬兩　一每年由牙釐局出口米釐下撥十五萬兩　共二十九萬兩

蓋湖北安徽公債辦理章程。實不過將直隸章程照樣謄寫一通。所異者惟直隸之四百八十萬兩。湖北減其半。安徽又減湖北之半而已。至其成績如何。則湖北今方募集滿期。安徽今始交第二期。詳細情形。未及周知。要之。其結果必更在直隸之下。可斷言也。

四　公債條件評

此種公債條件。實爲全世界各國所未前聞。吾無以名之。名之曰袁世凱式之公債而已。試舉其反於公債原則之諸點如下。

第一　此種爲定期定額償還公債。（公債償還法之種類有三。此其一也。詳見論籌還國債會文中）而無据置年限。此一奇也。据置年限者何。定募債後若干年乃行償還是也。其在永息公債。政府可隨時任意償還。故不立此限。未嘗不可。若在有期公債及定期定額公債。則未有不設据置年限者。其据置多則十五年。乃至二十年。少則五六年。此各國通例也。蓋凡國家之借債。必其有臨時特別之需費。不便加稅。不得已而出於此策也。其所借之債。若用諸生利事業。如鐵路及其他大工程則以將來此事業所生之利爲償還資。而生利不能驟也。恆遲諸數年或十數年以後。故据置年限不可以已。若用諸不生利事業。如戰費及擴充軍備費則將來以增收之租稅爲償還資。租稅增收有二法。一曰以新添稅目或新加稅率而增收者。如向來無印花稅而今新辦之則爲添稅目如鹽斤加價則爲加稅率二者皆名曰加稅二曰自然增收者。如關稅釐金等不必加抽但以商務發達貨物來往頻繁卽收項有盈餘謂之自然增收夫自然增收。必當俟產業發達之後。不能驟也。而現時所以不加稅而出於募債者。則必其民負擔已重。加稅則妨害產業之發達。必俟民力稍蘇乃能議及也。故据置年限亦不可以已。今此袁世凱式之公債。上半年方行募集。下半年已事償還他國据置年限將滿之時。在彼已爲償還淸訖之日。然則借債之目的果何在。豈非天下本無事庸人自擾之耶。

第二　內債而指定財源以爲擔保。此又一奇也。現在歐美國債。無所謂內外之分。絕無有提供擔保者。日本當日俄戰役時所借之外債。以海關稅作擔保。日人引爲深恥。然其他之外債仍無有也。內債則更無有也。今袁世凱式之公債例須列出擔保款項。雖有不得已之苦衷。然在世界中固已寡二少雙也。此更於次段別論之。

第三　公債票可以爲完納租稅之用。此又一大奇也。公債票之性質。與股份公司之股票同。而與貨幣絕異。凡完納租稅。必以國家所定之法幣。此天下之通義也。各國雖有以公債息票代納租稅之例。而不聞有以公債代納租稅之例。今袁世凱式之公債乃竟以之代貨幣之用。其政策之是非得失姑勿具論。要之爲萬國所無也。

第四　公債之息率每年遞增此則奇中之最奇者也各國凡同一種類之公債其息率皆始終如一如是然後債票便於市場買賣而流通始無窒礙此向來之公例也最近則英意兩國借換公債創行息率遞減之法英國前此借換「康梭爾」公債原息三釐借換後五年內減爲二釐七毛五第六年以後減爲二釐半意大利當一九〇六年將全國公債八十萬萬「里拉」（約當我三十萬萬兩）悉行借換自一九〇六年六月至十二月息率四釐一九〇七年正月至一九一一年十二月凡五年間減爲三釐七毛五以後則減爲三釐半此法既出各國之財政家莫不讚歎謂其能適於金融變遷之大勢且直接減輕國庫之負擔而間接減輕國民之負擔也今袁世凱式之公債乃適與之相反人遞減而我則遞增且年年而增之六年而倍於其舊不謂爲二十世紀之新發明不可得也

其他可議者如額面之太少也（日本額面最少之公債爲二十五圓學者多議其非今小債票每張十兩則更小矣蓋收息不便也）派息期之太疏也（各國公債每年派息總在兩次以上此僅一次）償還之定期定額也（公債以永息者爲最善有期者次之定期定額償還者無伸縮力最下）償額之不用抽籤法也（各國皆同惟此無之）皆其缺點也而其恢詭可詫猶不如前舉四項之甚要之合此種種條件乃成爲「袁世凱式公債」之特性爲我國將來永劫之財政史上添一談柄其尤可異者則效顰之徒乃日出而未有已也

五　募債失敗之原因

袁世凱式之公債雖其條件種種詭異可笑要之皆爲債權者之利也夫借款與政府僅半年一年而受其償此與各國之度支部證券無異也其受償最遲者亦不過六年而息率至一分二釐最有利之公司股份票不是過

也。而復有確實之擔保。且其票可以代貨幣之用。使在今日東西各國。而有此等條件之公債出現。微論其數僅區區數百萬也。卽欲募數十萬萬。吾信其朝發募而夕滿額矣。然以袁世凱當時之威望。一鼓作氣以圖此舉。加以威逼。而所得僅乃三之一。卒不得不以此種極優之利權。畀諸外人。湖北安徽之成績。雖未深悉。然其失敗更甚於袁。蓋在意中矣。卽使幸而滿額。亦不過殺越人於貨之類耳。然則我國人民應募公債之風氣。終不可得開。而吾國內債。遂終古無成立之望乎。曰。是又不然。吾以爲欲公債之成立。其必不可缺之條件有五。一曰政府財政上之信用孚於其民。二曰公債行政纖悉周備。三曰廣開公債利用之途。四曰有流通公債之機關。五曰多數人民有應募之資力。五者缺一。則公債不可得而舉也。所謂財政上之信用者。謂財政之計畫得宜。財政之基礎穩固。歲出歲入。皆予民以共見。人民深信政府必無破產之患。而所借出之款。決不至本利無著。有資財者與其冒險以營他業。毋寧貸與國家。安坐而享其息。是故應者若鶩。其信政府也。信之於平日。而非以一時募債之有擔保與否爲斷也。今袁世凱式之公債。亦知前此之失敗。由於無信用。故特列出償還財源。聲明不許挪用。且許債主以調查財源之權。其用心蓋良苦。而不知恃擔保以維繫信用。則其信用之所存者亦僅矣。故財政學者。謂凡有擔保公債之國。卽爲其國財政無信用之表徵。蓋善參消息之言也。今直隸湖北安徽財政之竭蹶。天下共知。卽其奏請募債之摺。亦明言之。而將來之財政計劃。又未有絲毫使人民安心者也。督撫之隱衷。人民早窺見矣。而僅恃此指定之數項的款。謂可以博信用。信用果如是之無價值乎。況其所謂的款者。又絕不可恃。卽如直隸湖北兩省所指定。以銅元餘利爲大宗。而今者銅元價落。更安復所得餘利。若幣制頒定。造幣權集歸中央之後。則此款之無著。更不待問矣。又況其所謂不許挪用者。原不過姑備一解。今日攤繳賠款。不敢不應也。明日催練三十六鎮兵。不敢不應也。又明日催認繳海軍費。不敢不應也。又明日籌辦某種某種憲政。不敢不應也。而其不可告人之款。不待追索而自然挪用者。更不可以數計。曰不許挪其誰信之。彼亦知人之決不吾信也。乃曰若汝不信。試來調查。曾亦思人民安得有一人而持五萬兩之債票者。又誰有此閑情到處訪問約會湊齊五萬兩而往調查者。卽曰有之。而官吏之所以箝其口者。豈患無術。彼辦此公債者。明知其如是也。故不妨許以此權。人民亦明知其如是也。故毋寧不應募免交涉之爲得計。彼此皆相喩於隱微中矣。昔昭信票之初辦也。識者目笑存之。謂信而曰昭。則其本無信可知。彼袁世凱式之公債。亦若是已耳。今直隸公債本息居然還至第五期。行將清訖。論者或以此爲信用不渝之顯據。吾以爲直隸公債。亦幸而有正金銀行應募之三百萬耳。苟非爾者。則其成爲昭信股票也久矣。此非吾逆詐億不信之言。蓋政府愚弄吾民之慣技。實如是也。此第一條件不具也。所謂公債行政者。各國之發行公債。其募集登錄派息等。皆有種種機關。凡全國之銀行。全國之郵政局。皆效其用。務使債權者極其便利。（其條目繁多不及備舉俟他日論公債政策時更詳之）今僅恃一官錢局。而局中人於公債行政無絲毫之學識經驗。又未嘗有公忠之心以任此事。以債權者爲芻狗而已。此第二條件不具也。所謂公債利用之途者何也。凡物皆有效用。然後價值乃生。此生計學上一大原則也。狐裘誠美。持以入熱帶羣島。則無人過問。宋板書誠精。持以入蟹文諸國。則一錢不售。何也。以其無用也。無用則無價值。無價值則不能爲生計上交易流通之一物品。夫歐美日本諸國之公債。實生計界交易流通之一物品也。彼其生計社會。必須公債以爲用之處甚多。（其種類他日更詳舉之）故其商民之視公債。如布帛菽粟之不可一日離。苟政府一旦將所有公債而掃數清還之。則全社會之機關且立滯。故民之購買公債者。其目的非待政府之還吾本也。姑收薄息而利用此物以爲商業上種種便利計耳。若不需用之時則適市而售之不患無人承受而現銀可以立得彼國之所以以薄息而能募多數之債者皆此之由今吾民之購公債票者則何有焉微論政府無信用或反喪吾本也即不慮此而吾以現銀購此債票不過以藏諸篋底以待將來之收回老本其週息雖云自七釐以至一分二釐較諸外國公債息率優異數倍而吾以此現銀在本國營業或以貸諸可信之人則何處不得此七釐乃至一分二釐之息者何必擔驚受恐以與官場交涉也哉其不願應募固其所也此第三條件不具也所謂流通公債之機關者凡人民持有公債票者若忽然需現銀則必須立刻可以轉賣或可以抵押然後爲事便利而無所於閡欲求轉賣之便必賴有股份懋遷公司欲求抵押之便必賴有銀行苟缺此兩種機關則公債利用之途決不能圓滿而無憾也今袁世凱式之公債雖曰許持往官錢局商議抵押然民之憚與官交涉久矣此僅具文而已若夫轉賣之機關則全國更無一焉然則民之購之者非堅待至定期償還之時老本決不能回復誰則樂之此第四條件不具也所謂應募之能力者蓋公債之爲物實國民資本之結果也人民一歲所入除仰事俯畜所費外而猶有贏餘則貯蓄之以爲資本以圖生利而此種資本或以之自營農工商等業或購各公司之股份票或以購公債票自營業及購股份票獲利或可稍豐而折閱亦時所難免購公債票息率雖微而爲道最穩民或趨彼或趨此惟其所擇而要之非先有資本不爲功而募集公債積少成多尤必賴國中有資本之人居多數然後應募乃得踴躍我國十年以來久已民窮財盡大多數人民並衣食且不能自給安所得餘裕以應募債原憲向黔婁稱貸雖愛固莫能助也此第五條件不具也夫吾固言之矣此五者缺一則公債之成立蓋不可期今乃悉缺之則無論其募債章程若何完善權利若何優異而民之不應如故也彼袁世凱倡辦伊始笑罵前人之辦理不如法自以爲若用吾謀事且立集乃敢於爲

大言曰『挽回民心恢張國力在此一舉』殊不知爲彼畫策之人殆不過一知半解之新學小子於生計學財政學之大原理曹無所識以至演此笑柄演笑柄猶可言也而遂展轉效尤流毒無已袁世凱所謂利國便民之政轉爲誤國病民之階者彼自當之矣夫今日所謂凡百新政皆此類也又豈獨一公債乎哉

六　募債目的之當否

直隸湖北安徽之公債皆終於失敗不待問矣就令其果能成功而彼三省果宜募此債與否又我國民所亟當研究也夫募公債者凡以補歲入之不足也然就財政學學理論之凡因行政等費加增以致經常費年年不足者則其補之之道宜加租稅凡因臨時特別費加增而本年內偶然不足者其補之之道乃募公債今請溯彼三省募債之目的而論之袁世凱之在直隸其時全國練兵費咸集北洋恣其揮霍其募債似非出於窮無復之之計度不過爲功名心所驅欲舉前人所不能舉之業以自伐耳此可勿深論至若鄂皖兩次之募集則其目的具見原奏固明明藉以補每年不足之經常費也夫既已年年不足而僅恃借債以彌縫則安有所終極譬諸私人生計然苟爲置產營業之用則借債可也將來產業所收入或可償債而更有贏也若夫日常米鹽之不給終歲事畜之所缺則惟當殫精竭慮胼手胝足別求可恃之常款以抵之耳求而不得則惟有節衣縮食以待之耳不此之務而日思舉債隨舉債隨即耗盡明年所入一如今年其苦不足固已與今年等而所出者則加以前債之息是不足之坎陷益加深也及明年復舉債以塡之再明年而不足之坎陷愈益深如是展轉相引不及數年必至盡舉其一歲所入專償債息而猶不足故諺曰一度借債終身爲奴正謂是也夫政府之財政亦何以異是且

如湖北今固以年年政費不足而借債也而緣借債之故年年反須割出現有之政費五十三萬兩以爲還債之用安徽固亦以年年政費不足而借債也而緣借債之故年年反須割出現有之政費二十九萬兩以爲還債之用其在借債之第一年收入二百四十萬兩而割出五十三萬兩收入一百二十萬兩而割出二十九萬兩誠絲毫無所苦第二年以後則將如之何稍審事者而知其道之必終窮矣然則倡辦公債者將並此事理而不審耶曰何爲其然此種公債之貽無窮之患於本省盡人皆知之卽倡辦者寧獨不知知之而猶辦之則以於倡辦之人有所大利耳吾今年任甲省募得數百萬儻來之公債供我揮霍資我運動明年吾調乙省償還之責任豈復在我所謂精華已竭褰裳去之此後甲省人民年年代我負擔數十萬之債務其苦痛非所恤也謂余不信則試問現今之直隸公債曾否勞袁世凱以籌還試問現今之湖北公債曾否勞陳夔龍以籌還而將來安徽公債又豈勞朱家寶以籌還也哉所最難堪者則直隸湖北安徽之人民如負碑之龜永世不能弛此重荷耳嗟乎人民無監督財政之權此如一家生計而家不得與聞雖陶猗之富可數歲而盡也觀三省公債可以鑑矣

七　結論

嗟夫今者內而中央政府外而各省何一非窮空極匱羅雀掘鼠而無所爲計者而羣盲羣駭猶復日日假籌備新政之名益洩之以尾閭大火之燎瞬息及棼而處堂燕雀熙熙然樂且無極也而其所以資樂之具則既已竭自今以往非年年加稅年年募債則其樂將並一刹那間而不能繼續夫募債與加稅其厲民雖一然其效力有強弱政府不敢悍然多議加稅故一二年來內外大吏所心營目注者惟在募債一途此三種公債之外復有郵

傳部之京漢公債與農工商部之勸業富籤公債雖屢失敗而猶不懲將來繼起者正未有窮而各省之踵鄂皖後塵亦意中事也雖然吾敢以一言正告諸公曰中國政治機關苟非爲根本的改革則自今以往公等其無望能得一文之公債也何也前舉五條件不具之國斷非能募內債者而今日中國之政治機關則無道以使此五條件能具也若必欲得之則惟有强逼夫既曰强逼則何不竟持刀以入民之室紾其臂而奪之而何必更以汚公債之美名也雖然即曰强逼而其勢仍不可以多得此又徵諸直隸湖北安徽之已事而可知也然則無已其仍出於加稅乎夫必人民尚有納稅力然後可得稅今者舉國之納稅力則已如羸夫舉鼎行將絕臏矣再加不已舍餓死外豈有他途民皆餓死稅更安出更無已則其惟借外債乎則數年以後度支部大臣一席非讓諸碧眼兒紅髯者而不止也故現今政府之財政政策無論作何計畫而無一非以速亡嗚呼政府諸公亦曾念此否耶國民亦曾念此否耶

論幣制頒定之遲速繫國家之存亡

泰西良史馬哥里曰英國前此百年間暴君專制而其害之及於國家者尙不如惡貨幣之甚吾昔嘗疑其言太過而今乃知其信然也蓋貨幣之爲物爲格里森原則所支配惡幣恆驅逐良幣惡幣一旦出現於社會則其勢之猖獗至於不可思議非盡取良幣而悉數驅逐於國外不止苟委心以任其遷流之所屆必至舉國中無一正幣而百物騰踊外貨滔滔輸進民不堪命以底於亡然而欲補救之當其禍之未深尙易爲功及其弊之既著則難爲力所謂惡貨幣者何貨幣之名價與其實價不相應者是已何謂名價與實價不相應例如銅元之名價以

一當制錢十。又以十當小銀元一。而錢制千枚所含銅之重量。依國初定制。爲六斤有奇。即後咸同間所鑄者。尚二斤有奇。而銅元則以銅百斤能鑄八千枚。每百枚所含重量。僅一斤四兩。以比康雍間制錢。其實價僅值名價十之二。以比咸同間制錢。其實價亦僅值名價十之六。故其勢非盡取制錢而驅逐之不止也。又小銀元一枚所含銀之重量。爲六分三釐有奇。而每銅百斤。約值銀三十五兩内外。以鑄八千枚。每十枚所含銅。值銀四分二釐有奇。以之與小銀元一枚比較。其實價僅值名價三之二。故其勢又非盡取小銀元而驅逐之不止也。其小銀元之對於大銀元。則亦有然。又如鈔幣。其每張實價。不過紙料與印刷費。質而言之。則無實價而已。而政府既認之爲貨幣。則其名價或爲一元。或爲十元。或爲百元。苟行之而不止。其勢非盡取一切有實價之貨幣。無論爲金質者爲銀質者爲銅質者。而悉驅逐之焉不止也。惡貨幣之流毒於社會也如是。是故善謀國者。必定一種名實脗合之貨幣。以爲本位。其實價小於名價者。（如小銀元銅元之類）不過藉爲補助而已。而行之必有限制。其絶無實價者。（如鈔幣）不過以爲貨幣之代表。而不直認爲貨幣。持之以兑换實幣。罔或不應也。夫是以幣制鞏固。而國與民交受其利。不善謀國者反是。見夫實價小於名價之貨幣。鑄之而可以獲利也。又見夫絶無實價之物。以法律强命爲貨幣。其獲利更無算也。於是乎視爲籌款之一捷徑。縱轡而馳之。其始固栩栩然有以自樂也。不及數年。而格里森原則之作用起。全國之富力。銷溢於外。國民悉爲餓殍。而政府更誰與立矣。及夫弊之既著。乃焦頭爛額以圖補救。其勢必舉前此所獲之利。悉吐出以爲償。然後能自贖。前所獲者愈多。則後所待償者亦愈多。然所以爲償者。仍不得不取諸民。則民益病。及至民力竭聲嘶。而無以爲償。則國遂亡矣。夫所謂吐出以爲償者何也。則取實價小於名價之貨幣。悉收回之。所存者僅使足敷補助之用而止。取絶無實價之貨幣。而悉予以實價。使得與其幣兌換。是已質而言之。則所濫鑄之銅元等。必須收回。所濫發之鈔幣。必須銷却也。而前此緣濫鑄濫發所獲之利為千萬者。則後此收回銷却所需之費亦千萬。前此所獲為萬萬者。則後此所費亦萬萬。此理數所必然。無可逃避者。夫已入口果腹之物。而終須探喉絞臟以吐出之。其痛苦抑何待言。然苟憚痛苦而欲避之耶。則有待死而已矣。故識者謂國家鑄惡貨幣以救財政之窮。無異於飲鴆毒以止渴。誠確喻也。今吾國之中此毒。亦已深矣。自光緒三十年至三十四年。凡五年間各省所鑄銅元共一百二十萬萬枚有奇。分布之於四萬萬人。則每人應使用三十枚。夫補助貨幣。尚有各種小銀元及制錢。以與銅元相輔為用。以吾計之。我國每人現時所需銅元。不過平均人十五枚而已足。最多至二十枚極矣。然則今日國中所有。其溢出之額已及半。最少亦已及三之一。凡所溢出者。則頒定幣制時必須收回者也。若不收回。則其弊何如。苟不於銅元與他種貨幣之間定一法律上之比價。而聽其隨市價為漲落。一如今日耶。則貨幣之系統全亂。其究也與無幣制等。若為之嚴定一法律上之比價耶。則格里森之原則作用起。而他種貨幣必至被銅元驅逐無餘。凡一切大銀元小銀元制錢。皆朝出爐而暮匿影矣。故濫鑄銅元為幣制之累也若此。又鈔幣一項。據去年六月上海之西人商業會議所調查報告。謂此三年內各省所發者已三千萬兩。其確否蓋未可知。以吾所揣度。應不止此數。即據此數為比例。則合以此一年半所增發者。今日亦應在五千萬兩以上。此種鈔幣雖號稱隨時兌換現錢。然今日各省官錢局。豈嘗有正金以為兌換之準備。故語其實則不換鈔幣耳。而此種不換鈔幣。則頒定幣制時必須禁止續發。而政府對於已發者。又必須實行兌換之義務者也。使依然續發而不負兌換之義務。勢必至名價十元之鈔幣在市場不能易一元。而無論何種貨幣。皆盡被驅逐。國中所資為交易之媒者。全恃廢紙。而宋元末葉之禍。將復見矣。

故濫發鈔幣爲幣制之累也若此。嘗考我國近十餘年間海關表。每年金銀入口者常多於出口者數百萬或千餘萬兩。乃最近三年間。每年金銀出口多於入口者約二三千萬。而銀根之緊迫無處不然。商店之破產日有所聞。至去年末而大恐慌遂徧全國。至今而其象又將復起。此雖有種種原因所致。而其原因之最直接而最大者則實緣濫發鈔幣濫鑄銅元爲之厲階。此稍有識者所能知也。此實格里森原則之作用信而有徵者也。及今速頒定幣制而以完全之銀行制度與之相輔。雖曰收回現在濫額之銅元兌換現在已發之鈔幣。其所費已至鉅。然此數千萬金之鈔幣。全國市場所流通本需此數。改爲兌換。實則求兌換者希。改之尚易也。而收回三四十萬萬枚之銅元。忍痛爲之力尚可任。故今日而速頒幣制。雖病其已遲。然猶可及也。若今猶蹉跎荏苒乎。則現在各局之鑄銅元者各省之發鈔票者。皆竭其機器之力所能及。惟日不足。譬猶家有娣姒十數人。而日夜相競以盜其姑嫜之所蓄。加以行政機關之不備。人民之盜鑄盜發者與外國之盜鑄盜發而運入者。其數復不可紀極。上下內外併力而咕嘬之。不過五年。恐國中之銅元。必至千萬萬枚以上。國中之不換鈔幣。必至數萬萬兩以上。彼時而始議收回議兌換耶。吾恐雖絞盡全國之膏血。以增加租稅強逼公債。終無術以彌此深痛鉅創。必激民變以至於亡。彼時而不議收回議兌換耶。則國中所有金銀之屬足爲幣材者。皆被驅逐以流出外國。僅餘碎銅廢紙爲用。物價之騰。什伯倍於今日。民凍餒離散而國隨以亡。此兩途者必出於一。萬無可逃避者也。由此觀之。則馬哥里所謂百年暴君專制之害。不如一次惡貨幣之甚者。豈不信哉。故吾以爲今日中國應辦之事不一端。而莫急於頒定幣制。何也。以他事今日不辦。可期以明日。今年不辦。可期以明年。幣制則遲頒一日。其困難將甚一日。而數年之後。則雖欲頒焉而不可得也。嗚呼。我政府我國民。其寤也耶。其猶未寤也耶。若夫幣制之組織當若

何則吾於去年度支部所議者認爲大致不差其尙有以爲不然者他日更忠告焉

格里森貨幣原則說略

格里森原則者英國人格里森所發明而千古不磨之貨幣法則也其言曰『凡有兩種或兩種以上之貨幣並行於市場其法價同而實價異者則良幣必爲惡幣所驅逐而漸滅以盡』如有兩種銀幣其甲種每一枚所含之銀實值價一錢乙種每一枚所含之銀實值價八分而國家法律認乙種與甲種同價則人民將專用乙種而甲種則私銷之變爲銀塊以流出於外國蓋不私銷則每枚所能購之物僅與八分者同量私銷之則能獲二分之利也又如有兩種貨幣一爲金一爲銀國家以法律制定之令每金幣值銀幣若干換一遇金價驟漲時則金幣必被私銷惟銀幣獨行一遇銀價驟漲時則銀幣必被私銷惟金幣獨行其理亦與前同此原則者在泰西諸國歷驗不爽至今言貨幣者謹避之無敢蹈此覆轍而我國則向來忽而不察故圜法旋立旋壞終無持久之效試舉其例

例一　昔康熙通寶乾隆通寶等制錢分兩凝重肉好完整且所含銅質亦極純良及咸豐同治等錢出一切不如彼而每枚法價彼此相等故康乾等良幣爲咸同等惡幣所驅逐漸絕其跡此格里森原則之作用也唐宋以來之錢幣有所謂短陌者皆由於此

例二　昔張文襄督兩廣時設銀元局所鑄者爲一元半元二角一角半角之五種其一元之幣含銀千分之九百半元者含千分之八百六十二角以下之三種皆含千分之八百二十頒發後不久而一元半元者盡

被驅逐。至今欲覓一枚而不可得。亦格里森原則之作用也。

例三　同時有賭棍某假包收闈姓餉之力。私鑄贋幣。所鑄者全爲二角之一種。卽粤所稱雙毫是也。而其所含之銀。不及千分之八百。此種贋幣出。乃並官鑄之二角一角半角者而盡逐之。至今粤中通行貨幣。惟有所謂雙毫者。獨跋扈於市場。其單毫（卽一角）雖間有存。而以雙易單。必須補水。亦格里森原則之作用也。

例四　國初每銅百斤。僅值銀十五兩內外。近以銀價下落之故。銅價年年增漲。已值至三十兩內外。而國家每以法律規定每銀一兩。換制錢若干文。雖其率常有變更。而總不能與時價相應。故制錢日被銷燬。各省以錢荒爲患。亦此原則之作用也。

例五　近數年各省競鑄銅元。每銅一擔。可鑄八千四百枚。而最劣之制錢。每銅一擔。亦不能鑄四萬枚。而國家法律之所規定。則銅一枚。當制錢十枚也。以故銅元一出。而前此制錢。無論良者惡者。悉被驅逐。至今全國中除窮鄉僻壤間。尚有極少數之沙板錢外。其稍完整之制錢。欲覓一文而不可得。亦此原則之作用也。

例六　宋末明末元末鈔幣盛行。其鈔幣皆無實錢可以兌換。而國家法律强命之與實錢有同一之價值。故實錢皆被私銷。不留影跡。惟鈔幣獨行。而鈔幣之價值。亦日落。漸至等於廢紙。亦此原則之作用也。

此僅舉其顯著之數例。若吾國歷史上現象類此者。蓋不知凡幾。數千年來幣則所以糾紛而不可理者。皆不明此原則之作用使然。今若建設一完善鞏固之幣制。其第一義必當熟察此作用所由起而嚴防之。否則旋建設旋破壞。卒歸於無效而已。今舉此作用所由起者數端如下。

一　若不專選一種金屬爲本位。而有兩種以上之金屬。同時爲貨幣之原料。而國家以法律之力。强定甲種與乙種之比價者。（如金銀並用而定金幣一枚當銀幣若干枚銀銅並用而定銀幣一枚當銅幣若干枚者）則此原則之作用必起。

二　補助貨幣之行用。不立制限。而任其與本位貨幣有同一之效力。則其究也。與不立本位等。而此原則之作用必起。

三　國家既定某種金屬若干重量爲本位貨幣一枚之定量。而後此鑄幣時。或官吏舞弊。或國家欲借此爲籌款之一手段。而續鑄之幣。有減低其成色者。則此原則之作用必起。

四　若國內有鑄幣局數所。而各所所鑄幣成色互歧者。則此原則之作用必起。

五　若貨幣經磨擦損壞後。重量所減已多。而政府不收還而改鑄之。則此原則之作用必起。

六　若國中有各種舊貨幣。其成色重量與新幣殊別。而許其與新貨幣並行。有同一之效力。則此原則之作用必起。

七　人民若有私鑄減低成色者。政府不嚴察而懲禁之。苟私鑄之數漸多。則此原則之作用必起。

八　政府發行不兌換之鈔幣。若其數太多。溢出全國所需總額以外。則此原則之作用必起。

八者有一於此。則格里森原則之作用。必緣之而起。無所逃避。而此作用既起。其結果則何如。

第一　國家所定數種貨幣中。僅有一二種通行。其他諸種。皆被驅逐。而幣制基礎。遂全破壞。

第二　惡幣之行。既有大利。人民相率私鑄。雖嚴刑峻法。不能禁止。而國家造幣權。遂成虛設。

第三　良幣日流出於國外。金融紊亂。國家遂漸成中乾。

第四　物價騰漲。國民購買力日以薄弱。民不聊生。大亂遂起。

由此言之。此原則之作用結果。其可畏如此。其甚也。而我國前此及現行之幣制。其犯此原則而導其作用者。不一而足。言念及此。能無寒心。今日而言改革幣制。苟不深明此理。而謹之於始。則其他皆無可言者。

敬告國中之談實業者

今日舉國上下。蹙蹙然患貧。叩其所以救貧者。則皆曰振興實業。夫今日中國之不可以不振興實業。固也。然全國人心營目注。嚻嚻然言振興實業者。亦既有年矣。上之則政府設立農工商部。設立勸業道。紛紛派員奔走各國考查實業。日不暇給。乃至懸重爵崇銜以獎厲創辦實業之人。即所派游學及學生試驗。亦無不特重實業。其所以鼓舞而助長之者。可謂至極。下之則舉辦勸業會共進會。各城鎮乃至海外僑民。悉立商會。各報館亦極力鼓吹。而以抵制外貨挽回利權之目的。創立公司者。所在多有。其呈部注册者。亦不下千家。宜若舉國實業界之氣象。必有以昭蘇於前。乃夷考其實。則不惟未興者不能興。而已舉者且盡廢。國家破產之禍。且迫於眉睫。先民有言。困於心。衡於慮。然後作。又曰。知困然後能自强。夫人於其所欲為之事而不能遂。則必窮思其所以不能遂之故。排其阻力。而闢其坦途。其庶有能遂之一日。今我國人前此既瞢然無所覺。及今幾經敗績失據。猶復漠然無所動於中。不惟當局施政。不思改轍。即有言論之責者。亦未聞探本窮源。以正告國人而共謀挽救。吾實痛之。乃述所懷。以為此文。所宜陳者萬端。此不過其一二耳。

我國自昔非無實業也。士農工商。國之石民。數千年來。既有之矣。然則曷為於今日而始昌言實業。得毋以我國固有之實業。不足與外國競。今殆壅塞以盡。情見勢絀。不得不思所以振其敝也。是故今國中人士所奔走呼號以言振興實業者。質而言之。則振興新式之企業而已。（企業二字乃生計學上一術語。譯德文之Unternehmung法文之Entreprise英人雖最長於企業。然學問上此觀念不甚明瞭。故無確當之語。）新式企業所以異於舊式者不一端。舉其最顯著者。則規模大小之懸殊是也。舊式企業。率以一人或一家族經營之。或雇用少數人而已。新式企業則所用人少者以百數。至多乃至數十萬也。舊式企業資本雖至觳薄猶有辦法。新式企業。則資本恆自數萬以迄數千萬也。夫新式企業之所以日趨於大規模者何也。蓋自機器驟興。工業革命。交通大開。競爭日劇。凡中小企業。勢不能以圖存。故淘汰殆盡。而僅餘此大企業之一途也。企業規模既大。則一人之力。勢不能以獨任。故其組織當取機關合議之體。乃能周密。與舊式之專由一二人獨裁者有異。其資本必廣募於公衆。乃能厚集。而與舊式之一人獨任或少數人醵出者有異。質而言之。則所謂新式企業者。以股份有限公司爲其中堅者也。今日欲振興實業。非先求股份有限公司之成立發達不可。此舉國稍有識者所能見及。無俟余喋喋也。然中國今日之政治現象社會現象。則與股份有限公司之性質最不相容者也。苟非取此不相容者排而去之。則中國實業永無能興之期。請言其理。

第一　股份有限公司必在强有力之法治國之下。乃能生存。中國則不知法治爲何物也。

尋常一私人之營業。皆負無限責任。苟其業有虧衂。則罄其所有財產之全部以償逋負。（我國習慣則親屬及子孫之財產且往往波及矣）故稍知自愛之企業家。恆謹愼將事。鮮有弊竇。即不幸而失敗。則債權者亦不至大受其累。股份有限公司之性質則不然。股東除交納股銀外。無復責任。其各職員等亦不過爲公司之機關。並非以其身代公司全負債務上之責任。質言之。其在尋常私人營業。則企業人與所企業之合爲一體者也。其在股份有限公司。則公司自爲一人格。自爲一權利義務之主體。而立夫股東與各職員之外者也。惟以公司之財產處理公司之債務。而外此一無所問。此其爲道本甚險。故國家須有嚴重之法律以防閑之。今各國所以監督此種公司者。有法律以規定其內部各種機關。使之互相箝制。有法律以强逼之。使將其業務之狀態明白宣示於大衆。無得隱匿。有法律以防其資本之抽蝕暗銷。毋使得爲債權者之累。其博深切明有如此也。中國近日亦有所謂公司律者矣。其律文鹵莽滅裂。毫無價值。且勿論。藉曰律文盡善。而在今日政治現象之下。法果足以爲民保障乎。中國法律。頒布自頒布。違反自違反。上下恬然。不以爲怪。西哲有恆言。國之治亂。亦於其國民安於法律狀態與否判之而已。中國國民。則無一日能安於法律狀態者也。夫有法而不行。則等於無法。今中國者。無法之國也。尋常私人營業。有數千年習慣以維持之。雖無法猶粗足自存。此種新式企業。專恃法律之監督保障以爲性命。紀綱頽紊如中國者。彼在勢固無道以發榮也。

第二　股份有限公司必責任心强固之國民。始能行之而寡弊。中國人則不知有對於公衆之責任者也。

股份公司之辦理成效。所以視私人營業爲較難者。私人營業。其贏也則自享其利。其衂也則自蒙其害。故營之者恆忠於厥職。股份公司不然。其職員不過占有公司股份之一小部分耳。而營業贏虧。皆公司所受。其贏也利非我全享。其衂也害非我獨蒙。故爲公司謀。恆不如其自爲謀之忠。人之情矣。其尤不肖者。則借公司之職務以自營其私。雖在歐美諸國。法律至嚴明。而狡者尚能有術以與法相遁。而況於絕無綱紀之中國乎。此公司職員克盡責任者所以難其人也。抑糾問職員責任者。實惟股東。而公司之股份。其每股金額恆甚少。爲股東者恆非舉其財產之全部投諸股份。即多投矣。而未必悉投諸一公司。且股份之爲物。隨時可以轉賣。其在東西諸國購買股份者。其本意大率非在將來收回股本。但冀股價幸漲。則售去以獲利耳。此公司股東之克盡責任者所以尤不易也。然非有此種責任心。則股份公司之爲物。決不能向榮而勿壞。彼英人所以以商戰雄於天下者。以其責任心最强也。而今世各國之教育。所以提倡商業道德者。不遺餘力。亦以苟不務此。則一切實業將無與立也。中國人心風俗之敗壞。至今日而已極。人人皆先私而後公。其與此種新式企業之性質。實不能相容。故小辦則小敗大辦則大敗即至優之業幸而不敗者亦終不能以發達近數十年來以辦股份公司之故而耗散國民資本者其公司蓋不下數千百其金錢蓋不下數萬萬今固無從縷舉其最顯著者則有若招商局有若粵漢川漢各鐵路有若大清交通公益信義各銀行皆其前車也就股東一方面觀之以法律狀態不定不能行確實之監督權固也而股東之怠於責任亦太甚乃至並其所得行之權限而悉放棄之以致職員作弊益肆無忌憚阻公司之發達者則職員與股東實分任其咎也大抵股份公司之爲物與立憲政體之國家最相類公司律則譬猶憲法也職員則譬猶政府官吏也股東則譬猶全體國民也政府官吏而不自省其身爲受國民之委任不以公衆責任置胸臆而惟私是謀國未有能立者而國民怠於監督政府則雖有憲法亦成殭石是故新式企業非立憲國則不能滋長蓋人民必生活於立憲政體之下然後公共觀念與責任心乃日盛而此兩者即股份公司之營魂故也

(附言)中國之股份公司其股東所以不能舉監督之實而坐令職員專橫者尚有特別之原因數端(其一)每股所收股銀太少如近年所辦諸鐵路以資本千萬元以上之公司而每股率皆收五元此雖有廣募普及之利然使大多數之股東既視股爲不足輕重於己復視己爲不足輕重於公司則易導其放棄權利之心夫放棄權利即放棄義務也蓋冥冥之中其損害實業界之風紀者莫甚焉(其二)公司之成立往往不以企業觀念爲其動機如近年各鐵路公司礦業公司等大率以挽回國權之思想而發起之其附股者以是爲對於國家之義務而將來能獲利與否暫且勿問此其純潔之理想寧不可敬雖然生計行爲不可不率循生計原則其事固明明爲一種企業而等資本於租稅義有所不可也以故職員亦自託於爲國家盡義務股東且以

見義勇爲獎之不忍苛加督責及其營私敗露然後從而掊擊之則所損已不可復矣此等公私雜糅曖昧不明之理想似愛國而實以病國也(其三)凡公司必有官利此實我國公司特有之習慣也國所未嘗聞也夫營業盈虧歲歲不同勢難預定若雖遇營業狀況不佳之時亦必須照派定額之官利則公司事業安能擴充基礎安能穩固故我國公司之股份其性質與外國之所謂股份者異而反與其所謂社債者同夫持有社債劵者惟務本息有著而於公司事非所問此通例也我國各公司之股東乃大類是但求官利之無缺而已職員因利用此心理或高其官利以誘人其竟由資本內割出分派者什而八九最著者如粵漢川漢江西等鐵路公司集成股本數年路未築成一里而年年將股本派息中外古今豈聞有此種企業法耶股東初以其官利有著也則習而安之不知不數年而資本盡矣此數者皆足以阻股份公司之發達後之君子宜以爲戒也

公共觀念與責任心之缺乏其爲股份公司之阻力者既若彼矣而官辦之業則尤　今世各國或以匡民力所不逮或以防自由競爭之弊往往將特種事業提歸官辦而於全國國民生計所補滋多而股份公司之缺點時或緣官辦而多所矯正何也官吏責任分明懲戒嚴重其營私作弊不如公司職員之易而人民監督政治之機關至完密益不容其得自恣也我國則異是官吏以舞文肥己爲專業而人民曾莫敢抗雖抗亦無效故官辦事業其穢德更什伯於公司近年來全國資本蕩然無復存者豈非官辦實業蝕其什八九耶故我國民誠不願現政府之代我振興實業更振興者舉國爲溝中瘠矣

第三　股份有限公司必賴有種種機關與之相輔中國則此種機關全缺也

股份有限公司之利便於現今生計社會者不一端然其最大特色則在其股票成爲一種之流通有價證劵循

環轉運於市面。使金融活潑而無滯也。蓋尋常企業，必須俟其企業完了之後。始能將老本收回。例如以千金開一鋪店無論每年所得溢利幾何要之皆此千金之子息若欲將原來之千金收回則必在店鋪收盤以後也股份公司之股票。則不然。吾今日買得之。若明日需用現錢。或見爲有利。可以立刻轉賣之。卽不轉賣。而以抵押於銀行。亦可以得現錢。股票之轉賣抵押。雖一日千變。而公司營業之資本。絲毫不受其影響。其爲物至靈活。而富於伸縮力。既便於公司。復便於股東。而尤便於全社會之金融。故其直接間接以發達實業。效至博也。而所以能收此效者。則賴有二大機關焉以夾輔之。一曰股份懋遷公司。二曰銀行。股份懋遷公司爲轉買轉賣之樞紐。銀行爲抵押之尾閭。不寧惟是。卽當招股伊始。其股票之所以得散布於市面者。亦恆藉股份懋遷公司及銀行以爲之媒介。今中國既缺此兩種機關。於是凡欲創立公司者。其招股之法。則惟有託親友展轉運動而已。更進則在報上登一告白。令欲入股者來與公司直接交涉而已。以此而欲吸集多數之資本。其難可想也。而股東之持有股票者。則惟藏諸笥底。除每年領些少利息外。直至公司停辦時。始收回老本耳。若欲轉賣抵押。則又須展轉託親友以求人與我直接。非惟不便。且將因此受損失焉。夫股份有限公司所以能爲現今生產界之一利器者。在於以股票作爲一種商品。使全社會之資本。流通如轉輪。公司所產之物既爲商品矣而公司之資本復以證券之形式而變爲商品是故公司之土地房屋機器等本已將資本變爲固定性宜若除公司外同時更無人能利用之矣然寄其價值於股票中則忽能復變爲流動性得以展轉買賣抵押是同時有多數人得利用本公司固定資本之一部分以爲新資本也故社會資本之效力可以陡增什伯倍凡有價證券皆以增加資本效力爲作用者也豈惟股票彼國債地方債社債等皆同此作用者也又銀行之兌換券期票匯票支票撥數賬簿等皆同此作用者也歐美各國有此種種利器常能以一資本而當什伯資本之用其所以致富者皆在此我國人最當知其故而師其意也我國股份公司。全不能有此作用。是股份公司之特色。失其強半矣。是故人之持有資本者。寧以之自營小企業。或貸之於人以取息。而不甚樂以之附公司之股。此亦股份公司不能發達之一大原因也。

(附言)股份懋遷公司及銀行。今世諸國。大率以股份有限之形式創立之者居多數。是故苟非股份有限之觀念稍爲普及。則此兩種機關殆難發生。且股份懋遷公司。本以有價證券之買賣媒介爲業。公司不發達。則股票之上於市場者少。安所得懋遷之目的物。卽銀行業苟非得各種有價證券以爲保管抵押之用。則運用之妙。亦無所得施。而股份公司不發達。則商業無自繁榮。銀行業務。亦坐是不能擴充。故股份有限公司與此兩種機關者。迭相爲因。迭相爲果。實則此兩種機關大率以股份有限之形式組織之不過股份有限公司中之一種此特就有特有之作用分別言之耳談實業者宜同時思所以建設之也。

第四　股份有限公司。必賴有健全之企業能力。乃能辦理有效。中國則太乏人也。

凡實業之須以股份有限公司之形式而舉辦之者。必其爲大規模之企業。而一二人之力不能舉者也。而既已爲大規模之企業。則非夫人而能任者也。蓋其公司之內部機關複雜。規模愈大。則事務之繁重愈甚。蓋爲一小國之宰相易。爲一大公司之總理難。非過言也。言夫對外。則以今世生計界之競爭其劇烈殆甚於軍事。非具有生計學之常識。富於實際閱歷。而復佐之以明敏應變之天才。以之當經營之衝。鮮不敗矣。白圭有言。吾治生產猶伊尹呂尙之謀。孫吳用兵。商鞅行法。是故其智不足以權變。勇不足以決斷。仁不能以取予。强不能有所守。雖欲學吾術。終不告之矣。夫白圭之時代且有然。況今日生計界之現象其繁賾詭變千百倍於古昔而未有已耶。故古代之英雄。多出於政治家與軍人。今日之英雄。强半在實業界。今各國之巍然爲工商界重鎭者。皆其國中第一流人物也。我國自昔賤商。商人除株守故業。計較錙銖外。無他思想。士大夫更鄙夷茲業不道。蓋舉國人士。能稍解生計學之概略。明近世企業之性質者。已屈指可數。若夫學識與經驗兼備。能施諸實用者。殆無其人。每當設立一公司。則所恃以當經營之大任者。其人約有四種。最下者。則發起人本無企業之誠心。苟以欺人而自營私利。公司成則自當總理據以舞弊者也。稍進者。則任舉一大紳。不問其性行才具如何。惟藉其名以資鎮壓者也。近年各省之鐵路公司皆類此更進者。則舉一素在商界樸愿有守之人充之。而其才識能任此事業與否。不及問也。最上者。則舉一人焉於此事業之技術上頗有學識經驗者充之。而其經營上之才器何如。及平素性行何如。不及問也。如辦鐵路則舉一鐵路工程師爲總理辦礦則舉一礦師爲總理辦工業公司則舉一工學博士爲總理此其人以當公司中技術一部分之業務誠爲得當以當總理安見其可譬猶一國之宰相不必其通兵刑錢穀而通兵刑錢穀之人雖可以任一官一職未敢遂許爲宰相才也彼非不欲求相當之人才。奈徧國中而不可得也。質而言之。則國民企業能力缺乏而已。夫以無企業能力之國民。而侈談實業。是猶瞽者言競走。聾者言審音也。以故近年以來所設立之公司。其資本微薄範圍狹隘者。容或有成。資本稍大範圍稍廣者。則罕不敗。營中國固有舊事業者。容或有成。營世界新事業者。則罕不敗。其事業爲外人所不能競爭者。容或有成。競爭稍劇烈者。則罕不敗。苟國民企業能力而長此不進。吾敢斷言曰。愈提倡實業。則愈以耗一國之資本。而陷全國人於餓莩而已矣。

以上四端。爲中國股份有限公司不能發達之直接原因。若其間接原因。則更僕難數。而尤有一原因焉。爲股份有限公司與私人營業之總障者。則全國資本涸竭是已。凡人一歲之所入。必以之供一身之衣食住費及仰事俯畜所需。而尚有贏餘。乃得儲之以爲資本。而所儲之多寡。即一國貧富所攸分也。今日中國千人之中。其能有此項贏餘者。蓋不得一。即有之者。其數量亦至觳薄。而有資本者。未必爲欲企業之人。有資本而欲企業者。又未必爲能企業之人。而復無一金融機關以爲資本家與企業家之媒介。故並此至觳薄之資本。亦不能以資生計社會之用。以故無論何種形式之企業。皆不能興舉。舉國之人。惟束手以待槁餓之至而已。此則中國今日生計界之實狀也。

或曰借外債則可以蘇資本涸竭之病。此實現今號稱識時務之俊傑所最樂道也。外債之影響於政治者。吾既別爲論痛陳之。參觀外債平議篇。若其影響於國民生計者爲事尤極複雜。更非可以執一義而輕作武斷也。大抵在政治修明敎育發達之國。其於國民生計上一切直接間接之機關略已具備。國民企業能力略已充實。其所缺者僅在資本一端。於此而灌溉以外債。常能以收奇效。美國日本是也。而不然者。則外債惟益其害。不覩其利也。蓋金融機關不備。則雖廣輸入外資。而此資固無道以入企業家之手以資其利用。則徒以供少數人之消費。而直接間接以釀成一國奢侈之風。益陷國家於貧困已耳。苟人民無公共責任心。重以企業能力缺乏。則所營之業將無一而不失敗。擲資本於不可復之地。亦以陷國家於貧困已耳。故謂外債可以爲振興實業之導線者。猶是不揣其本而齊其末。未可云知言也。

然則中國欲振興實業。其道何由。曰首須確定立憲政體。舉法治國之實。使國民咸安習於法律狀態。次則立敎育方針。養成國民公德。使責任心日以發達。次則將企業必需之機關。一一整備之。無使缺。次則用種種方法。隨時掖進國民企業能力。四者有一不舉。而曉曉然言振興實業。皆夢囈之言也。然養公德整機關獎能力之三事。皆非藉善良之政治不能爲功。故前一事又爲後三事之母也。昔有人問拿破侖以戰勝之術。拿破侖答之。一則曰金。再則曰金。三則亦曰金。試有人問我以中國振興實業之第一義從何下手。吾必答曰改良政治組織。然則第二義從何下手。吾亦答曰改良政治組織。然則第三義從何下手。吾亦惟答曰改良政治組織。蓋政治組織誠能改良。則一切應舉者自相次畢舉。政治組織不能改良。則多舉一事。卽多叢一弊。與其舉之也。不如其廢之也。

然則所謂改良政治組織者奈何。曰國會而已矣。責任內閣而已矣。

今之中國。苟實業更不振興。則不出三年。全國必破產。四萬萬人必餓死過半。吾既已屢言之。國中人亦多見及之。顧現在競談實業。而於阻礙實業之痼疾。不深探其源而思所以抉除之。則所謂振興實業者。適以為速國家破產之一手段。吾國民苟非於此中消息參之至透。辨之至晰。憂之至深。救之至勇。則吾見我父老兄弟甥舅。不及五稔。皆轉死於溝壑而已。嗚呼吾口已瘏。吾淚已竭。我父老兄弟甥舅。其亦有聞而動振於厥心者否耶。